高等职业教育物流类专业系列教材

现代物流基础与实务

主　编　徐　丽　苏杜彪
副主编　程文科　王小艳　刘志强
参　编　徐　良　谢　静　王颖菊
　　　　刘　波　邢　龙

机械工业出版社

本书立足于高等职业教育学生的特点及其未来就业的实际需要,依据教育部发布的《高等职业学校物流管理专业教学标准》把现代物流管理课程定位为专业基础课程。本书结合我国现代物流企业在物流管理过程中的实际情况,以物流作业各环节的管理为主线编排内容,同时兼顾理论的完整性。

本书本着"必须、够用、实用"的原则编写,内容全面,重点突出,目标要求明确,结构严谨,注重理论与实践相结合。为了方便教学和自学,本书配有视频、电子课件、习题、习题答案等教学辅助资源,与本书配套的在线开放课程可通过登录"智慧树"平台进行在线学习。

本书可作为高职院校、职业本科院校、应用型本科院校物流类、报关与国际货运等相关专业的教材,也适合作为社会相关从业人员的业务参考书和培训用书。

图书在版编目(CIP)数据

现代物流基础与实务/徐丽,苏杜彪主编. —北京:机械工业出版社,2024.4
高等职业教育物流类专业系列教材
ISBN 978-7-111-75304-9

Ⅰ.①现… Ⅱ.①徐… ②苏… Ⅲ.①物流-高等职业教育-教材 Ⅳ.①F252

中国国家版本馆 CIP 数据核字(2024)第 051175 号

机械工业出版社(北京市百万庄大街 22 号 邮政编码 100037)
策划编辑:张雁茹 责任编辑:张雁茹 单元花
责任校对:孙明慧 王 延 封面设计:马若濛
责任印制:张 博
天津光之彩印刷有限公司印刷
2024 年 5 月第 1 版第 1 次印刷
184mm×260mm·14.75 印张·360 千字
标准书号:ISBN 978-7-111-75304-9
定价:49.00 元

电话服务	网络服务
客服电话:010-88361066	机 工 官 网:www.cmpbook.com
010-88379833	机 工 官 博:weibo.com/cmp1952
010-68326294	金 书 网:www.golden-book.com
封底无防伪标均为盗版	机工教育服务网:www.cmpedu.com

前言
PREFACE

随着世界经济的快速发展和现代科学技术的进步，物流产业作为国民经济中一个新兴的服务行业，正在全球范围内迅速发展。在国际上，物流产业被认为是国民经济发展的动脉和基础产业，其发展程度成为衡量一个国家现代化程度和综合国力的重要标志之一，被喻为促进经济发展的"加速器"。为顺应我国经济发展要求和经济全球化的发展趋势，物流产业将成为我国经济跨世纪发展的重要产业。

作为推动经济发展新的利润源和竞争资源的现代物流产业，因所蕴含的巨大潜力正在得到政府、企业和学术研究领域越来越多的重视。现代物流管理已成为我国高校的热门专业，现代物流已成为经济学和管理学专业中非常重要的一门学科，智慧物流管理人才也已成为我国经济发展最紧缺的人才之一。

本书是第二批国家级职业教育教师教学创新团队标志性成果之一，依据高职高专教育的培养目标和人才培养模式，围绕适合社会需要和职业岗位群的要求，坚持以提高学生整体素质为基础，以培养学生的实践应用能力，尤其是创新能力和实践能力为主线，依据物流的基本知识体系，遵循物流职业资格认证培训的相关标准进行编写，主要阐述现代物流理论、物流系统及其构成，按照物流的包装、装卸搬运、运输、仓储、流通加工、配送、信息处理等基本功能，以及物流装备与技术、物流法律法规、物流的发展方向等进行设计和编排。为了方便读者阅读学习，本书在形式上做了一些灵活处理，配有数字化资源，包括微课视频、相关小知识等内容。这些内容同样是本书的重要组成部分，与正文内容没有主次之分。

本书由职业院校和企业共同开发和编写，内容较完整，理论讲解较为透彻，具有基础性、实用性、实践性和新颖性的特点，同时文、图、表有机结合，便于理解和记忆，适合高职院校、职业本科院校、应用型本科院校物流类、报关与国际货运等相关专业的学生使用，也适合相关社会从业人员参阅。

本书由新疆交通职业技术学院徐丽、苏杜彪任主编，新疆交通职业技术学院程文科、王小艳和新疆铁道职业技术学院刘志强任副主编，新疆交通职业技术学院徐良和谢静、伊犁职业技术学院王颖菊、百世物流科技（新疆）有限公司刘波、新疆龙海达物流有限公司邢龙参与了编写。各章节的编写分工如下：第一章、第二章、第四章由徐丽编写，第三章由刘志强编写，第五章、第六章、第七章由苏杜彪编写，第八章、第十一章由程文科编写，第九章、第十章由王小艳编写，全书由徐丽总纂和定稿。同时徐良参与了第七章的编写和文字校对工作、谢静参与了第四章的编写和文字校对工作、王颖菊参与了第八章、第九章的文字校对工作,刘波和邢龙提供了大量的案例素材和资料。在编写过程中我们参考了大量有关物流管理方面的资料,在此对相关资料的撰写者表示衷心的感谢,同时对所有支持、关心我们编写工作的人员表示真诚的谢意!

由于编者学识水平有限,加之时间仓促,书中难免有疏漏之处,敬请各位专家和广大读者批评指正。

编　者

请扫码进入"智慧树"
获取配套在线课程

二维码索引

二维码	名称	页码	二维码	名称	页码
	古代物流史	4		常用装卸搬运工具	46
	物流发展与现代物流业	6		运输合理化	76
	物流活动要素	11		现代仓储的内涵与常见仓库类型	87
	现代物流管理目标及其合理化	12		中国古代仓储简述	90
	物流岗位及职业素养	13		仓储设施与设备	91
	包装及其类型	22		仓储作业1：入库作业	91
	包装选用与技法	27		仓储作业2：养护作业	94
	包装合理化	29		仓储作业3：盘点作业	95

（续）

二　维　码	名　　称	页码	二　维　码	名　　称	页码
	仓储作业4：出库作业	96		物流便捷技术	145
	仓储作业5：退货作业	97		WMS与TMS	149
	仓储安全管理	99		物流法规概述	185
	流通加工及其类型	106		物流合同	189
	流通加工合理化	112		物流保险	193
	流通加工案例分析	114		绿色物流	201
	配送路径优化作业	129		第三方物流	208
	RFID技术	141			

目 录
CONTENTS

前　言
二维码索引
第一章　物流概述 ·· 1
　第一节　物流的概念与分类 ························ 4
　　一、物流的概念 ······································ 4
　　二、物流的分类 ······································ 6
　第二节　物流理论与物流观念 ···················· 8
　　一、物流的"商物分离"说 ···················· 8
　　二、"黑大陆"说 ···································· 9
　　三、"物流冰山"说 ································ 9
　　四、"第三利润源"说 ····························· 9
　　五、"效益背反"说 ······························· 10
　　六、竞争战略说 ···································· 10
　　七、服务中心说 ···································· 10
　　八、成本中心说 ···································· 10
　第三节　物流的职能与作用 ······················ 11
　　一、物流的基本职能 ···························· 11
　　二、物流在国民经济中的作用 ·············· 12
　第四节　物流职业岗位的职业素养与能力
　　　　　要求 ··· 13
　　一、职业素养 ·· 13
　　二、能力要求 ·· 15
　技能训练 ·· 18
第二章　物流的起点——包装 ················ 20
　第一节　物流包装概述 ····························· 22
　　一、包装的定义 ···································· 22
　　二、包装的分类 ···································· 22
　　三、包装的作用 ···································· 23
　第二节　物流包装技术及其应用 ··············· 23
　　一、常用的包装材料 ···························· 23
　　二、现代包装技术 ································ 25
　　三、常用包装技术应用实例 ·················· 27
　第三节　物流包装合理化 ·························· 29
　　一、包装的合理化原则 ························· 29
　　二、包装的合理化内容 ························· 29
　技能训练 ·· 30
第三章　物流的接口——装卸搬运 ········ 35
　第一节　装卸搬运概述 ····························· 37
　　一、装卸搬运的定义 ···························· 37
　　二、装卸搬运的发展过程 ···················· 38
　　三、装卸搬运的地位和作用 ·················· 39
　　四、装卸搬运的特点 ···························· 40
　　五、装卸搬运的要素 ···························· 41
　　六、装卸搬运的分类 ···························· 41
　第二节　装卸搬运作业 ····························· 46
　　一、装卸搬运作业的内容 ···················· 46
　　二、装卸搬运作业管理 ························· 46
　　三、装卸搬运作业的应用 ···················· 48
　第三节　装卸搬运合理化 ·························· 54
　　一、装卸搬运合理化的目标 ·················· 55
　　二、装卸搬运合理化的原则及途径 ······· 55
　　三、不合理的装卸搬运的表现形式 ······· 57
　技能训练 ·· 57
第四章　物流的动脉——运输 ················ 61
　第一节　物流运输管理概述 ······················ 64
　　一、物流运输的含义 ···························· 64
　　二、物流运输管理 ································ 66
　　三、运输与各物流环节的关系 ·············· 68

第二节　常用的物流运输方式 …… 69
　一、按运输设备及运输工具分类 …… 69
　二、按运输的范畴分类 …… 73
　三、按运输的协作程度分类 …… 74
　四、按运输中途是否换载分类 …… 74
　五、几种特殊的运输方式 …… 74
第三节　物流运输的合理化 …… 76
　一、运输方式的选择 …… 76
　二、运输合理化的概念 …… 76
　三、不合理的运输形式 …… 77
　四、实现运输合理化的有效措施 …… 80
技能训练 …… 81

第五章　物流的蓄水池——仓储 …… 85
第一节　仓储概述 …… 87
　一、仓储的概念 …… 87
　二、仓储的功能及分类 …… 87
　三、我国仓储业的发展历史 …… 90
第二节　仓储基本作业内容 …… 91
　一、入库作业 …… 91
　二、在库作业 …… 93
　三、出库作业 …… 96
第三节　仓储合理化 …… 97
　一、仓储合理化的含义 …… 97
　二、仓储不合理的现象 …… 98
　三、仓储合理化的标志 …… 98
　四、仓储合理化的途径 …… 98
技能训练 …… 99

第六章　物流的价值增值——流通加工 …… 102
第一节　流通加工概述 …… 104
　一、流通加工的含义、特点和作用 …… 104
　二、流通加工的类型 …… 106
第二节　流通加工的主要应用 …… 107
　一、食品的流通加工 …… 107
　二、钢材的流通加工 …… 109
　三、木材的流通加工 …… 110
　四、煤炭的流通加工 …… 110
　五、水泥的流通加工 …… 111
　六、机电产品的流通加工 …… 112
第三节　流通加工合理化 …… 112
　一、流通加工不合理的现象 …… 112
　二、流通加工合理化的方法 …… 113
技能训练 …… 114

第七章　物流的"最后一公里"——配送 …… 117
第一节　配送概述 …… 120
　一、配送的含义 …… 120
　二、配送的分类 …… 120
　三、配送的流程 …… 121
　四、配送的作用 …… 122
第二节　配送中心与物流中心 …… 123
　一、配送中心 …… 123
　二、物流中心 …… 125
第三节　配送合理化 …… 126
　一、配送不合理的表现形式 …… 126
　二、配送合理化的判断标准 …… 127
　三、配送合理化的措施 …… 129
技能训练 …… 129

第八章　物流的中枢神经——物流信息 …… 133
第一节　物流信息概述 …… 135
　一、信息概述 …… 135
　二、物流信息的定义及特征 …… 136
第二节　物流信息技术 …… 137
　一、条码技术 …… 138
　二、射频识别技术 …… 141
　三、电子数据交换 …… 144
　四、全球定位系统 …… 145
第三节　物流信息系统 …… 147
　一、物流信息系统概述 …… 147
　二、物流信息系统的构成 …… 148
技能训练 …… 151

第九章　物流作业工具——物流装备与技术 …… 155
第一节　物流装备与技术概述 …… 158
　一、物流装备与技术的构成 …… 158
　二、物流装备与技术的地位和作用 …… 158
　三、现代化的物流装备与技术 …… 159
第二节　物流装备与技术的应用 …… 160
　一、装卸搬运装备 …… 160

二、仓储装备 …………………… 162
　　三、运输装备 …………………… 169
　　四、包装技术与装备 …………… 176
　第三节　物流装备与技术合理化 …… 178
　　一、物流装备与技术选用原则 … 178
　　二、物流装备与技术合理化措施 … 179
　技能训练 ……………………………… 180

第十章　物流的保障——物流法律法规 …………………………………… 184
　第一节　物流法律法规概述 ………… 185
　　一、物流法律法规的含义 ……… 185
　　二、物流法律法规的现状 ……… 188
　第二节　物流法律法规应用 ………… 188
　　一、与包装、仓储、流通加工相关的法律法规 ……………………… 189
　　二、与装卸搬运相关的法律法规 … 191
　　三、与运输、配送相关的法律法规 … 191
　第三节　货物保险法规 ……………… 193
　　一、货物保险法规概述 ………… 193
　　二、货物保险合同的内容 ……… 193
　　三、货物保险索赔 ……………… 194
　　四、货物保险领域的法律障碍 … 195
　技能训练 ……………………………… 196

第十一章　物流的发展方向 ………… 199
　第一节　绿色物流 …………………… 201
　　一、绿色物流概述 ……………… 201
　　二、绿色物流的管理与实现路径 … 203
　　三、逆向物流概述 ……………… 205
　第二节　第三方物流 ………………… 208
　　一、第三方物流概述 …………… 208
　　二、第三方物流的作用 ………… 211
　　三、第三方物流的发展趋势 …… 212
　第三节　现代智慧物流 ……………… 214
　　一、智慧物流概述 ……………… 214
　　二、智慧物流的功能与作用 …… 216
　　三、智慧物流的应用现状与发展趋势 ………………………………… 218
　技能训练 ……………………………… 220

参考文献 ……………………………… 224

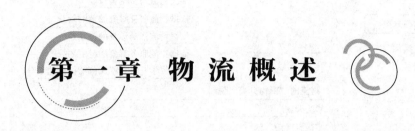

第一章 物流概述

【学习目标及要求】

（一）知识目标

1. 了解现代物流的概念、分类。
2. 了解物流理论与物流观念。
3. 掌握物流的基本职能。
4. 了解物流职业岗位的职业素养与能力要求。

（二）技能要求

能够运用所学知识对企业物流案例进行分析。

【物流术语】

1. 物品（Goods）。
2. 物流（Logistics）。
3. 现代物流（Modern Logistics）。
4. 企业物流（Enterprise Logistics）。

【知识梳理】

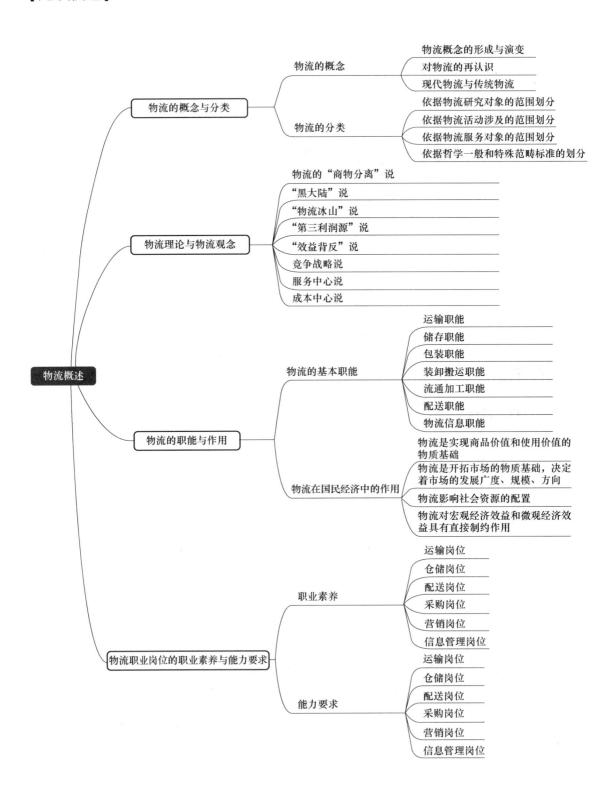

【导读案例】

物流：一个不得不坚持的错误

某记者在采访的旅途中，与几位邻座旅客朋友对"什么是物流"进行了一番讨论。来自水电物资系统的张先生说："顾名思义，'物流'就是物资流通的简称。据我所知，'物流'这个词还是物资流通系统从国外引进的呢！"来自铁路工程系统的方先生说："'物流'就是货物运输，公路、铁路、水路、航空、管道运输都包含在内，把货物从一地运到另一地，这就是物流。"来自高等院校信息研究所的宁先生则说："'物流'是在正确信息指引下，物质材料有价值的空间位移。"来自解放军某部的秦少校说："在军队，'物流'就是后勤，人员调动、武器装备运输、各种给养调配都属于物流……"一路上，大家各执己见、各陈其理，角度不同，理解各异，"物流"被赋予了不同的内涵。为了"正本清源"，也为了求得"真经"，这位记者特地走访了我国著名的物流专家、北京工商大学教授何明珂。

何教授介绍说，我们今天普遍使用的"物流"一词，实际上是一个不得不坚持的错误称呼。物流一词在翻译上是有问题的，只不过由于历史原因，作为一个外来语没有必要对此进行更正而已。

我国的物流概念是从日本引进的。日本的物流定义，可以追溯到1956年日本向美国派出的"流通技术专业考察团"。该考察团在美国发现，美国人讲的"Physical Distribution"涉及大量的流通技术，对提高流通的劳动生产率很有好处，于是在考察报告中对Physical Distribution进行了介绍。随后，这一概念引起了日本产业界的重视，日本人就把Physical Distribution译成日文"物の流"，1965年更进一步简化为"物流"。

日本的物流概念产生之后，出现了一些物流研究机构，当时比较有名的是日本物流管理协议会和日本物流管理协会。面对物流的发展，为了提高物流效率、促进物流发展，两个协会于1992年6月2日合并成立日本后勤系统协会，将"物流"改称"后勤"。但合并后的后勤系统协会放弃了日本人最先翻译的"物流"，既不用"物流"也不用"后勤"，而直接用"Logistics"的英文注音（日语片假名）。

何教授指出，这种现象说明用"Logistics"替换"Physical Distribution"，不仅是词语上的替换，而且是从概念所反映的经济活动内容及覆盖面的全面替换，这意味着从更加广泛的领域考虑物流问题是当今物流发展的一种趋势。

何教授说，"物流"在我国出现的情况要复杂一些。我国本来就有"后勤"一词，在20世纪80年代初"物流"刚刚引进之后，学术界根据日本的译法，把"Physical Distribution"译为"物流"，根据英汉字典的译法，把"Logistics"译为"后勤"，当时着重普及和介绍的是"物流"而不是"后勤"。后来，美国物流管理协会易名，把"Physical Distribution"改为"Logistics"，而我国仍一直沿用"物流"的用法，因为经过几年的宣传，"物流"的概念得到了学术界很多专家的认可。

根据上述事实，可以得出这个结论："Logistics"对应的汉语翻译应该是"后勤"而不是"物流"，将其翻译成"物流"是不对的，这是一种历史错误。国外的用词及相应的翻译已经发生了变化，但是我们没有变。虽然我国学术界和企业界已经接受了这个名称，现在也没有必要再去进行更正，但何教授还是坚持将"Logistics"翻译成"物流"的观点。当然，有人将"Physical Distribution"说成是"传统物流",而将"Logistics"说成是"现代物流",这显然还是没有认识到概念的上述变化,因而是不成立的。与其这样翻译和理解,还不如将"Physical Distribution"翻译成"销售物流",而将"Logistics"翻译成"供应链物流",这还更符合实际一点。因为,前者指的就是销售领域的物流,后者将范围扩展至整个供应链。

从事军事后勤研究的专家认为,"Logistics"应该按照字典译成"后勤"而不是"物流",但由于国内企业、机关的"后勤"指的是行政性、事务性、接待性等非生产、经营性工作,这种意义上的"后勤"并不是由"物流"演变而来的"后勤"。为了避免产生这种误解,大部分专家认为,还是应该叫"物流"。

何教授强调,从国务院的《政府工作报告》、主管部门的文件,到企业的宣传广告等,都用"物流"一词。2001 年 3 月,国家经贸委等 6 部委印发了《关于加快我国现代物流发展的若干意见》,将物流从概念转化为实际,直接指导我国物流业的发展。"物流"这一用语已经被广泛接受。

1997 年,国内贸易部产业发展司决定对物流的定义展开研究,因物流术语关系其他很多相关行业,经国家科委、国家技术监督局批准作为国家标准研究项目,先后由北京工商大学、中国物资流通协会物流技术经济委员会牵头,由北京工商大学、北京物资学院、北京交通大学、华中科技大学,以及一些企业参加,进行了《中华人民共和国国家标准:物流术语》的编制工作。

2021 年 8 月发布的 GB/T 18354—2021《物流术语》将物流定义为:"根据实际需要,将运输、储存、装卸、搬运、包装、流通加工、配送、信息处理等基本功能实施有机结合,使物品从供应地向接收地进行实体流动的过程。"

思考:
1. 通过对本案例的学习,你认为什么是物流?
2. 通过对本案例的学习,你认为物流有哪些作用?

第一节 物流的概念与分类

物流是一种历史悠久的人类劳动活动,随着商品的出现而产生,随着市场经济的完善而发展。但是,真正将物流作为企业经营的基本职能,对物流活动实施系统化的科学管理是 20 世纪 50 年代前后的事情。

一、物流的概念

(一)物流概念的形成与演变

扫码看视频

大多数专家认为物流一词最早出现在美国。20 世纪初,一些发达的资本主义国家出现生产过剩与需求相对不足的经济危机。市场竞争的加剧使人们开始关注分销工作,萌发了物流的概念。1915 年,美国的阿奇·萧在《市场分销中的若干问题》一书中首次提出了"Physical Distribution"(英文缩写 PD)的概念,有人将它译成"实体分销",也有人译成"物流"。

第二次世界大战期间,美国军队围绕战争期间军需物资的供应建立了现代军事后勤(Logistics),即指战略物资的生产、采购、运输、仓储、配送等全过程的管理,形成了一门

"后勤管理"（Logistics Management）学科。第二次世界大战后，西方经济进一步发展，生产力水平提高，需求规模扩大，市场竞争加剧，企业进入大量生产、大量销售时期。这时候，为了进一步扩大市场占有率，降低流通成本，企业和社会更加关注"物流"，把"后勤管理"理论在很多经济活动中加以引用，达到了很好的效果。

1935 年，美国销售协会将物流定义为：物流是包含于销售之中的物质资料和服务，与从生产地点到消费地点流动过程中伴随的种种经济活动。

日本于 20 世纪 60 年代正式引进了"物流"这一概念，并将其解释为"物的流通""实物流通"的简称。日本通商产业省运输综合研究所认为，物流是商品从卖方到买方的场所转移过程，具体是由包装、装卸、运输、保管及信息等活动组成的。

美国物流管理委员会于 1976 年将物流定义为：物流活动包括但不局限于为用户服务、需求预测、库存控制、物料搬运、订货销售、零配件供应、工厂及仓库的选址、物资采购、包装、退换货、废物利用及处置、运输及仓储等。

1985 年，加拿大物流管理协会将物流定义为：物流是对原材料、在制品库存、产成品及相关信息从起源地到消费地的有效率的、成本有效益的流动和储存进行计划、执行和控制，以满足顾客要求的过程。该过程包括进向、去向和内部流动。

1991 年，美国物流管理协会认为：物流是对货物、服务及相关信息从起源地到消费地进行有效率、有效益的流通和储存，以满足顾客要求的过程，并对这个过程进行计划、执行和控制。这个过程包括输入、输出、内部和外部的移动，以及以环境保护为目的的物资回收。

1994 年，欧洲物流协会将物流定义为：物流是在一个系统内对人员及商品的运输、安排及与此相关的支持活动的计划、执行与控制，以达到特定的目的。

我国在 20 世纪 70 年代末期开始从国外引进物流的概念。几十年来随着我国理论界对物流理论的深入研究和企业大量的物流实践，人们对物流的认识不断加深。

2021 年 8 月 20 日发布，同年 12 月 1 日实施的 GB/T 18354—2021《物流术语》对物流进行了定义。

从上述介绍的物流概念中，我们可以看到不同的时期、不同的国家对物流概念的理解有所不同，但是它们都反映出以下几个基本点：

1）物流概念的形成和发展与社会生产、市场营销、企业管理的不断进步密切相关。

2）物流概念与物流实践始于军事后勤，而物流一词没有限定在商业领域或军事领域，物流管理对公共企业和私人企业活动都适用。

3）物流无论从实物供应还是后勤的内涵中都强调了"实物流动"的核心。

4）物流的功能主要由运输、储存、装卸、包装以及信息等功能构成。

（二）对物流的再认识

不同时期对物流的不同理解和认识，反映了不同时期的社会生产力发展情况。用发展观念来思考，物流可以理解成人们为满足某种需要而组织社会物质运动的系统活动的总称。物流可以从以下 4 个方面理解。

1）物流是有目的的活动。物流是人们有意识、有目的的活动，是为满足人们某种需要而开展的活动。物流是建立在自然运动基础之上的高级运动形式，是政治、经济、社会和实物运动的统一。

2）物流是社会物质的运动。物流活动是物质实体的物理性移动，离开了社会物质的运动，物流就不再存在。

3）物流是一种系统的活动。物流是一个完整的活动过程，包含了为满足需要而实现社会物质运动的全部活动。对物流的理解应以系统的观念全面把握各个物流环节、物流要素的相互关系。

4）物流是一种有组织的活动。社会物质都是借助一定的载体、通过一定的劳动组织实现物理性移动的。因此，物流活动不能离开相应的技术工具、设施设备和劳动组织而独立存在。

（三）现代物流与传统物流

现代物流（Modern Logistics）是相对于传统物流而言的。它是在传统物流的基础上，引入高科技手段，即运用计算机进行信息联网，并对物流信息进行科学管理，从而使物流速度加快、准确率提高、库存减少、成本降低，以此延伸和放大传统物流的功能。我国许多专家学者认为：现代物流是根据客户的需要，以最经济的费用，将物资从供给地向需求地转移的过程。它主要包括运输、储存、加工、包装、装卸、配送和信息等活动。

现代物流与传统物流的区别主要表现在6个方面，见表1-1。

表1-1 现代物流与传统物流的区别

传 统 物 流	现 代 物 流
简单位移	增值服务
被动服务	主动服务
人工控制	信息管理
无统一标准	标准化服务
点到点或线到线	全球服务网络
单一环节的管理	整体系统优化

扫码看视频

二、物流的分类

社会经济领域中的物流活动无处不在。虽然各个领域物流的基本要素都相同，但由于物流研究对象不同、物流活动涉及范围不同、物流服务对象不同、物流范畴不同等，形成了不同的物流类型。物流的主要分类方法有以下几种。

（一）依据物流研究对象的范围划分

1. 宏观物流

宏观物流是站在国民经济整体的角度来观察的物流活动，研究国民经济运行中的物流合理化问题。宏观物流管理的主体是政府，主要任务是制定产业政策和市场法规，负责物流基础设施建设，为物流事业的发展创造宏观环境，促进全社会物流活动的合理化和效率化等。

2. 中观物流

中观物流是从一个地区或部门、行业的角度来观察的物流活动，研究一个地区或部门、行业在经济活动中的物流合理化问题，如城市物流合理化问题、粮食物流合理化问题等。

3. 微观物流

微观物流就是企业物流，是伴随着工商企业的生产经营活动而开展的，作为企业生产经营的一部分的物流活动。微观物流研究是以个别企业为对象，研究个别企业在经营活动中的物流合理化问题。

（二）依据物流活动涉及的范围划分

1. 国际物流

国际物流是不同国家之间的物流，是随着世界各国之间进行国际贸易而发生的商品实体从一个国家流转到另一个国家而发展的物流活动。

国际物流是现代物流系统发展较快、规模较大的一个物流领域。国际物流是伴随和支撑国际经济交往、贸易活动和其他国际交流所发生的物流活动。由于近十几年国际贸易急剧扩大、国际分工日益深化，以及区域一体化速度的加快，国际物流也成了现代物流研究的热点问题。

2. 区域物流

区域物流是相对于国际物流而言的，一个国家范围内的物流、一个城市的物流、一个经济区域的物流都处于同一法律、规章制度之下，都受相同文化及社会因素影响，因而都有独特性及区域特点。研究各个国家的物流，找出它们的相同之处和不同之处是研究国际物流的重要基础。物流有共性，但不同国家有其特性。例如，日本的物流，海运是其非常突出的特点，日本国土狭小，覆盖全国的配送系统也很有特点；美国的物流，大型汽车的作用非常突出；欧洲各国由于一体化进程，物流分工的特点也很突出等。这种研究不但对认识各国物流的特点会有所帮助，而且对促进互相学习、共同发展意义重大。日本便是在研究美国物流的基础上，吸收、消化、发展起来的具有特色的物流。

区域物流研究的一个重点是城市物流。世界各国的发展有一个非常重要的共同点，就是社会分工、国际合作的加强，使一个城市及周边地区逐渐形成小的经济地域，这成为社会分工、国际分工的重要微观基础。城市经济区域的发展有赖于物流系统的建立和运行。

城市物流要研究的问题很多。一个城市的发展规划，不但要直接规划物流设施及物流项目，例如建公路、桥梁、物流园区、仓库等，而且需要以物流为约束条件来规划整个市区，如工厂、住宅、车站、机场等。物流已成为世界上各大城市规划和城市建设要研究的重点。

（三）依据物流服务对象的范围划分

1. 社会物流

社会物流是指超越一家一户的以一个社会为范畴面向社会的物流。这种社会性很强的物流往往是由专门的物流从业者承担的。社会物流的范畴是社会经济大领域。社会物流主要研究再生产过程中随之发生的物流活动、国民经济中的物流活动，以及如何形成服务于社会、面向社会、在社会环境中运行的物流，因此带有宏观性和广泛性。社会物流包括企业向社会的分销物流、购进物流、回收物流、废弃物流等，也称为大物流或宏观物流，是企业外部物流活动的总称。

2. 企业物流

企业物流是指生产和流通企业围绕其经营活动所发生的物流活动。它从企业角度研究与生产经营有关的物流活动，是具体的、微观的物流活动的典型领域。企业物流主要是指在企业内部的生产经营活动中所发生的加工、检验、搬运、储存、包装、装卸、配送等物流活动。根据物流活动发生的先后次序，企业物流大致可分为供应物流、生产物流、销售物流、回收物流、废弃物物流等。

1）供应物流。供应物流是指为生产企业提供原材料、零部件或其他物料时所发生的物流活动。

2）生产物流。生产物流是指生产企业内部进行的涉及原材料、在制品、半成品、产成品等的物流活动。

3）销售物流。销售物流是指企业在销售商品过程中所发生的物流活动。

4）回收物流。回收物流是指不合格物品的返修、退货以及周转使用的包装容器从需求方返回到供应方所形成的物品实体流动。

5）废弃物物流。废弃物物流是指将经济活动或人民生活中失去原有使用价值的物品，根据实际需要进行收集、分类、加工、包装、搬运、储存等，并分送到专门处理场所的物流活动。

（四）依据哲学一般和特殊范畴标准的划分

1. 一般物流

一般物流是指物流活动的共同点和一般性。物流活动的一个重要特点是涉及全社会、各行业，因此物流系统的建立、物流活动的开展必须有普遍的适用性。

一般物流研究的着眼点在于物流的一般规律，建立普遍适用的物流标准化系统，研究物流的共同功能要素、物流与其他系统的结合和衔接，以及物流信息系统及管理体制等。

2. 特殊物流

特殊物流是指在特定范围、专门领域或特殊行业，在遵循一般物流规律的基础上，带有特殊制约因素、特殊应用领域、特殊管理方式、特殊劳动对象、特殊机械装备特点的物流业态。特殊物流活动的产生是社会分工深化、物流活动合理化和精细化的产物。在保持通用的、一般的物流活动前提下，能够有特点并能形成规模，产生规模物流效益的物流便会形成本身独特的物流活动和物流方式。特殊物流的研究对推动现代物流的发展具有重要作用。

特殊物流可进一步细分为以下几种。

1）按劳动对象的特殊性可分为水泥物流、石油及油品物流、煤炭物流、腐蚀化学物品物流、危险品物流等。

2）按数量及形体不同可分为多品种、少批量、多批次产品物流，超大、超长型物体物流等。

3）按服务方式及服务水平不同可分为"门到门"的物流、配送等。

4）按装备及技术不同可分为集装箱物流、管道物流等。

5）按特殊的领域可分为军事物流、废弃物物流等。

6）按组织方式可分为加工物流和非加工物流等。

第二节　物流理论与物流观念

由于物流是一门新兴的学科，正处于成长完善阶段，因此这门学科在理论上还没有统一的观点。下面就几种主要理论观点做简要的介绍。

一、物流的"商物分离"说

"商"是指"商流"，即商业性"交易"，实际上是商品价值运动，是商品所有权的转让,流动的是"商品所有权证书",是通过货币实现的。"商物分离"就是在物资流通过程中将商流和物流活动分开进行。"商物分离"是经济运行规律的必然体现,实际上是流通总体中的专业分工、职能分工,是通过这种分工实现大生产式的社会再生产的产物。

1)商流与物流过程的分离。在经济全球化的趋势下,国际分工越来越深入。商流过程与物流过程的分离,将成为网络经济时代的一个趋势,这种分离在网络经济时代将越发彻底。

2)商流经营者与物流经营者的分离。在网络经济时代,由于物流服务供应商的出现,商品的交易双方只进行商流运作,而物流则由第三方来承担。这种商流运作和物流运作责任人的分离,是网络经济时代商物分离的一个标志。商物分离也并非绝对,配送已成为许多人公认的既是商流又是物流的概念。

二、"黑大陆"说

著名的管理学家德鲁克曾经说过:"流通是经济领域里的黑暗大陆。""黑大陆"主要是指尚未认识、尚未了解的意思。这一学说对于人们认识物流这一经济现象起到了启蒙作用。

在"黑大陆"说中,如果理论研究和实践探索照亮了这块"黑大陆",那么摆在人们面前的可能是不毛之地,也可能是宝藏之地。

三、"物流冰山"说

"物流冰山"说是日本早稻田大学的西泽修教授提出来的。冰山的特点是大部分沉在水面之下,露出水面的仅是冰山一角。物流领域的很多方面对我们而言还是不清楚的,水下部分正是物流尚待开发的领域,也是物流的潜力所在。物流冰山如图1-1所示。

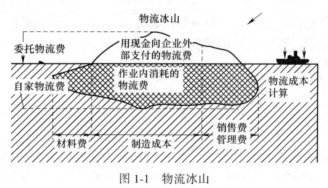

图1-1 物流冰山

四、"第三利润源"说

"第三利润源"是人们对物流潜力及效益的描述。人类历史上曾经有过两个大量提供利润的领域:第一个是资源领域,第二个是人力领域。资源领域起初是着眼于廉价原材料、燃料的获得,其后则是依靠科技进步节约消耗、综合利用、回收利用乃至大量人工合成资源而获取高额利润,人们习惯称之为"第一利润源"。人力领域最初是依靠廉价劳动,其后则是依靠科技进步提高劳动生产率,降低人力消耗,或采用机械化、自动化来降低劳动耗用从而降低成本、增加利润,人们习惯称之为"第二利润源"。在前面两个利润源潜力越来越小、利润源开拓越来越困难的情况下，物流领域的利润潜力被人们重视，按时间顺序排为"第三利润源"。

"第三利润源"理论最初是基于以下几个方面的认识：一是物流是可以完全从流通中分化出来，自成一个独立体系运行的，有自身的目标、自身的管理，因而能对其进行独立的总体判断；二是物流和其他独立的经营活动一样，它不是总体的成本构成因素，而是单独盈利因素，物流可以成为"利润中心"型的独立系统；三是从物流服务角度来讲，通过有效的物流服务，可以给接受物流服务的生产企业创造更好的盈利机会，成为生产企业的"第三利润源"；四是通过有效的物流活动，可以优化社会经济系统和整个国民经济的运行，降低国民经济的总成本，提高国民经济的总效益，成为整个经济的"第三利润源"。

五、"效益背反"说

"效益背反"指的是物流的若干功能要素之间存在着损益矛盾，即某一个功能要素的优化和利益发生的同时，必然会引起另外一个或另外几个功能要素的利益损失，反之也如此，如图1-2所示。这是一种此涨彼消、此盈彼亏的现象。寻求解决和克服各功能要素效益背反现象，就是寻求物流系统优化，寻求物流总体最优的过程。

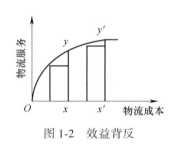

图1-2　效益背反

六、竞争战略说

对物流创造企业竞争优势最权威的解释当数美国哈佛大学商学院教授迈克尔·波特的竞争优势理论。著名学者马丁·克里斯托弗在《物流竞争》一书中，进一步深化了波特的理论，提出了"有效的物流管理是在竞争中取得优势的主要原因"，要通过降低成本和提升服务水平获得竞争优势。

七、服务中心说

服务中心说代表了美国和欧洲等一些国家的学者对物流的认识。他们认为，物流活动最大的作用并不在于为企业节约了消耗、降低了成本或增加了利润，而在于提高企业对用户的服务水平，进而提高了企业的竞争能力。因此，他们在使用描述物流的词汇上选择了"后勤"一词，特别强调其服务保障的职能。通过物流服务保障，企业以整体能力来压缩成本、增加利润。

八、成本中心说

物流在整个企业战略中，只对企业营销活动的成本产生影响。物流是企业成本的重要产生点，因而解决物流问题，并不主要是为了合理化、现代化，也不主要在于支持、保障其他活动，而主要在于通过物流管理和物流的一系列活动降低成本。物流是"降低成本的宝库"等说法是这种认识的形象表述。

第三节 物流的职能与作用

一、物流的基本职能

物流的基本职能是指物流活动特有的、区别于其他经济活动的职责和功能。物流的基本职能主要包括运输、储存、包装、装卸搬运、流通加工、配送、物流信息等。物流的整体职能是通过物流各个要素活动的有机结合来实现的。

扫码看视频

（一）运输职能

运输是物流的核心业务之一，也是物流系统的一个重要功能。运输活动是对物品进行空间移动。物流部门依靠运输克服生产地与需要地之间的空间距离，创造商品的空间效用，运输是物流活动的核心环节。随着市场经济的发展，物流需求的高度化、多品种、小批量特征日趋明显，因此对运输的质量要求也越来越高。

（二）储存职能

储存对调节生产、消费之间的矛盾，促进商品生产和物流发展都有十分重要的意义。储存活动也称为保管活动，是指借助各种仓库，完成物资的堆码、保管、保养、维护等工作，以使物品的使用价值下降程度最低。储存是为了克服生产和消费在时间上的距离而形成的。商品通过保管产生了商品的时间效用。

（三）包装职能

为使物流过程中的货物完好地运送到用户手中，并满足用户和服务对象的要求，需要对大多数商品进行不同方式、不同程度的包装。

商品包装包括产品的出厂包装，生产过程中的在制品、半成品的包装，以及物流过程中的换装、分装、再包装等活动。包装大致可分为工业包装与商业包装。工业包装也称运输包装，属于物流范围，其目的是便于物流的运输、保管，提高装卸效率、装载率。商业包装是把商品分装成方便消费者购买和易于消费的商品单位，其目的是向消费者显示品质内容和方便购买及销售。因此，包装的功能体现在保护商品、单元化、便利化和商品广告等几个方面。

（四）装卸搬运职能

装卸搬运是随运输和仓储而产生的必要物流活动，是对运输、储存、包装、流通加工等物流活动进行衔接的中间环节。装卸搬运包括货物在运输、储存、包装、流通加工等物流活动中进行衔接的各种机械或人工装卸搬运处理活动。在全部物流活动中只有装卸搬运活动始终伴随着物流活动。运输和储存活动的两端作业是离不开装卸搬运的，其内容包括物品的装上卸下、移送、拣选、货物的堆码、取货、备货、分类等活动及属于这些活动的作业。对装卸搬运的管理包括选择适当的装卸方式，合理配置和使用装卸机具，减少装卸搬运事故和损失等。装卸搬运是物流活动中出现频率最高的作业。装卸搬运效率的高低会直接影响物流的整体效率。

（五）流通加工职能

流通加工活动又称为流通过程的辅助加工。流通加工是在流通领域从事的简单生产活动，具有生产制造活动的性质。流通加工是在物品从生产者向消费者流动的过程中，根据需要施加的包装、分割、分拣、刷标志、拴标签、组配等简单作业的总称。流通加工是一种创造新的使用价值的活动，是为了促进销售、维护产品质量，实现物流的高效率而设置的使物品发生物理和化学变化的功能。

（六）配送职能

配送是根据客户的订货要求，在物流据点进行分货、配货工作，并将配好的货物交给收货人的物流活动。配送活动以配送中心为始点，而配送中心本身具备储存功能。分货和配货工作是为满足用户要求而进行的，因而在必要的情况下需要对货物进行流通加工。配送的最终实现离不开运输，这也是人们把面向城市内和区域范围内的运输称为"配送"的原因。

（七）物流信息职能

在物流活动中大量信息的产生、传送、处理活动为合理地组织物流活动提供了可能性。物流信息对各种物流活动的相互联系起着协调作用。物流信息是反映物流各种活动内容的知识、资料、图像和数据的总称。因此，物流信息是伴随着从生产到消费的物流活动而产生的信息流。这些信息与运输、储存、包装、装卸搬运等各种功能有机地结合在一起，是物流活动顺利进行必不可少的物流资源。

二、物流在国民经济中的作用

物流的产生和发展是社会再生产的需要，是商品流通的主要因素。物流在国民经济中占有重要地位，主要表现在以下几个方面。

扫码看视频

（一）物流是实现商品价值和使用价值的物质基础

在商品流通中，商流的目的在于交换商品的所有权（包括支配权和使用权），而物流才是商品交换过程中所要解决的社会物资交换过程的具体体现。没有物流过程，也就无法完成商品的流通过程，包含在商品中的价值和使用价值就不能实现。物流能力的大小，包括运输、包装、装卸、储存、配送等能力的大小，直接决定着商品流通的规模和速度。

如果物流能力过小，商品流通就会不顺畅，流通过程不能适应经济发展的客观要求，就会大大影响国民经济的协调、稳定、持续增长。因此，自古以来就强调"货畅其流"，这是很有道理的。

（二）物流是开拓市场的物质基础，决定着市场的发展广度、规模、方向

从市场发展史来看，正是由于商品运输方式的变革为近代世界市场的开拓创造了物质前提。在16世纪前的长时期内，原始的商品运输工具和运输方式，使国际贸易难以发展、海上贸易很难进行，从而使国际市场难以扩大。16世纪后，随着商品运输工具的改善和新航线的发现，促进了世界市场的迅速发展。在当代，任何一个国家在竞争日益激烈的世界市场中要提升自己的市场开拓能力，都必须重视物流的改善，否则就会在竞争中失败。从国内市场来看，物流情况直接影响市场商品供应情况，并且直接制约着人民群众消费需求的满足程度。

（三）物流影响社会资源的配置

物流直接制约社会生产力要素的合理流动、社会资源的利用程度和利用水平，影响社会资源的配置，因而在很大程度上决定着商品生产的发展和产品的商品化程度。由于商品具有二重性，使用价值是价值的物质承担者这一基本特征，使商品的流通范围和流通时间在很大程度上受到商品使用价值本身特性的制约，从而反过来对商品生产的增长速度和产品的商品

化程度起着决定性作用。例如水果保鲜,在高水平的储存技术没有研发出来以前,水果的流通时间受到很大的限制,特别是某些易腐的水果,其保存期往往只有几天时间,从而对流通范围和速度产生很大的影响。这时水果的生产规模和商品化程度便被物流决定。很多土特产的运输问题没有被解决之前,只能烂掉或被生产者自己消费掉,而无法转化为商品进入流通过程。这说明资源优势由于物流条件的限制而无法转化为商品优势进入流通过程,可见物流的组织情况已经构成制约生产的发展和产品商品化程度的决定性条件之一。

(四)物流对宏观经济效益和微观经济效益具有直接制约作用

在当前市场经济条件下,用于物流的费用支出已越来越多,越来越成为决定生产成本和流通成本高低的主要因素。一些发达国家,如美国、日本等,通过对各种产品流通费用及其在零售价格构成中的比重进行分析,看到了物流中存在的巨大潜力。物流被视为同人力、物力这两个利润来源并列的"第三利润源",被视为"降低成本的最后边界"。从我国的情况来看,商业企业的物流费用大约占到流通费用支出的30%~50%。具体到某些产品,如化肥、燃料、煤等,物流费用所占的比重还要大些。商品在物流过程中的损失也是很惊人的。据不完全统计,全国物流损失每年不下百亿元。这既说明了物流对宏观经济效益和微观经济效益的影响程度,又表明了组织好物流的必要性和紧迫性。

总之,物流在国民经济中占有重要位置,更好地发挥物流的职能,对我们加速现代化建设有十分重要的作用。

第四节 物流职业岗位的职业素养与能力要求

我国当前物流职业岗位主要分为运输、仓储、配送、采购、营销和信息管理等六大类,有几十个细分岗位设置。

一、职业素养

(一)运输岗位

1. 运输操作层的职业素养

运输操作层要具有高度的责任感,忠于职守,廉洁奉公,热爱运输工作,具有敬业精神;树立为客户、生产服务的观点,具有合作精神;树立讲效率、讲效益的思想,关心企业的经营;严格遵守运输管理的规章制度和工作规范,做到收有据、发有凭,及时准确地销账,手续完备;熟悉运输工具和设施设备的性能,严格按安全技术操作规程进行各种生产作业,合理高效地使用运输设备,能妥善处理各种事故或不利情况对运输质量的影响,防止和减少事故损失;掌握运输物品的特性,能有针对性地采取管理措施,正确地进行装卸加固等;重视运输成本管理,掌握运输经济信息,进行初步的成本控制和价格核算。

2. 运输管理层的职业素养

运输管理层要具有丰富的商品知识,掌握商品性质和运输要求,能有针对性地采取管理措施;具有一般的管理素质,包括组织协调能力、评估能力、策划能力、控制能力,安排专业训练或人员培训工作,领导业务人员学习和贯彻落实设备使用与管理规章制度;办事能力强,能区分轻重缓急,有条理地处理事务;具有一定的财务管理能力,掌握运输经济信息,进行成本管理、价格管理和控制决策;适应运输业务自动化、机械化、信息化的发展,不断提高运输的管理水平；掌握人员、设备情况，正确安排运输工具和设施设备的使用，制订各种货物运输计划，制订运输业务工作计划，并组织实施。

（二）仓储岗位

1. 仓储操作层的职业素养

仓储操作层要具有高度的责任感，忠于职守，廉洁奉公，热爱仓储工作，具有敬业精神；树立为客户、生产服务的观点，具有合作精神；树立讲效率、讲效益的思想，关心企业的经营；严格履行岗位职责，及时做好物资的入库验收、保管保养和出库发运工作；严格遵守各项手续制度，做到收有据、发有凭，及时准确地销账，手续完备，账物相符，把好收、发、管三关；熟练地填写账表、制作单证，妥善处理各种单证业务；熟悉仓库的结构、布局、技术定额，熟悉堆码、苫垫技术，掌握堆垛作业要求，妥善安排货位，合理高效地利用仓容；熟悉仓储物资的特性，能有针对性地进行保管，防止货物损坏，提高仓储质量；重视仓储成本管理，降低仓储物损耗率，提高仓储的经济效益；严格执行仓库安全管理规章制度，正确使用仓储设施设备，做好安全保卫工作，确保人身、物资、设备的安全。

2. 仓储管理层的职业素养

仓储管理层要具有丰富的商品知识，掌握商品性质和保管要求，能有针对性地采取管理措施；具有一般的管理素质，包括组织协调能力、评估能力、策划能力、控制能力，掌握现代仓储管理技术，能熟练运用现代信息技术；熟悉仓储设备，能合理和高效地安排使用仓储设备；办事能力强，能区分轻重缓急，有条理地处理事务；具有一定的财务管理能力，掌握仓储经济信息，进行成本管理、价格管理和控制决策。

（三）配送岗位

1. 配送操作层的职业素养

配送操作层要具有高度的责任感，忠于职守，廉洁奉公，热爱配送工作，具有敬业精神；树立为客户、生产服务的观点，具有合作精神；树立讲效率、讲效益的思想，关心企业的经营；严格履行岗位职责，及时做好物资的进货、理货、分拣、配货、送货等工作；严格遵守各项手续制度，做到收有据、发有凭，及时准确地销账，手续完备，账物相符，熟练地填写账表、制作单证，妥善处理各种单证业务。

2. 配送管理层的职业素养

配送管理层要具有丰富的商品知识，掌握商品性质和配送要求，能有针对性地采取管理措施；具有一定的财务管理能力，掌握配送经济信息，进行成本管理、价格管理和控制决策；具有一般的管理素质，包括组织协调能力、评估能力、策划能力、控制能力，制定配送经营业务绩效管理与各项管理政策；掌握人员、设备情况，正确制订配送计划，安排合理化配送作业流程并组织实施。

（四）采购岗位

1. 采购操作层的职业素养

采购操作层要具有高度的责任感，忠于职守，廉洁奉公，具有敬业精神；树立为客户、生产服务的观点，具有合作精神；树立讲效率、讲效益的思想，关心企业的经营；严格履行岗位职责，及时执行信息收集、联系供应商、发出订单、订单跟踪和催货、到货检验与退货、档案记录与维护等采购工作；与技术、品质管制等部门的人员共同参与合格供应商的甄选。

2. 采购管理层的职业素养

采购管理层要具有丰富的货品知识，能及时掌握货品的市场价格及品质情况，有针对性地实施采购策略；具有一定的财务管理能力，开展与供应商的比价、议价谈判工作，掌握供应商经济信息，进行成本管理、价格管理和控制决策；具有一般的管理素质，包括组织协调能力、评估能力、策划能力、控制能力；制定采购方案，编制采购计划，实施采购经营业务绩效管理；具有采购谈判技巧，能协调、评估并认证供应商的能力。

（五）营销岗位

1. 营销操作层的职业素养

营销操作层要具有高度的责任感，忠于职守，廉洁奉公，具有敬业精神；树立为客户、生产服务的观点，具有合作精神；树立讲效率、讲效益的思想，关心企业的经营；严格履行岗位职责，具有良好的品德、沟通能力，及时开展信息收集、访问与接待客户、宣传推广等营销活动。

2. 营销管理层的职业素养

营销管理层要具有丰富的市场知识，及时掌握市场行情变化及竞争情况，能有针对性地实施营销策略；严格管理营销活动过程，具有营销谈判技巧、客户关系管理技巧，能组织与开展物流服务市场调查、产品分析、目标市场选择、产品定位等营销工作；具有一般的管理素质，包括组织协调能力、评估能力、策划能力、控制能力；制定营销方案，编制营销计划，实施营销经营业务绩效管理；具有一定的财务管理能力，掌握市场行情信息，进行成本管理、价格管理和控制决策。

（六）信息管理岗位

1. 信息管理操作层的职业素养

信息管理操作层要具有高度的责任感，忠于职守，廉洁奉公，具有敬业精神；树立为客户、生产服务的观点，具有合作精神；树立讲效率、讲效益的思想，关心企业的经营；严格履行岗位职责，及时做好进货、合同、出入库、统计数据汇总、各种台账、数据查询等基础数据处理工作。

2. 信息管理管理层的职业素养

信息管理管理层要对物流经营管理中的数据进行各种分析，利用信息管理系统对数据加工处理；运用信息网络技术和物流业务流程进行物流企业网络管理信息系统的开发、维护和应用。

二、能力要求

（一）运输岗位

1. 运输操作层

1）工作内容：运输作业、处理运输单证。

2）能力要求：能够执行运输作业；能够安排和监督现场货物装卸搬运；能够执行特殊货物装卸搬运与运输；能够识读、制作、修改运输单证；能够录入运输信息。

2. 运输管理层

1）工作内容：选择运输方式、运输调度、运输成本管理。

2）能力要求：能够对各种运输进行比较；能够合理选择运输工具；能够进行运输工具配载；能够优化运输线路；能够选择合理的运输方式；能够对运输作业成本进行正确计算、分析和控制。

（二）仓储岗位

1. 仓储操作层

1）工作内容：入库作业、装卸搬运作业、储存作业、盘点作业、出库作业、单证制作和包装作业。

2）能力要求：能够核验单证；能够进行入库验收作业、堆垛商品作业；能够合理选择装卸搬运工具；能够进行装卸搬运作业；能够正确使用叉车作业；能够进行储位管理；能够针对物品特性进行作业物品养护作业；能够开展仓库安全工作；能够对库存物品进行人工盘点；能够对库存物品进行自动盘点；能够进行出库验收作业；能够进行退货处理；能够制作入库、出库单；能够制作转库单证；能够合理选择包装形式和包装方法；能够正确确定包装单元，进行包装作业。

2. 仓储管理层

1）工作内容：仓储作业管理、业务实施、库存管理。

2）能力要求：能够进行入库、出货作业管理；能够进行搬运、储存、盘点作业管理；能够进行流通加工作业管理；能够合理调度车辆、人员；能够合理规划进、出货行车路径，节省成本；能够组织实施公共仓储业务；能够组织实施合同仓储业务；能够分析库存情况；能够制订库存管理计划；能够合理地控制库存。

（三）配送岗位

1. 配送操作层

1）工作内容：实施配送作业、流通加工、处理单据。

2）能力要求：能够根据配送计划进行分拣作业、配载作业、送货作业；能够根据客户要求对物品进行分装、剪切、组装等流通加工处理；能够制作配送单据。

2. 配送管理层

1）工作内容：编制配送作业计划、组织配送作业计划、组织配送作业、成本管理。

2）能力要求：能够编制分拣、配送作业计划；能够进行配送设备、设施的维护和更新管理；能够优化配送线路；能够组织人员实施配送作业；能够根据各连锁店铺的作业销售情况、要货情况和要货订单及时补货送货；能够对配送作业成本进行正确计算、分析和控制。

（四）采购岗位

1. 采购操作层

1）工作内容：执行采购计划、联系供应商。

2）能力要求：能够填写和识读采购单；能够按照采购计划进行采购作业；能够通过电话、传真、联系邮件等方式与供应商传递采购信息；能够记录和反馈供应商的供货情况。

2. 采购管理层

1）工作内容：需求预测、组织实施采购方案、供应商管理、采购成本管理。

2）能力要求：能够运用预测技术进行需求预测；能够跟踪采购进程；能够组织实施采购方案；能够进行采购谈判；能够对供应商进行评估、分类、选择；能够估算采购成本；能够对采购作业成本进行正确计算、分析和控制。

（五）营销岗位

1. 营销操作层

1）工作内容：执行营销计划、售后服务。

2）能力要求：能够按照营销计划执行营销作业；能够运用推销技巧；能够与客户签订销售合同；能够受理客户投诉。

2. 营销管理层

1）工作内容：物流市场调查与宣传、组织实施销售方案、客户服务。

2）能力要求：能够制定市场调查方案；能够制定宣传方案、组织市场宣传；能够对市场调查信息进行整理、汇总、加工、分析；能够根据市场调查信息合理制定营销策略；能够跟踪销售进程、组织实施销售方案；能够进行销售谈判；能够制订销售计划和销售预算；能够积极配合销售部门开展工作；能够建立售后服务信息管理系统（客户服务档案、质量跟踪及反馈）；能够妥善处理客户投诉；能够与质量部门沟通产品质量信息并提出改善意见。

（六）信息管理岗位

1. 信息管理操作层

1）工作内容：合理选择和运用物品信息采集技术采集物品信息、发布与接受信息。

2）能力要求：能够运用各种方法进行数据采集；能够使用POS系统进行实时控制；能够合理选择和运用信息数据采集设备、工具；能够维护各种数据采集设备、工具；能够运用网络资源发布与接受电子商务购销信息；能够进行情报信息的收集、加工、传递、存储、检索和使用。

2. 信息管理管理层

1）工作内容：网络维护。

2）能力要求：能够准确诊断、排除物流信息系统故障；能够进行网络设备与网络系统的维护；能够进行管理信息系统的开发与应用。

随着我国物流产业的快速发展，物流产业细分岗位呈现逐年增加趋势。除了常规的运输、仓储、配送等业务岗位之外，加强物流产品营销和物流信息管理成为当前和未来我国物流产业岗位改革的方向。尤其过去十年我国电子商务物流从小到大，发展十分迅速。为了满足新兴电子商务物流产业的发展，需要现代物流企业建立专门的电子商务物流管理平台，也需要我国物流管理人才具备更多新兴的电子商务物流管理能力。未来网络虚拟消费还会持续火爆，需要物流企业设立全新的物流管理岗位，也需要物流管理人才具备更强的信息技术、物流网络维护能力。

【本章小结】

本章重点介绍了物流的产生和发展、物流的概念，即根据实际需要，将运输、储存、装卸、搬运、包装、流通加工、配送、信息处理等基本功能实施有机结合，使物品从供应地向接收地进行实体流动的过程；阐述了物流理论的不同学说；介绍了物流的基本职能及作用；讲述了物流职业岗位的职业素养及能力要求。

技 能 训 练

一、单项选择题

1. 企业供应物流、生产物流、销售物流、废弃物物流和回收物流属于( )。
   A. 社会物流　　　　B. 企业物流　　　　C. 区域物流　　　　D. 综合物流
2. 带有特殊制约因素、特殊应用领域、特殊管理方式、特殊劳动对象、以及特殊机械装备特点的物流活动是( )。
   A. 一般物流　　　　B. 特殊物流　　　　C. 区域物流　　　　D. 社会物流
3. 当肯德基餐厅将加工好的食品通过美团外卖给客户时，实现的是( )。
   A. 生产物流　　　　B. 销售物流　　　　C. 供应物流　　　　D. 回收物流
4. ( )是指商品所有权的转移活动。
   A. 物流　　　　　　B. 资金流　　　　　C. 商流　　　　　　D. 信息流
5. "第三利润源"说是人们对( )潜力及效益的描述。
   A. 资源领域　　　　B. 人力领域　　　　C. 物流领域　　　　D. 生产领域

二、多项选择题

1. 从物流的定义可以看出，物流的基本要素都相同，但由于( )形成了不同的物流类型。
   A. 物流研究对象不同　　　　　　　　B. 物流活动涉及的范围不同
   C. 物流服务对象不同　　　　　　　　D. 物流范畴不同
2. 按物流服务对象的范围划分，可以把物流分为( )两类。
   A. 宏观物流　　　　B. 社会物流　　　　C. 企业物流　　　　D. 微观物流
3. 在生产过程中，原材料、( )等在企业内部的实体流动，称为生产物流。
   A. 在制品　　　　　B. 半成品　　　　　C. 产成品　　　　　D. 固定资产
4. 配送操作层的主要工作内容有( )。
   A. 实施配送作业　　B. 流通加工　　　　C. 单据作业　　　　D. 库存管理
5. 采购管理层的主要工作内容有( )。
   A. 需求预测　　　　B. 组织实施采购方案　C. 供应商管理　　　D. 采购成本管理

三、判断题

1. 2021年8月20日，国家市场监督管理总局、国家标准化管理委员会发布了GB/T 18354—2021《物流术语》。( )
2. 物流中的"物"是指有形的实体产品。( )
3. 微观物流研究的主要特点是具体性和局部性。( )
4. 物流的概念比较固定。( )
5. 物流是一个部门，是由物流各组成要素之间彼此存在有机联系的整体。( )

四、简答题

1. 怎样理解物流的概念？
2. 简述物流的基本职能。
3. 简述物流在国民经济中的作用。
4. 简述物流运输岗位的职业能力要求。

5. 如何理解物流影响社会资源的配置?

五、综合分析题

【案例】物流优化

我国目前正在成为世界家电的制造中心,同国际一流的企业相比,物流是中国制造企业最后也是最有希望降低成本、提高效益的环节。科星公司通过参股专业的物流公司,在家电生产企业和物流服务商之间利用资本纽带关系,构建家电物流平台,开创了国内家电企业物流管理的新路子,进行了3个方面的物流优化。

第一,物流组织整合和流程的优化。公司改变了过去冰箱、空调、冰柜、小家电四大类产品子公司物流的独立运作体系,将它们按专业物流部门合并起来,组成了一个物流部门。同时,引入了物流业务运作信息系统,全流程数据库通过运输计划和仓储计划统一管理,实现了在途库存的有效跟踪。

第二,物流运输整合和系统的优化。公司将原来自有的一个车队改制后全部推向市场,通过联合招标,将冰箱、空调、冰柜和小家电四大类产品的干线运输进行整合。同时,将战略合作方的逆向物流进行捆绑招标,使采购物流、生产物流、分销物流统筹起来,提高了物流的整体效率和效益。

第三,物流仓储整合和资源的优化。公司根据生产计划及时调整原来的作业半径,通过调仓、换仓、拆小取大,形成了四大产品的仓储发运片区,进行集中管理。同时,与战略合作方联手进行招标。

思考:

1. 物流如何帮助企业降低成本?
2. 从本案例看,物流的构成要素有哪些?

第二章　物流的起点——包装

【学习目标及要求】

（一）知识目标

1. 了解包装的定义及其分类方法。
2. 理解包装的作用。
3. 了解用于商品包装的各种材料及其特点。
4. 了解现代包装技术。
5. 理解包装的合理化原则及其内容。

（二）技能要求

能够运用所学包装知识解释物流包装现状，并能处理身边不合理的包装问题。

【物流术语】

1. 包装（Packaging）。
2. 运输包装（Transport Packaging）。
3. 绿色包装（Green Packaging）。

【知识梳理】

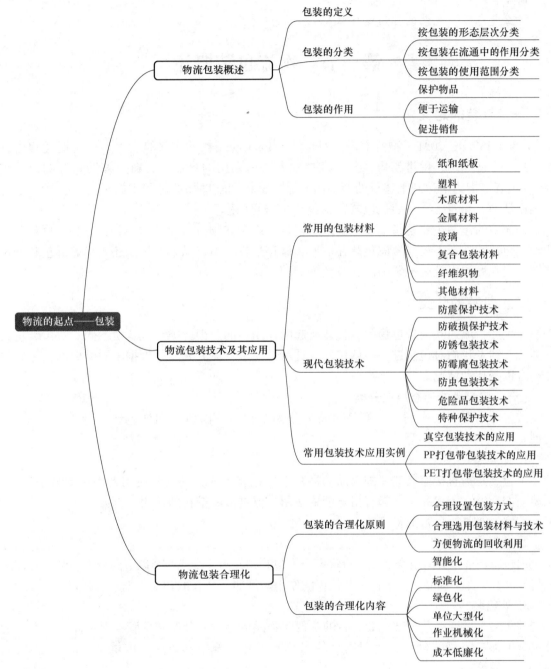

【导读案例】

厦门茶叶包装、上海月饼包装和深圳酒业包装在我国的包装市场上呈三足鼎立之势。厦门茶饮成风，茶叶飘香。厦门是茶叶交易的集散地，每年成交量多达上万吨。茶叶因易受潮、易受异味侵蚀，包装自古至今就不可或缺，只是过去由于生产条件、经济状况，包装较为质朴。随着经济的发展，茶叶包装近年来得到了改善。茶叶的包装不仅可以用来保护、运输茶叶，还可以提升茶叶的附加值，担当着传播中国茶文化的重任。

思考：

什么是包装？包装的作用是什么？

第一节　物流包装概述

一、包装的定义

GB/T 18354—2021《物流术语》对包装（Packaging）的定义是："为在流通过程中保护产品、方便储运、促进销售，按一定技术方法而采用的容器、材料及辅助物等的总体名称。"包装也指为了达到上述目的而采用容器、材料和辅助物的过程中施加一定技术方法等的操作活动。简言之，包装是包装物及包装操作的总称。

物流中的包装主要是指工业包装或外包装，以及在物流过程中的换装、分装、再包装等活动。包装的选择不仅要考虑包装在运输、储存过程中对产品的保护，还要考虑拆包装的便利性、美观性，以及废包装的回收及处理等因素。

二、包装的分类

在生产、流通和消费过程中，包装所起的作用不同，因此类型也有所不同。对包装进行分类，有利于我们对包装进一步认识及有针对性地进行研究开发。根据不同的标准，包装的分类有以下几种情况。

（一）按包装的形态层次分类

按包装的形态层次划分，商品包装可分为个包装、内包装和外包装三种类型。

扫码看视频

1. 个包装

个包装是指直接盛装和保护商品的最基本的包装形式，是交到使用者手中的最小包装，包装上的标识、图案和文字起着指导消费使用、促进商品销售的作用。例如，简装奶粉的袋子、香水的瓶子、牙膏的铝管等。

2. 内包装

内包装是个包装的组合形式，可将多个个包装归并为一个或两个以上的较大包装，在流通中起着进一步保护商品、便于计量和销售的作用。例如，牙膏的包装纸盒、糖果的塑料袋等。

3. 外包装

外包装是指商品的外部包装，目的是便于物品的运输、装卸和保管，保护商品。商品的外包装上都有明显的标记，注明商品的名称、型号、规格、数量、重量、产地等。例如，箱、盒、袋等。

（二）按包装在流通中的作用分类

按包装在流通中的作用划分，商品包装可分为运输包装和销售包装两种类型。

1. 运输包装

运输包装又称大包装、外包装或工业包装，是指以满足商品运输贮存要求为主要目的的包装，即是为了在商品流通过程中，方便商品的装卸搬运、运输配送和储存保管等工作，提高物流作业效率，保护商品所进行的包装。运输包装一般不随商品出售（电视机、洗衣机等大型家电商品的运输包装属于销售包装），通常不与消费者见面。因此，运输包装的外观不像销售包装那样讲究，但运输包装上的标志必须清晰。这种包装的特点是体积大、容量大、荷重大、结构坚固、外形规则、实用性强、包装费用较低，如 EMS 纸箱。

2. 销售包装

销售包装又称小包装、内包装或商业包装，是指随商品一同销售，以促进商品销售为主要目的的包装。这种包装的特点一是造型和表面设计新颖、美观，装饰性强，有激发购买欲望的艺术魅力，还具有丰富的引导选购和指导使用的商品信息；二是该包装不仅在销售活动中保护商品，在流通过程中也能起到保护商品的作用；三是包装件小，方便携带和使用；四是包装单位适于消费者的购买量和商店柜台陈设的要求。例如，礼品包装。

（三）按包装的使用范围分类

按包装的使用范围划分，商品包装可分为专用包装和通用包装两种类型。

1. 专用包装

专用包装是指专供某种或某类商品使用的一种或一系列包装。采用专用包装是根据商品某些特殊的性质来决定的。这类包装都有专门的设计制造和科学的管理方法，如 ZIPPO 的机壳。

2. 通用包装

通用包装是指一种包装能盛装多种商品，被广泛使用的包装容器。通用包装一般不进行专门设计制造，而是根据标准系列尺寸制造，用以包装各种无特殊要求的或标准规格的产品，如可乐罐、酒瓶等。

除了上述分类方法，包装还可以按材料、技术方法，以及包装物等标准进行分类。

三、包装的作用

（一）保护物品

保护物品不受损伤是包装的主要目的：一要防止物品在运输、装卸过程中受到各种冲击、震动、压缩、摩擦等外力的损害；二要防止物品在运输，特别是保管过程中发生受潮、发霉、生锈、变质等变化；三要防止有害生物对物品的破坏。

（二）便于运输

物品经过适当的包装能为搬运、装卸作业提供方便，加快装卸速度。从储运容器考虑包装形状、尺寸的设置，能大大提高运输效率。包装物的各种标志，便于仓库管理的识别、存取、盘点，合理的单元包装也方便了消费者的使用。

（三）促进销售

产品包装的装潢设计是促销手段之一。俗话说："货卖一张皮。"精美的包装能唤起人们的消费欲望，同时还可用来介绍、宣传商品，便于人们了解商品，从而购买这种商品。

第二节　物流包装技术及其应用

一、常用的包装材料

包装材料中使用最广泛的是纸及各种纸制品，其次是塑料、木材。随着社会经济发展和国内外对环境保护的日益重视,以纸代木、以纸代塑的绿色包装势在必行,纸质包装逐步向中高档、低量化方向发展。下面介绍常用的包装材料。

(一) 纸和纸板

纸和纸板是支柱性的包装材料,其应用范围广泛。纸和纸板是按定量(单位面积的质量)或厚度来区分的。凡定量在 $250g/m^2$ 以下或厚度在 0.1mm 以下的称为纸,在此以上的称为纸板。由于纸无法形成固定形状的容器,常用来做裹包衬垫和口袋,而纸板常用来制成各种包装容器。包装纸主要有纸袋纸、牛皮纸、中性包装纸、普通食品包装纸、鸡皮纸、半透明玻璃纸和玻璃纸、有光纸、防潮纸、防锈纸、铜版纸等。包装纸板主要有箱纸板、牛皮箱纸板、草纸板、单面白纸板、茶纸板、灰纸板、瓦楞纸板等。

(二) 塑料

塑料是一类多性能、多品种的合成材料,具有物理性能优越、化学稳定性好、轻便、易加工成型的特点。但塑料作为包装材料强度不如钢铁,耐热性不如玻璃,易老化,易产生静电。包装常用塑料有聚乙烯、聚丙烯、聚氯乙烯、聚苯乙烯、聚酯等,可制成瓶、杯、盘、盒等容器。聚苯乙烯还大量用来制造包装用泡沫缓冲材料。

(三) 木质材料

木质材料是传统的运输包装材料,包括天然木材和人造板材,具有特殊的耐压、耐冲击性能,加工方便,是大型和重型商品运输包装的重要材料。人造板材分胶合板和纤维板两种。常用的木制包装容器有木箱(包括胶合板箱和纤维板箱)、木桶(包括木板桶、胶合板桶和纤维板桶)等。

(四) 金属材料

包装用金属材料主要是指钢板、铝材及其合金材料,形式有薄板和金属箔,品种有薄钢板(黑铁皮)、镀锌薄钢板(白铁皮)、镀锡薄钢板(马口铁)、镀铬薄钢板、铝合金薄板、铝箔等。金属材料牢固结实;密封性、阻隔性好;延展性强,易加工成型;金属表面有特殊的光泽,便于进行表面装潢。但金属材料成本高、生产能耗大、化学稳定性差、易锈蚀,所以金属材料包装的应用受到了限制。

(五) 玻璃

玻璃是以硅酸盐为主要成分的无机材料,其特点是透明、清洁美观,有良好的机械性能和化学稳定性,价格便宜,可多次周转使用。但玻璃耐冲击性差,自身质量大,运输成本高,限制了其在包装上的应用。玻璃包装容器常见的有玻璃瓶、玻璃罐、玻璃缸等,主要应用于酒类、饮料、罐头食品、调味品、药品、化学试剂等商品的包装。此外,也可制造大型运输包装容器,存装强酸类产品。

(六) 复合包装材料

复合包装材料是将两种或两种以上的材料紧密复合在一起制成的包装材料。塑料与纸、塑料与铝箔、塑料与玻璃、纸与金属箔都可制成复合材料。复合材料兼有不同材料的优良性能,使包装材料具有更好的机械性能、气密性,以及防水性、防油性、耐热性或耐寒性,是现代包装材料的一个发展方向,特别适用于休闲食品、复杂调味品、冷冻食品等的包装。

(七) 纤维织物

纤维织物可以制成布袋、麻袋、布包等,具有牢度适宜、轻巧、使用方便、易清洗、便于回收利用等特点,适用于盛装粮食及其制品、食盐、食糖、农副产品、化肥、化工原料及中药材。

(八) 其他材料

毛竹、水竹等竹类材料可以编制各种竹制容器,如竹筐、竹箱、竹笼、竹篮、竹盒、竹瓶等。水草、蒲草、稻草等可编制席、包、草袋,是价格便宜的、一次性使用的包装用材料。柳条、桑条、荆条及其他野生藤类可用于编制各种筐、篓、箱、篮等。陶瓷可制成缸、坛、砂锅、罐、瓶等容器。另外,棕榈、贝壳、椰壳、麦秆等也可用于制作各种特殊形式的销售包装。

二、现代包装技术

包装作业时采用的技术和方法简称包装技法。一般包装技法的要求为:第一,对包装容器内装物进行合理置放、固定和加固,目的是缩小体积、节省材料、减少损失;第二,对松泡产品进行体积压缩,比较有效的方法是真空包装;第三,合理选择外包装的形状和尺寸,要避免过高、过扁、过大、过重等;第四,合理选择内包装(盒)的形状和尺寸,要与包装模数吻合;第五,包装物外部的捆扎是将单个物件或数个物件捆紧,以便于运输、储存和装卸。现代包装技术主要有以下7类。

(一) 防震保护技术

防震包装又称缓冲包装,是指为减缓内装物受到冲击和震动,保护其免受损坏所采取的防护措施。防震包装方法主要有以下三种。

1)全面防震包装方法。它是指内装物和外包装之间全部用防震材料填满进行防震的包装方法。

2)部分防震包装方法。对于整体性好的产品和有内装容器的产品,仅在产品或内包装的拐角或局部地方使用防震材料进行衬垫即可。所用包装材料主要有泡沫塑料防震垫、充气型塑料薄膜防震垫和橡胶弹簧等。

3)悬浮式防震包装方法。对于某些贵重易损的物品,为了有效地保证在流通过程中不被损坏,采用比较坚固的外包装容器,然后用绳、带、弹簧等将内装物悬吊在包装容器内,而不与包装容器发生碰撞,从而减少损坏。

(二) 防破损保护技术

缓冲包装有较强的防破损能力,是防破损保护技术中有效的一类。此外,还可以采取以下防破损保护技术。

1)捆扎及裹紧技术。捆扎及裹紧技术的作用是使杂货、散货形成一个牢固的整体,以增加整体性,便于处理及防止散堆,从而减少破损。

2)集装技术。利用集装技术,减少与货体的接触,从而防止破损。

3)选择高强度的保护材料。通过高强度的外包装材料来防止内装物受损。

(三) 防锈包装技术

1)防锈油防锈蚀包装技术。金属锈蚀是空气中的氧、水蒸气及其他有害气体等作用于金属表面引起电化学作用的结果。如果使金属表面与引起锈蚀的各种因素隔绝(将金属表面保护起来),就可以达到防止金属锈蚀的目的。用防锈油封装金属制品,要求油层有一定的厚度,油层的连续性好,涂层完整。不同类型的防锈油要采用不同的方法进行涂覆。

2）气相防锈包装技术。气相防锈包装技术就是用气相缓蚀剂（挥发性缓蚀剂），在密封包装容器中对金属制品进行防锈处理的技术。气相缓蚀剂是一种能减慢或完全阻止金属在侵蚀性介质中的破坏过程的物质，在常温下即具有挥发性。它在密封包装容器中，很短时间内挥发或升华出的缓蚀气体就能充满整个包装容器内的每个角落和缝隙，同时吸附在金属制品的表面，从而起到抑制锈蚀因素对金属锈蚀的作用。

（四）防霉腐包装技术

在运输包装内装运食品和其他货物时，货物表面可能生长霉菌，在流通过程中如遇潮湿，霉菌生长繁殖极快，甚至伸延至货物内部，使货物腐烂、发霉、变质，因此要采取特别防护措施。防霉腐包装技术通常采用冷冻包装法、高温灭菌法或真空包装法。

1）冷冻包装法的原理是减慢细菌活动和化学变化的过程，以延长储存期，但不能完全消除食品的变质。

2）高温灭菌法可以消灭引起食品腐烂的微生物，可以在包装过程中用高温处理防霉。有些经干燥处理的食品，应防止水汽浸入，可选择防水汽和气密性好的包装材料，采取真空和充气包装。

3）真空包装法也称减压包装法或排气包装法。这种包装可阻挡外界的水汽进入包装容器内，也可防止在密闭的防潮包装内部存有潮湿空气，在气温下降时结露。采用真空包装法，要注意避免过高的真空度，以防损伤包装材料。

防止运输包装内货物发霉，还可使用防霉剂。防霉剂的种类很多，用于食品的必须选用无毒防霉剂。机电产品的大型封闭箱可酌情开设通风孔或通风窗等相应的防霉措施。

（五）防虫包装技术

防虫包装常用的是驱虫剂，即在包装中放入有一定毒性和臭味的药物，利用药物在包装中挥发气体杀灭和驱除各种害虫。常用驱虫剂有萘、樟脑精等。防虫包装也可采用真空包装、充气包装、脱氧包装等技术，使害虫无生存环境，从而防止虫害。

（六）危险品包装技术

危险品有很多种，按其危险性质可将其分为十大类，即爆炸性物品、氧化剂、压缩气体和液化气体、自燃物品、遇水燃烧物品、易燃液体、易燃固体、毒害品、腐蚀性物品和放射性物品。有些物品同时具有两种以上危险性能。对有毒商品的包装要在明显之处标明有毒的标志；对有腐蚀性的商品，要注意避免商品和包装容器的材质发生化学变化。

（七）特种保护技术

1）充气包装。充气包装是采用二氧化碳或氮气等不活泼气体置换包装容器中空气的一种包装方法，因此也称为气体置换包装。这种包装方法是根据好氧性微生物需氧代谢的特性，在密封的包装容器中改变气体的组成成分，降低氧气的浓度，抑制微生物的生理活动、酶的活性和鲜活商品的呼吸强度，达到防霉、防腐和保鲜的目的。

2）真空包装。真空包装是将物品装入气密性容器后，在容器封口之前抽出空气，使密封后的容器内基本没有空气的一种包装方法。一般的肉类商品、谷物加工商品，以及某些容易氧化变质的商品都可以采用真空包装。真空包装不但可以避免或减少脂肪氧化，而且抑制了某些霉菌和细菌的生长。同时在对其进行加热杀菌时，由于容器内部气体已排除，因此加速了热量的传导，提高了高温杀菌效率，也避免了加热杀菌时由于气体的膨胀而使包装容器破裂。

3）收缩包装。收缩包装就是用收缩薄膜包物品（或内包装件），然后对薄膜进行适当加热处理，使薄膜收缩而紧贴于物品（或内包装件）的包装方法。收缩薄膜是一种经过特殊拉伸和冷却处理的聚乙烯薄膜，由于薄膜在定向拉伸时产生残余收缩应力，这种应力受到一定热量后便会消除，从而使其横向和纵向均发生急剧收缩，同时使薄膜的厚度增加，收缩率通常为 30%~70%，收缩力在冷却阶段达到最大值，并能长期保持。

4）拉伸包装。拉伸包装是 20 世纪 70 年代开始采用的一种新包装技术，它是由收缩包装发展而来的。拉伸包装是依靠机械装置在常温下将弹性薄膜围绕被包件拉伸、紧裹，并在其末端进行封合的一种包装方法。由于拉伸包装不需要进行加热，所以消耗的能源只有收缩包装的 1/20。拉伸包装可以捆包单件物品，也可用于托盘包装之类的集合包装。

5）脱氧包装。脱氧包装是继真空包装和充气包装之后出现的一种新型除氧包装方法。脱氧包装是在密封的包装容器中，使用能与氧气发生化学反应的脱氧剂，从而除去包装容器中的氧气，以达到保护内装物的目的。脱氧包装方法适用于某些对氧气特别敏感的物品，常用于那些即使有微量氧气也会促使品质变坏的食品包装中。

三、常用包装技术应用实例

（一）真空包装技术的应用

目前应用的真空包装有塑料袋内真空包装、铝箔包装、玻璃器皿、塑料及其复合材料包装等。可根据物品种类选择包装材料。

真空包装的目的是减少包装内氧气含量并防潮。真空包装技术起源于 20 世纪 40 年代。自 1950 年聚酯、聚乙烯塑料薄膜成功应用于商品包装以来，真空包装机便得到迅速发展。真空镀铝聚酯薄膜是以聚酯薄膜为原料，经真空镀铝精制而成的。真空镀铝聚酯薄膜的引入是由铝箔开始的。软塑包装上使用的铝箔，厚度一般在 6~20μm。铝箔具有银白色光泽，直接在铝箔上印刷透明油墨，会呈现特有的金属光泽。铝箔有良好的遮光性、阻气性、阻湿性、导热性、电磁屏蔽性。其中，最为突出的是铝箔的阻隔性能。在铝箔厚度足够的前提下，可以完全阻隔气体和水分，因而在软塑包装基材膜中铝箔是不可或缺的材料，被广泛应用在药品包装、食品包装，特别是需要高温蒸煮及保存时间相对较长的药物、化妆品等高档产品的软包装中。但是铝箔有一个致命的缺陷——弯曲后，铝箔很容易产生裂纹，影响铝箔的阻隔性，并且铝箔价格较贵。

在 20 世纪 80 年代，一种新的技术——真空镀铝技术被引入。此后，越来越多的行业开始在不影响质量要求的前提下，改用真空镀铝膜来代替真空包装，从而降低包装成本。所谓真空镀铝是指在高真空度下，铝经液化后立即汽化，然后冷却堆积在塑料薄膜表面，形成一层具有良好金属光泽、厚度为 300~600Å 的镀铝层。镀铝层的厚度还使用透光量、光密度或者方阻的方式来表示。真空镀铝膜一般是耐温及机械加工性能较好的 BOPP（双向拉伸聚丙烯薄膜）、BOPET（双向拉伸聚酯薄膜）、BOPA（双向拉伸尼龙薄膜）、CPP（未拉伸聚丙烯薄膜）等材料。通过真空镀铝这种方式，使真空镀铝膜既具有与基材相似的机械物理性能，同时又拥有与铝箔相似的阻隔性能。

（二）PP 打包带包装技术的应用

PP 打包带，学名聚丙烯，是常见塑料中较轻的一种。PP 打包带的主要材料是聚丙烯拉丝级树脂，因其可塑性好、断裂拉力强、耐弯曲、比重轻、使用方便等优点，被加工成捆扎带，已被广泛应用。

PP 表示聚丙烯。聚丙烯牌号有很多，打包带生产（最好效果）使用的是牌号 T30S 的聚丙烯原料。

1）PP 打包带外观半透明至不透明，在火焰中可燃，离开火焰后缓缓熄灭或继续燃烧。在燃烧时，火焰上端呈黄色，下端呈蓝色，有熔融、滴落现象，可闻到石蜡味。

2）PP 打包带的分类如下：

① 按生产打包带的聚丙烯原料颗粒透明与否或色彩可以分为透明 PP 打包带、半透明 PP 打包带、色彩 PP 打包带。

② 按生产打包带使用的聚丙烯成分比例可以分为新纯料 PP 打包带、纯料（回收料）PP 打包带、普通夹芯 PP 打包带。

③ 按照用途可以分为全自动 PP 打包带、半自动 PP 打包带、手工用 PP 打包带、柔性 PP 打包带。

3）PP 打包带主要用于纸箱打包，配合自动打包机使用。PP 打包带的主要产品有 PP 手工带、全自动及半自动机用带、无人化机用捆扎带、PE 耐低温机用带、建筑机用带、重型带、防静电特殊机用捆扎带、各种印刷打包带等。

4）PP 打包带的生产工艺如下：首先是挤出机温度控制，一般在 250~280℃。接下来是冷却，带料出机头后温度很高，要立即进入水中冷却，因为等规聚丙烯在急冷的情况下容易生成酯晶结构，酯晶分子结构较疏松，容易拉伸取向，获得高质量的产品。然后是拉伸，其目的是提高打包带的纵向强度，减少伸长率。拉伸必须在沸水中进行，一般采用一次拉伸。最后是压花，拉伸后的打包带经过两个带花纹的压辊，便被压上花纹，其作用是在使用中增加摩擦力，不打滑，从外表上看美观大方。

（三）PET 打包带包装技术的应用

PET 打包带又称塑钢带，因其制品刚性好、耐高温、延伸度小等优点，广泛应用于钢铁、铝材、化纤、棉纺、烟草、纸业、木业、建材、金属制品等行业，是目前国际上流行的替代钢皮带的新型捆扎带。PET 打包带的主要特性如下：

1）较好的抗拉力。PET 打包带既有钢带的抗拉力，又有良好的延展性能，更能确保商品的运输安全。

2）延伸变化小。其延伸性仅是 PP 打包带的 1/6，膨胀物包装后体积不再变化，能保持拉紧力。

3）较强的耐温性能。PET 打包带的熔点在 260℃，能长期在 120℃ 环境中使用而不变形。

4）经济效益好。PET 打包带的密度仅为钢带密度的 1/6，单位长度的价格相对较低。

5）美观漂亮，提升货物档次。PET 打包带不生锈，具有晶莹剔透的外观，令人赏心悦目。

6）柔韧性佳，操作方便。PET 打包带没有钢带锋利的边缘，不会划伤包装物，更不会伤手，大大提高了工作效率和安全性。

7）连接方便。PET 打包带既可用钢扣压接，又可用手动、自动打包机电热熔连接和超声波摩擦熔接。

第三节　物流包装合理化

在现实生活中，存在很多不合理的包装现象。所谓包装不合理，是指在现有条件下可以达到的包装水平而未达到，从而造成包装强度过低或过高、包装材料选择不当等问题。

包装合理化是指在包装过程中使用适当的材料和技术，制成与物品相适应的容器，节约包装费用，降低包装成本，既满足包装保护商品、方便储运、有利销售的要求，又提高包装经济效益的包装综合管理活动。

一、包装的合理化原则

（一）合理设置包装方式

第一因素是考虑装卸。不同的装卸方式决定了不同的包装方式。需要手工装卸的，包装及内容的重量必须限制在手工装卸的允许能力之内，一般设定为工人体重的40%左右，包装的外形尺寸也应适合手工操作。发展国际物流还要考虑不同地区物流载体的装卸交接，各种商品都按统一的规格尺寸进行包装，这些规格尺寸的单元基础叫"标准模数"。现在国际上的标准模数已基本确定为600mm×400mm，其他规格尺寸按此倍数推导，如可以采用1200mm×1000mm（其中1200mm是600mm的两倍，1000mm是600mm与400mm的和）。

第二因素是考虑保管。采用高层堆放的保管方式应要求包装有较高的强度，以免压坏等。

第三因素是考虑运输。对于进行长距离及多次中转运输的物品，要采用严密厚实的包装；短距离汽车运输的物品，可采用轻便、防震的包装等。

（二）合理选用包装材料与技术

包装材料与技术涉及包装成本与包装效应，这是一个效益背反的问题。包装要避免包装不足或包装过剩。包装不足是指包装材料强度低、技术简易，如层次少、包扎与装订力度较小，这样成本虽低，但包装效果较差；反之包装过剩，效果虽强，但成本较高。为了降低包装成本，在不影响包装作用发挥的前提下，包装要尽量做到轻型化和简单化。

（三）方便物流的回收利用

在物流的回收利用方面主要有以下措施：

1）采用通用包装外形。例如，按上述标准模数尺寸制造通用包装箱，无论在什么地方卸货，都可以转用于其他包装。

2）梯级利用。包装物在一次使用后进行简单处理可转做他用，如大纸板箱可改制成小纸板箱等。

3）多用途、多功能的外形设计。例如，盛装饮料的包装物腾空后可转作杯子等。

二、包装的合理化内容

目前，包装合理化正朝着智能化、标准化、绿色化、单位大型化、作业机械化、成本低廉化等方向不断发展。

（一）智能化

物流信息化的一个重要基础是包装智能化。若包装上的信息量不足或错误，就会直接影响物流各环节的进行。随着物流信息化程度的提高，包装上除了应标明内装物的数量、质量、品名、生产厂家、保质期及搬运储存所需条件等信息外，还应粘贴商品条码和物流条码，以实现包装智能化。

（二）标准化

包装标准是针对包装质量和有关包装质量的各个方面，由一定的权威机构所发布的统一的规定。包装标准化可以大大减少包装的规格型号，提高包装的生产效率，便于被包装物品的识别和计量。它包括包装规格尺寸标准化、包装工业产品标准化和包装强度标准化3个方面的内容。

（三）绿色化

在选择包装方式时，应遵循绿色化原则，即通过减少包装材料、重复使用、循环使用、回收利用等包装措施，以及生物降解来推行绿色包装，节省资源。

例如，在德国，政府要求零售杂货店在销售点回收盛谷物的盒子。通常，消费者购买产品后，打开盒子，将里面的产品倒入从家中带来的容器里，随后将空盒子扔进垃圾箱。销售者负责回收用过的盒子，重新包装，投入使用，或者丢掉。

（四）单位大型化

随着交易单位大型化和物流作业机械化，包装大型化趋势越来越明显。大型化包装有利于装卸搬运机械的使用，有利于提高物流活动的效率。

（五）作业机械化

包装作业机械化是减轻人工包装作业强度、实现省力、提高包装作业效率的重要举措。包装作业机械化首先从个装开始，之后是装箱、封口、挂提手等与包装相关联的作业。

（六）成本低廉化

包装成本中占比例最大的是包装材料费用。因此，降低包装成本首先应该从降低包装材料费用开始，在保证包装功能的前提下，尽量降低包装材料的档次，节约包装材料的费用支出。

【本章小结】

包装既是生产的终点，又是物流的起点，但把它看成物流的起点意义更重大，因为这样能使包装更符合用户的要求。本章围绕包装的定义，较系统地介绍了包装的分类、包装的作用、包装材料、包装技术及其应用、包装合理化等内容。

技 能 训 练

一、单项选择题

1. 在社会再生产过程中，包装处于（　　）。
   A. 生产过程的开头　　B. 物流过程的开头　　C. 产品的始点　　D. 物流的终点
2. 瓦楞纸盒内衬一层细瓦楞，起衬垫作用，适用于（　　）。
   A. 高档名酒　　B. 搪瓷烧锅　　C. 高档玩具　　D. 玻璃器皿
3. 将一定量个包装的糖果放在铝制盒的包装里属于（　　）。
   A. 个包装　　B. 内包装　　C. 外包装　　D. 工业包装
4. 集装袋的盛装重量在（　　）。
   A. 1t以上　　B. 50~100kg　　C. 50kg以下　　D. 1t以下

5. 应用范围十分广泛的，具有支柱性作用的包装材料是(　　)。
A. 塑料　　　　　　B. 木材　　　　　　C. 金属　　　　　　D. 纸
6. 一般海运的货物包装方法都采用(　　)。
A. 塑料及其复合材料包装　　　　　　B. 铝箔包装
C. 真空包装　　　　　　　　　　　　D. 玻璃器皿
7. 单件运输包装捆扎或用薄膜热收缩加以固定，用于堆码的设备是(　　)。
A. 托盘　　　　　　B. 集装箱　　　　　C. 吨装集装袋　　　D. 周转箱
8. 不受含盐食品腐蚀，隔热密封，保香保质的传统包装容器是(　　)。
A. 塑料桶　　　　　B. 陶瓷罐　　　　　C. 玻璃皿　　　　　D. 铁桶
9. PP 打包带的主要材料是(　　)。
A. 聚丙烯　　　　　B. 聚氯乙烯　　　　C. 聚苯乙烯　　　　D. 聚乙烯
10. 目前国际上流行的替代钢皮带的新型捆扎带是(　　)。
A. 聚丙烯拉丝级树脂　B. 塑钢带　　　　　C. 进口薄膜　　　　D. 硬质塑料
11. 采用托盘包装始于(　　)。
A. 1978 年 5 月　　B. 1978 年 10 月　　C. 1976 年 5 月　　D. 1980 年 5 月
12. 为外贸出口咸菜、榨菜、咸蛋、皮蛋、黄酒等食品的传统运输包装是(　　)。
A. 塑料桶　　　　　B. 陶瓷罐　　　　　C. 玻璃皿　　　　　D. 铁桶
13. 一般运输包装袋盛装重量为(　　)。
A. 1t 以上　　　　　B. 50~100kg　　　　C. 10 kg　　　　　　D. 5 kg
14. 一般的肉类商品、谷物加工商品，以及某些容易氧化变质的商品都可以采用(　　)。
A. 贴体包装　　　　B. 吸塑包装　　　　C. 热收缩包装　　　D. 真空包装
15. (　　)适用于某些对氧气特别敏感的物品，即使有微量氧气也会促使品质变坏的食品包装。
A. 贴体包装　　　　B. 吸塑包装　　　　C. 热收缩包装　　　D. 脱氧包装

二、多项选择题

1. 包装的功能是指包装与产品组合时所具有的功能，因此概括为(　　)。
A. 保护功能　　　　B. 方便功能　　　　C. 促销功能　　　　D. 加工功能
2. 运输包装又称工业包装、外包装，具有(　　)。
A. 保护功能　　　　B. 方便功能　　　　C. 促销功能　　　　D. 加工功能
3. 集合包装有 3 大系列包装，包括(　　)。
A. 托盘　　　　　　B. 集装箱　　　　　C. 吨装集装袋　　　D. 焊锡罐
4. 液态牛奶包装袋和包装箱的包装，具有(　　)。
A. 保护功能　　　　B. 加工功能　　　　C. 促销功能　　　　D. 方便功能
5. 采用真空包装与充气包装技术的包括(　　)。
A. 贴体包装　　　　B. 缓冲包装　　　　C. 真空包装　　　　D. 吸塑包装
6. 包装盒一般采用的包装材料可以是(　　)。
A. 硬质塑料　　　　B. 纸板　　　　　　C. 金属材料　　　　D. 复合材料
7. 部分防震包装方法所用包装材料主要有(　　)。

A. 泡沫塑料　　　　　B. 充气型塑料薄膜　C. 橡胶弹簧　　　　D. 硬质塑料

8. 包装防霉烂变质的措施，通常是采用（　　）。
   A. 冷冻包装　　　　　B. 脱氧包装　　　　C. 真空包装　　　　D. 高温灭菌

9. 目的为防霉、防腐和保鲜的特种包装技术包括（　　）。
   A. 充气包装　　　　　B. 脱氧包装　　　　C. 真空包装　　　　D. 收缩包装

10. 一般意义上的托盘通常是指（　　）。
    A. 塑料垫仓板　　　　B. 木托盘　　　　　C. 柱式双层托盘　　D. 平托盘

三、判断题

1. 包装的定义是为在流通过程中保护产品、方便储运、促进销售，按一定技术方法而采用的容器、材料及辅助物等的总体名称。（　　）

2. 按照包装在流通领域的作用来划分，商品包装可分为个包装、内包装和外包装三种类型。（　　）

3. 内包装是个包装的组合形式，可将多个个包装归并为一个或两个以上的较大包装，在流通中起着进一步保护商品、便于计量和销售的作用。（　　）

4. 物品经过适当的包装能为搬运、装卸作业提供方便，加快装卸速度。（　　）

5. 包装纸板主要有箱纸板、牛皮箱纸板、草纸板、单面白纸板、茶纸板、灰纸板、瓦楞纸板等。（　　）

6. 塑料作为包装材料强度不如钢铁，耐热性不如玻璃，易老化，易产生静电，因此不便于做包装材料。（　　）

7. 玻璃耐冲击性差，自身质量大，运输成本高，不能制造大型运输包装容器，存装强酸类产品。（　　）

8. 包装材料中使用最广泛的是纸及各种纸制品，其次是塑料、木材。（　　）

9. 包装合理化正朝着智能化、标准化、绿色化、单位大型化、作业机械化、成本低廉化等方向不断发展。（　　）

10. 真空包装的目的是减少包装内氧气含量并防潮。（　　）

四、简答题

1. 什么是包装？
2. 为什么说包装"既是产品的终点，又是物流的始点"？
3. 物流包装有哪些较大的功能？
4. 国际联运方式采用的包装容器是哪几种？
5. 包装按包装方法可以划分为哪些类型？
6. 什么是包装材料？常用包装材料有哪些？

五、综合分析题

【案例1】欧美国家已经开始食品专用纸的研究与生产，并且已领先一步。例如，全新的包装材料PLMEX食品专用纸，采用100%纯纸浆，不含荧光剂和危害人体的化学物质，具有防水、防油、抗粘、耐热的特点，使用方便，清理简单，安全卫生，符合美国FDA和德国BGA食品卫生标准。这种食品专用纸使用后经清水清洗即可回收，并可反复使用50次。食品专用纸有成卷的，也有压制成各种纸杯形状的，不管是用于蒸制还是烘烤、微波加热，都不会变形和褪色。

在食品专用纸中,亟须开发的还有食品保温纸。这种纸应具备的功能是将熟食包装后保持香、鲜、热度,供人们在不同的场地和时间方便地食用,以适应当今人们生活快节奏的需求。这种保温纸的原理像太阳能集热器一样,能够将光能转化为热能。通常人们只需要把这种特制的纸放在阳光能照射的地方,该纸所包围的空间就会不断有热量补充进去,从而使纸内的食物保持一定的热度,以便人们随时吃到适口的美食。

思考:

1. 欧美国家研究食品专用纸,提高食品包装的品质。这种专用纸有什么功能?
2. 食品保温纸的原理和功效是什么?

【案例2】 随着我国商品经济的繁荣和人民生活水平的提高,食品包装机械、包装技术的前景十分乐观。近年来,国家加大了对食品质量和安全的监督力度,对食品的生产、加工、包装技术都提出了新的要求。一批食品生产企业先后投入资金进行包装设备的技术改造和生产技术的创新,在一定程度上提升了我国食品行业的水平和市场竞争力。

我国的食品包装机械、包装技术与发达国家相比在竞争中明显处于弱势地位。我国包装机械行业30%左右的企业存在低水平的重复建设。这种情况不但浪费了有限的资金、人力等重要资源,而且造成了包装机械市场的无序混乱,阻碍了行业的健康发展,制约了我国中小食品企业包装机械的升级换代和包装技术的创新。

我国的食品包装机械多以单机为主,科技含量和自动化程度低,在新技术、新工艺、新材料方面应用较少,满足不了我国当前食品企业发展的要求。一些食品企业为了技术改造,不得不花费大量的资金从国外引进一些技术先进、生产效率高、包装精度高的成套食品包装生产线,导致很大一部分国内的市场份额被国外品牌占领。我国的食品包装机械发展空间依然广阔,食品包装机械、包装技术的水平有待开发。

国产食品包装机械与国际存在较大差距。首先,国产食品包装机械生产效率低、能耗高、稳定性和可靠性差、产品造型落后、外观粗糙、基础件和配套件寿命低,国产的气动件和电器元件质量差。其次,控制技术应用较少,例如远距离遥控技术、步进电机技术、信息处理技术等。专家指出,德国、意大利、美国和日本的包装机械水平处于领先地位。其中,美国的成型、充填、封口三种机械设备的技术更新很快。

德国的包装机械在计量、制造、技术性能方面均属世界一流。该国生产的啤酒、饮料灌装成套设备生产速度快、自动化程度高、可靠性好,主要体现在工艺流程的自动化、生产效率高,满足了交货期短和降低工艺流程成本的要求;设备具有更高的柔性和灵活性,主要体现在生产的灵活性、构造的灵活性和供货的灵活性,以适应产品更新换代的需要;利用计算机和仿真技术提供成套设备,故障率低,可以进行远程诊断服务;对环境污染少,主要包括噪声、粉尘和废弃物的污染。

意大利生产的包装机械,40%是食品包装机械,如糖果包装机、茶叶包装机、灌装机等。产品的特点是外观考究、性能优良、价格便宜。意大利包装机械行业的最大优势在于可以按照用户的要求进行设计和生产,并能保证很好地完成设计、生产、试验,实现监督、检验、组装、调整和用户需求分析等。日本的食品包装机械,虽然以中小单机为主,但设备体积小、精度高、易于安装、操作方便、自动化程度也较高。

思考:

1. 我国的食品包装机械、包装技术与发达国家相比,差距有哪些?

2. 美国包装技术先进的直接原因是什么?
3. 国外包装机械行业设计与生产最具个性化的国家是哪个国家?

【案例3】快递垃圾的回收

近年来,随着电商的迅速发展,快递行业逐渐成为国家经济的重要组成部分,同时也带来了大量的快递垃圾问题。大量的快递垃圾不但污染环境,还增加市容压力和城市管理难度。快递垃圾的产生主要有两个原因:一是快递包装材料,二是快递配送所产生的包装废弃物。寄快递是人们日常生活中不可或缺的一部分,包装材料也因而广泛应用。同时,随着消费水平的提高,对快递配送的要求越来越高,这也使得配送中产生的包装废弃物问题不断突出。因此,要解决快递垃圾问题,可采取以下措施:

1) 建立快递包装材料的可持续用材体系。目前市场上已有一些环保快递包装材料,但价格较贵,普及度不高。因此,需要研发并推广价格合理、容易取代及适应性强的环保快递包装材料,为环保事业做出贡献。

2) 建立高效的快递垃圾回收机制。在城市快速发展的今天,人口规模和消费水平都在不断提高,快递垃圾量也在不断增加。因此,在建立快递垃圾回收机制时,需要注重机制的高效性和可操作性,要建立一个完善的回收链条,包括从回收设施的建设到回收流程的规定和管理等各个环节,以确保快递垃圾能够得到高效回收和处理。

3) 进行用户教育和宣传。消费者的环保意识也是解决快递垃圾问题的重要因素。因此,我们需要加强用户教育和宣传,提高他们对快递垃圾回收的认识和参与度。

从长远来看,快递垃圾回收的实施不仅可以有效地改善环境污染情况,同时也能为企业节约成本,降低环保压力。在实际操作过程中,如果能够逐步推广普及这种可持续的快递垃圾回收机制,将会在环保方面取得更为可观的效益。

思考:
1. 请简单列举几种环保快递包装材料。
2. 解决快递垃圾问题应从哪几个方面开展工作?

第三章 物流的接口——装卸搬运

【学习目标及要求】

（一）知识目标

1. 了解装卸搬运的概念和分类。
2. 了解装卸搬运作业的内容和管理。
3. 了解特种货物的装卸搬运作业。
4. 了解装卸搬运作业的合理化。

（二）技能要求

熟练掌握装卸搬运作业内容、操作方法、作业要求、管理方式和合理化装卸搬运作业。

【物流术语】

1. 装卸（Loading and Unloading）。
2. 搬运（Handling/Carrying）。
3. 集装箱（Container）。

【知识梳理】

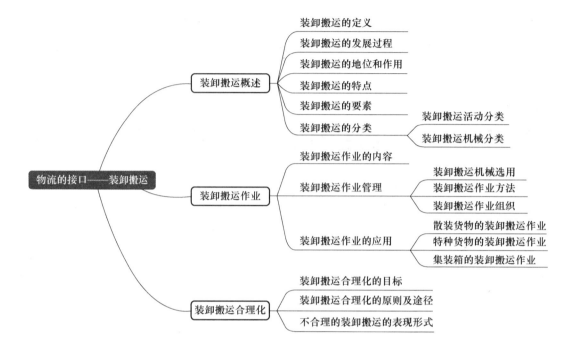

【导读案例】

云南烟叶生产物流降低装卸搬运成本

云南省烟草烟叶公司作为云南烟草行业的重点骨干企业，是云南省最大的云烟原料加工基地，是集收购、加工、储存、销售为一体的国有中型企业。公司总仓储、复烤能力达到了150万担，承担着云南省烤烟15%的复烤加工任务，担负着省内烟厂，以及全国40多家烟厂的烟叶调拨任务。1995年，公司从国外引进了两条12000kg/h打叶复烤生产线，加速了资产流动，优化了资源配置，迅速实现了资产的保值增值。多年来，公司倡导"服务、管理、质量、诚信"的经营管理观念，制定了有利于企业发展的"改革促发展、管理求效益、心中有客户、精诚铸信誉"的公司方针。注重企业信誉，以一流的产品、一流的服务，获取良好的社会效益和经济效益是公司始终不渝的追求。同时，公司依靠市场开拓、技术创新和广大员工的艰苦努力，使经济效益大幅度增长，成绩令人瞩目。经过几年的努力，云南省烟草烟叶公司已步入现代化复烤企业的行列，一个以原料为核心，以销售为龙头，以出口为纽带，以烤烟为主业，多种经营的新发展格局已经形成。在烟草行业新的机遇与挑战面前，云南省烟草烟叶公司在继续发挥企业各种优势的同时不断强化管理，采取行之有效的措施降低成本，提高企业利润。该公司为了降低物流成本，真正实现物流系统管理思路，改进现有的生产物流系统，主要采取的措施包括以下几个方面：

1）取消、合并装卸搬运环节和次数。公司在生产物流系统设计中研究了各项装卸搬运作业的必要性，千方百计地取消、合并装卸搬运环节和降低装卸搬运次数。

2) 实现生产物流作业的集中和集散分工。公司在安排物流系统的卸载点和装载点时使其尽量集中。在货场内部，同一等级、产地的烟叶尽可能集中在同一区域进行物流作业，如建立专业货区、专业卸载平台等。

3) 进行托架单元化组合，充分利用机械进行物流作业。公司在实施物流系统作业过程中充分利用和发挥机械作业，如利用叉车、平板货车等，增大操作单位，提高作业效率和生产物流"活性"，实现物流作业标准化。

4) 合理分解装卸搬运程序，改进装卸搬运各项作业，提高装卸搬运效率，力争在最短时间内完成烟叶加工的所有工艺流程。

5) 提高生产物流的快速反应能力。公司通过烟叶数据库的建设，促进网络信息的发展，将物流的各个环节连成一个整体，按照统一的生产计划，准时实现烟叶物资的流动。

通过物流体系管理的建立，公司逐渐加强了现场管理，简化了生产工艺流程，从而达到了降低综合损耗及物流相关成本的目的。

思考：
1. 装卸搬运在企业物流成本中起到什么作用？
2. 云南省烟草烟叶公司采取了哪些合理化的装卸搬运措施降低物流成本？

第一节　装卸搬运概述

装卸搬运是物流系统的构成要素之一，属于衔接性的物流活动。物流活动之间通过装卸搬运完成过渡，因而装卸搬运是物流各功能之间能否形成有机联系和紧密衔接的关键。在实际操作中，装卸与搬运是密不可分的，两者往往相伴而生。

一、装卸搬运的定义

GB/T 18354—2021《物流术语》对装卸（Loading and Unloading）的定义是："在运输工具间或运输工具与存放场地（仓库）间，以人力或机械方式对物品进行载上载入或卸下卸出的作业过程。"

GB/T 18354—2021《物流术语》对搬运（Handling）的定义是："在同一场所内，以人力或机械方式对物品进行空间移动的作业过程。"也就是说，搬运是指以改变"物"的空间位置（通常指短距离）为目的的活动。

显然，装卸和搬运是两个不同的概念。装卸是物品在指定地点以人力或机械装入运输工具或从运输工具卸下，是以垂直位移为主的实物运动形式，是物流过程中伴随着包装、保管、输送所必然发生的活动。搬运则是在同一场所内（如仓库、车站、码头、港口、配送中心等物流结点），对物品进行以水平移动为主的物流作业。它们发生的都是短距离的位移。在物流实务中，装卸与搬运活动密不可分，常常相伴而生。通常人们并未对其进行严格区分，常常将其作为一种活动来对待。装卸是改变物品存放、支撑状态的活动，搬运是改变物品空间位置的活动，两者合称装卸搬运。

同时，搬运与运输也是两个不同的概念，两者的区别在于：搬运是在同一地域的小范围内发生的，而运输则是在较大范围内发生的。两者是量变与质变的关系，中间并无一个绝对的界限。

二、装卸搬运的发展过程

从技术发展的角度来看，装卸搬运的发展过程主要经历了以下几个阶段。

1. 人工装卸搬运

早期的物流活动由于包装和机械手段的缺乏，多数以人工的形式进行装卸搬运货物作业。人工装卸搬运如图3-1所示。

2. 机械化装卸搬运

随着搬运设备技术的发展，物流活动开始采用叉车、吊车等机械设备代替人工搬运，从而节省了大量的人工成本。机械化装卸搬运如图3-2所示。

图3-1 人工装卸搬运

图3-2 机械化装卸搬运

3. 自动化装卸搬运

计算机技术的发展为物流活动实现自动化装卸搬运提供了可能，使用如自动化仓库或自动存取系统、自动导向小车、机器人等，大大提升了货物的装卸搬运速度和效率。自动化装卸搬运如图3-3所示。

4. 集成化装卸搬运

集成化装卸搬运是通过计算机使若干自动化搬运设备协调一致，组成一个集成系统，如将装卸货、存储上架、拆垛补货、单件分拣组成一个系统，与生产经营相协调，以提高物流效率。集成化装卸搬运如图3-4所示。

图3-3 自动化装卸搬运

图3-4 集成化装卸搬运

5. 智能型装卸搬运

智能型装卸搬运根据与物流活动相关的信息，将计划自动分解，对货物装卸搬运进行优化和实施，以达到物流中心智能化管理的目的。智能型装卸搬运如图3-5所示。

图 3-5　智能型装卸搬运

目前，我国的物流中心多数处于人工装卸搬运和机械化装卸搬运相结合的阶段。以信息化为前提的智能型和集成化装卸搬运是物流中心装卸搬运作业的发展方向。

三、装卸搬运的地位和作用

装卸搬运是连接物流各环节的纽带，是运输、仓储、包装等物流活动得以顺利实现的保证。加强装卸搬运作业的组织，不断提高装卸搬运合理化程度，对提高物流系统整体功能有着极其重要的作用。

1. 装卸搬运是决定物流速度的关键

在物流过程中，装卸搬运活动是不断出现和反复进行的，它出现的频率高于其他各项物流活动，且每次装卸搬运都要花费很长时间，所以该环节的活动往往成为决定物流速度的关键。

2. 装卸搬运是决定物流质量的关键

装卸搬运效率低，物品流转时间就会延长，商品就会破损，物流成本就会增加，从而影响整个物流过程的质量。目前，我国企业的装卸作业水平及机械化、自动化程度与发达国家相比还有差距，野蛮装卸造成包装破损、货物丢失现象时有发生，货损率和人工费用居高不下。实践证明，装卸搬运是造成物品破损、散失、损耗的主要环节。例如，袋装水泥纸袋破损和水泥散失主要发生在装卸搬运过程中，玻璃、机械、器皿、煤炭等产品在装卸时最容易造成损失。

3. 装卸搬运是决定物流成本的关键

装卸搬运活动所消耗的人力很多，所以装卸搬运费用在物流成本中占有较高的比重。以我国为例，铁路运输从始发站到目的站的装卸搬运作业费用大致占运费的20%，水上运输占比更高，达40%；另外，根据有关部门对我国生产物流的统计资料，机械工厂每生产1t成品，需要进行252吨次的装卸搬运，其成本占加工成本的15.5%。因此，为了降低物流费用，提高经济效益，必须重视装卸搬运作业。

总之，装卸搬运是物流各环节活动之间相互转换的桥梁，正是因为有了装卸搬运活动，物料或货物运动的各个环节才能连接成连续的"流"，从而保证物流的正常运行。如果忽视装卸搬运，生产和流通领域轻则发生混乱，重则造成生产经营活动的停顿。所以，装卸搬运影响着物流的正常运行，决定着物流质量、物流技术水平及物流的效率和效益。

四、装卸搬运的特点

与其他物流环节活动相比，装卸搬运具有如下特点：

1）附属性、伴生性。装卸搬运是物流每一项作业活动开始及结束时必然发生的活动，因而常被人们忽视。事实上，装卸搬运总是与其他物流环节的活动密切相关，是其他物流作业不可缺少的组成部分。例如，汽车运输包含了必要的装车、卸载与搬运；仓储活动也包含了入库、出库及相应的装卸搬运活动。可见，装卸搬运具有附属性、伴生性的特点。

2）保障性、服务性。装卸搬运对其他物流活动有一定的决定性，它影响着其他物流活动的质量和速度。例如，装车不当会引起运输过程的损失；卸放不当会引起货物在下一阶段运动的困难。许多物流活动只有在高效的装卸搬运支持下才能实现高水平，从而保障生产经营活动的顺利进行。同时，装卸搬运过程中一般不消耗原材料，不占用大量的流动资金，只提供劳务，所以具有服务性的特点。高效的物流活动要求提供安全、可靠、及时的装卸搬运服务。

3）衔接性、及时性。一般而言，物流各环节的活动靠装卸搬运来衔接，因而，装卸搬运成为整个物流系统的"瓶颈"，它是物流各功能之间能否紧密衔接的关键。建立一个高效的物流系统，关键看这一衔接是否有效。同时，为了使物流活动顺利进行，物流各环节的活动对装卸搬运作业都有一定的时间要求，因而具有及时性的特点。

4）均衡性、波动性。生产领域的装卸搬运必须与生产活动的节拍一致，因为均衡是生产的基本原则，所以生产领域的装卸搬运作业基本上也是均衡、平稳和连续的；流通领域的装卸搬运则是随车或船的到发和货物的出入库而进行的，作业常为突击性、波动性和间歇性的。对作业波动性的适应能力是流通领域装卸搬运系统的特点之一。

5）稳定性、多变性。生产领域装卸搬运的作业对象是稳定的，或略有变化，但有一定的规律性，故生产领域的装卸搬运具有稳定性的特点。流通领域装卸搬运的作业对象是随机的，货物品种、形状、尺寸、重量、体积、包装、性质等千差万别，车型、船型、仓库型也各不相同，因而，对多变的作业对象的适应能力是流通领域装卸搬运系统的特点。

6）局部性、社会性。生产领域装卸搬运作业的设施、设备、工艺、管理等一般只局限在企业内部，因而具有局限性的特点。在流通领域，装卸搬运涉及的要素，如收货人、发货人、车站、港口、货主等都在变动，因而具有社会性的特点。这要求装卸搬运的设施、设备、工艺、管理、作业标准等都必须相互协调才能使物流系统发挥整体作用。

7）单程性、复杂性。生产领域的装卸搬运作业大多数是仅改变物料的存放状态或空间位置，作业比较单一。流通领域的装卸搬运是与运输、储存紧密衔接的，为了安全和充分利用车船的装载能力与库容，基本上都要进行堆码、满载、加固、计量、分拣等作业，比较复杂，而这些作业又都成为装卸搬运作业的分支作业或附属作业，对这些分支作业的适应能力也成了流通领域装卸搬运系统的特点之一。

8）效益性、经济性。装卸搬运活动的效益性、经济性体现在正反两个方面：一是节约成本，即通过实现装卸搬运合理化，减少费用支出；二是增加成本，即不合理的装卸搬运不仅延长了物流时间，而且需要投入大量的活劳动和物化劳动，而这些劳动不能给物流对象带来附加价值，只是增加了物流成本。

装卸搬运作业的上述特点，对装卸搬运作业组织提出了特殊要求。因此，为有效地完成装卸搬运工作,必须根据装卸搬运作业的特点,合理组织装卸搬运活动,不断提高装卸搬运的效率和效益。

五、装卸搬运的要素

装卸搬运的要素主要有5个:人、装卸物品、装卸场所、装卸时间和装卸手段。现代装卸搬运必须具备劳动者、装卸搬运设备及设施、货物,以及信息、管理等多项因素组成的作业系统。装卸搬运作业系统中设备、设施的规划与选择取决于物资的特性和组织的要求。只有按照装卸搬运作业本身的要求,在进行装卸搬运作业的场合合理配备各种机械设备和合理安排劳动力,才能使装卸搬运的各个环节互相协调、紧密配合。

六、装卸搬运的分类

(一)装卸搬运活动分类

1. 按所处物流设施或设备对象分类

按所处物流设施或设备对象分类,装卸搬运可分为仓库装卸、铁路装卸、港口装卸、汽车装卸、飞机装卸等。

1)仓库装卸。仓库装卸是指在仓库、堆场、物流中心等处所进行的装卸搬运作业,如堆垛作业、拆垛作业、配货作业、挪动与移送作业等。

2)铁路装卸。铁路装卸是指对火车车皮进行装进及卸出,特点是一次作业就能实现一车皮货物的装进或卸出。散装货物整车装卸多用装卸设施,如装车仓、翻车机等;整箱、整包的包装货物进行铁路装卸多用运输机和吊车等。

3)港口装卸。港口装卸包括码头前沿的装卸,也包括后方的支持性装卸搬运。有的港口装卸还采用小船在码头与大船之间"过驳"的方法,因此装卸的流程较为复杂,往往经过几次装卸及搬运作业才能最后达到船舶与陆地之间货物过渡的目的。

4)汽车装卸。汽车装卸是指对汽车进行装卸作业。汽车装卸一般一次装卸批量不大。但由于汽车具有机动灵活的特点,因而可以减少或省去搬运活动,直接利用装卸作业达到车与物流设施之间货物过渡的目的。

5)飞机装卸。飞机装卸通常在停机坪进行,用专用车辆将包装好的货物运送到飞机上。

2. 按机械及机械作业方式分类

按机械及机械作业方式分类,装卸搬运可分为使用吊车的吊上吊下装卸方式,使用叉车的叉上叉下装卸方式,使用半挂车或叉车的滚上滚下装卸方式、移上移下装卸方式及散装散卸装卸方式等。

1)吊上吊下装卸方式。该方式是采用各种起重机械从货物上部起吊,依靠起吊装置的垂直移动来实现装卸,并在吊车运行的范围内或回转的范围内实现物品搬运或依靠搬运车辆实现小规模的搬运。由于吊上与吊下属于垂直运动,故这种装卸方式属于垂直装卸,如图3-6所示。

2)叉上叉下装卸方式。该方式是采用叉车将货物从底部托起,并依靠叉车的运动来实现货物位移。整个搬运过程完全依靠叉车,货物不落地就可直接放置于指定的位置。这种方式垂直运动的幅度不大,主要是发生水平位移,故属于水平装卸方式,如图3-7所示。

图 3-6 吊上吊下装卸方式

图 3-7 叉上叉下装卸方式

3）滚上滚下装卸方式。该方式主要发生在港口装卸中，属于水平装卸方式。它是利用叉车、半挂车或汽车承载货物，载货车辆开上船，到达目的地后再从船上开下，故人们形象地称之为滚上滚下装卸方式。采用该方式，若是借助叉车来进行，在船上卸货后，叉车必须离船。若是利用半挂车、平车或汽车，则拖车将半挂车、平车或汽车拖拉至船上后，拖车开下离船而载货车辆连同货物一起运至目的地，然后原车开下或拖车上船拖拉半挂车、平车或汽车开下。滚上滚下装卸方式需要有专门的船舶，对港口、码头也有特殊要求，如图 3-8 所示。

图 3-8 滚上滚下装卸方式

4）移上移下装卸方式。该方式是在两车（如火车与汽车）之间进行靠拢，通过水平移动货物从一辆车推移至另一辆车上，故称移上移下装卸方式。采用这种方式，需要使两种车辆实现水平靠拢，因此对站台或车辆货台有特殊要求，并需要有专门的移动工具来配合实现，如图 3-9 所示。

图 3-9　移上移下装卸方式

5) 散装散卸装卸方式。该方式是对散装物进行装卸的方式。一般从装点直到卸点，中间不再落地。这是集装卸与搬运于一体的装卸方式。例如，煤炭、玉米港口装卸采用堆取料机。散装散卸装卸方式如图 3-10 所示。

图 3-10　散装散卸装卸方式

3. 按照被装货物的主要运动形式分类

按照被装货物的主要运动形式分类，装卸搬运可分为垂直装卸搬运和水平装卸搬运两种方式。

1) 垂直装卸搬运。这是指采取提升和降落的方式对货物进行的装卸搬运。这种装卸搬运方式较常用，所用的设备通用性较强（如起重机、叉车、提升机等），应用领域较广，但耗能较大。

2) 水平装卸搬运。这是指采取平移的方式对货物进行的装卸搬运。这种装卸搬运方式不改变被装货物的势能，比较省力，但需要有专门的设施，如和汽车水平接靠的适高站台、汽车和火车之间的平移工具等。

4. 按照装卸搬运对象分类

按照装卸搬运对象分类，装卸搬运可分为单件货物装卸、散装货物装卸和集装货物装卸三种主要形式。

1) 单件货物装卸。这是指对货物进行单件、逐件装卸搬运的方式。目前，对于长、大、笨重的货物，或集装会增加危险的货物，仍采用这种传统的作业方式。

2) 散装货物装卸。这是一种集装卸与搬运于一体的装卸搬运方式。在对煤炭、粮食、矿石、化肥、水泥等块、粒、粉状货物进行装卸搬运时，从装点至卸点，中途货物不落地。这种作业常采用重力法、倾翻法、机械法、气力法等方法。

3）集装货物装卸。这是先将货物聚零为整，再进行装卸搬运的作业方法。它包括集装箱作业法、托盘作业法、货捆作业法、滑板作业法、网装作业法及挂车作业法等。这种装卸搬运方式可以提高装卸搬运效率、减少装卸搬运损失、节省包装费用、提高客户服务水平，便于实现储存、装卸搬运、运输、包装一体化，以及物流作业机械化、标准化。

5. 按照装卸搬运作业的特点分类

按照装卸搬运作业的特点分类，装卸搬运可分为连续装卸和间歇装卸两种方式。

1）连续装卸。这是指以连续的方式，沿着一定的线路，从装货点到卸货点均匀输送装卸搬运货物的作业方式。这种方式作业线路固定，负载均匀，动作单一，便于实现自动控制。在装卸量较大、装卸对象固定、货物对象不易形成大包装的情况下，适合采取这种方式。

2）间歇装卸。这是指以间歇运动完成对货物装卸搬运的作业方式。这种作业方式有较强的机动性，装卸地点可在较大范围内变动，主要适用于货流不固定的各种货物，尤其适合包装货物和大件货物。散粒状货物也可采取这种方式。

6. 按照装卸搬运的方法和手段分类

按照装卸搬运的方法和手段分类，装卸搬运可分为人力装卸和机械装卸两种。人力装卸即利用人工进行装卸搬运，如肩担背挑等。机械装卸即利用装卸搬运机械进行装卸作业，如起重机装卸等。

（二）装卸搬运机械分类

装卸搬运机械是用来搬移、升降、装卸和短距离输送货物或物料的机械。装卸搬运机械的应用是实现装卸搬运机械化、自动化的物质技术基础，是实现装卸搬运合理化、效率化、省力化的重要手段。装卸搬运机械是物流系统中使用数量最多、频度最大的机械设备。根据统计，目前世界上已经有700多种不同结构形式和不同用途的装卸搬运机械。主要的装卸搬运机械有以下几种。

1. 起重机械

起重机械是靠人力或动力使货物做上下、左右、前后等间歇、周期性运动的装卸机械，如较小型起重机（滑车、手动或电动葫芦等）、桥式类型起重机（架式起重机、桥式起重机等）、门式起重机和装卸桥、臂架类型（旋转式）起重机（门座起重机、塔式起重机、汽车起重机、轮胎起重机等）、堆垛起重机等。门式起重机如图3-11所示。双梁桥式起重机如图3-12所示。

图3-11 门式起重机

图3-12 双梁桥式起重机

2. 输送机械

输送机械是一种在一定的输送线路上，可以将货物从装载起点到卸载终点以恒定的或变化的速度进行输送的装置，如带式输送机、斗式提升机、悬挂输送机、辊道输送机、螺旋输送机、滚柱输送机、震动输送机、气力输送装置等。链板式输送机如图 3-13 所示。螺旋输送机如图 3-14 所示。

图 3-13　链板式输送机

图 3-14　螺旋输送机

辊道输送机如图 3-15 所示。带式输送机如图 3-16 所示。

图 3-15　辊道输送机

图 3-16　带式输送机

3. 装卸搬运车辆

装卸搬运车辆是依靠机械本身的运行和装卸机构的功能，实现货物水平搬运和装卸，如叉车搬运车（叉车装卸机）、牵引车和挂车等。叉车如图 3-17 所示。牵引车如图 3-18 所示。

图 3-17　叉车

图 3-18　牵引车

4. 散装装卸机械

散装装卸机械是指具有装卸和运输两种功能的机械，以装卸散装货物为主，如装卸机、卸载机、翻车机等。装卸机如图3-19所示。翻车机如图3-20所示。

图 3-19　装卸机

图 3-20　翻车机

扫码看视频

第二节　装卸搬运作业

一、装卸搬运作业的内容

装卸搬运作业是指物料在短距离范围内的移动、堆垛、拣货、分选等作业。具体而言，装卸搬运作业主要包括以下内容：

1）装货卸货作业。向载货汽车、铁路货车、货船、飞机等运输工具装货，以及从这些运输工具上卸货的活动。

2）搬运移送作业。对物品进行短距离的移动活动，包括水平、垂直、斜行搬运或由这几种方式组合在一起的搬运移送活动。显然，这类作业是改变物品空间位置的作业。

3）堆垛拆垛作业。堆垛是将物品从预先放置的场所移送到运输工具或仓库内的指定位置，再按要求的位置和形状放置物品的作业活动。拆垛是与堆垛相反的作业活动。

4）分拣配货作业。分拣是在堆垛拆垛作业之前发生的作业，它是将物品按品种、出入库先后顺序进行分门别类堆放的作业活动。配货是指把物品从指定的位置，按品种、作业先后顺序和发货对象等整理分类所进行的堆放拆垛作业，即把分拣出来的物品按规定的配货分类要求集中起来，然后批量移动到分拣场所一端指定位置的作业活动。

二、装卸搬运作业管理

（一）装卸搬运机械选用

1. 选用依据

装卸搬运机械的选用主要依据5个条件：

1）货物特性。根据货物本身和包装等特性，选择适宜的装卸搬运机械。

2）作业特性。根据是否为单纯的装卸或搬运，选择不同功能的机械。

3）环境特性。根据作业场地、建筑物的构造、设施的配置、地面的承受力等选择相应的机械。

4)作业速率。按货物的物流速度、进出量要求确定是高速作业还是平速作业,是连续作业还是间歇作业,据此选择合适的机械。

5)经济效益。考虑以上各个因素后,还要从经济性角度加以分析,对比分析人工作业的综合物流成本和机械作业的综合物流成本,在多个方案中优中选优。

2. 选择方法

1)根据距离和物流量确定设备的类别。简单的装卸机械适用于距离短、物流量小的装卸;复杂的装卸机械适用于距离短、物流量大的装卸。简单的搬运机械适用于距离长、物流量小的搬运;复杂的搬运机械适用于距离长、物流量大的搬运。

2)根据机械设备的技术指标、货物特点,以及运行成本、使用方法等因素,选择机械设备系列型号,甚至品牌。在选择机械设备时应注意设备的技术性能、设备的可靠性、工作环境配合的适应性、可操作性和使用性、能耗因素、备件及维修因素。

(二)装卸搬运作业方法

常见的装卸搬运作业方法见表3-1。

表3-1 常见的装卸搬运作业方法

装卸搬运作业方法	内　　容
单件作业法	逐件货物由人力作业完成,主要适用于零散货物、长、大、笨重货物,不宜集装的危险货物,以及在某些装卸搬运场合由于没有或难以设置装卸机械,只能采取单件作业法
集装作业法	将货物集装化后再进行装卸搬运作业的方法,包括托盘作业法、集装箱作业法、框架作业法、货捆作业法、滑板作业法、网袋作业法等
倾翻作业法	将运载工具的载货部分倾翻,进而将货物卸出的方法
机械作业法	采用各种专用机械,通过吊、抓、铲等作业方式,达到装卸搬运的目的
重力作业法	利用货物的位能来完成装卸作业的方法,如采取重力法卸车
气力输送法	利用风机在气力输运机的管道内形成单向气流,依靠气体的流动或气压差来输送货物的方法
人力作业法	完全依靠人力,使用无动力机械来完成装卸搬运作业的方法
间歇作业法	在两次作业中存在一个空程准备过程的作业方法,包括重程和空程两个阶段,如门式和桥式起重机作业
连续作业法	在装卸过程中,设备不停地作业,物资连绵不断,持续如流水般实现装卸作业的方法,如带式输送机、链头装卸机作业

(三)装卸搬运作业组织

1. 制定科学合理的装卸搬运工艺方案

装卸搬运作业是由货物、机械设备、劳动力、作业方法和信息工作等因素组成的整体。装卸搬运工艺方案应该从物流系统角度分析并制定装卸搬运作业定额,按组织装卸搬运工作的要求分析工艺方案的优缺点,并加以完善。

2. 加强装卸搬运作业调度指挥工作

装卸搬运调度员应根据货物信息、装卸搬运机械设备的性质和数量、车辆到达时间、装卸搬运点的装卸搬运能力、装卸搬运工人的技术专长和体力等情况合理调配、组织相关资源,提高物流效率。

3. 加强和改善装卸搬运劳动管理

制定各种装卸搬运作业时间定额是加强和改善装卸搬运劳动管理，提高装卸搬运效率的重要手段。装卸搬运作业时间定额要建立在先进、合理的水平上，并要根据相关条件的变化定期加以修订、完善。

4. 提高现代通信系统的应用水平

及时掌握车辆到达时间等有关信息，是减少车辆等待装卸搬运作业时间的有效措施。应当根据有关技术条件的应用情况，建立车辆到达预报系统。根据车辆到达时间、车号、货物名称及收发单位等的报告，事先安排装卸搬运机具和劳力，做好装卸搬运前的准备工作。

5. 提高装卸搬运机械化水平

在提高装卸搬运机械化水平的同时，要提高现代通信水平，这是做好装卸搬运组织工作的重要技术基础。要从物流系统的角度综合考虑装卸搬运机械的选用，从而提高装卸搬运质量和效率，减少装卸搬运成本。

三、装卸搬运作业的应用

（一）散装货物的装卸搬运作业

1. 散装货物的装卸搬运

散装货物由于零散，一般使用泵、铲、传送带等或利用物体重力进行装卸。一种是泥浆喷射系统。它是将固体材料粉碎成一定大小的颗粒，然后和水混合成液体的泥状物质，用泵使之通过输送管道，到达目的地后，再将水沥出，使水和固体颗粒分离。火车也可用来输送这种泥状物。另一种是干散货物的装卸系统。干散货物的装卸系统很大，是为了适应特殊需求而设计和安装的。例如，运煤车装卸、港口矿石储存和装卸、谷物储存和装卸搬运等。有时，相同的货物中有一部分袋装，另一部分散装。

不同的散装货物有着不同的装卸特点，装卸设备的结构也不同。

2. 散装货物装卸搬运机械的应用

（1）谷物的装卸搬运　散装粮食是装卸作业的传统货种，包括大米、油菜籽、大豆、木薯干等。散装粮食主要采用汽车、火车、船舶运送。散运汽车类型多样，从实载量分，有三四十吨、二十几吨、十几吨和几吨多种车型。从性能分，一是国家粮食和物资储备局推荐的车型，载重三四十吨，能跑长途；二是农用车改装型，载重从几吨到二十几吨不等，单车投资五六万元至十三四万元，大部分为液压顶升自卸（分侧卸、两侧卸和后卸三种），少部分为两侧自流或机械动力卸粮；三是在敞式货运车或农用车上加装箱体运粮；四是利用自卸汽车、翻斗车和普通货车，内衬垫片运散粮。谷物侧卸如图 3-21 所示。谷物装卸运输如图 3-22 所示。

图 3-21　谷物侧卸

图 3-22　谷物装卸运输

（2）煤炭的装卸搬运　来自煤矿坑口的原煤运出后经过洗选加工过程生成成品煤，然后通过各种运输方式（主要是指铁路运输、水路运输、公路运输及管道运输）流向用户。原煤一般含有较高的灰分和硫分，要满足用户需求必须经过混合入洗、破碎、筛分、重选、浮选、脱介等一系列环节变成合格的精煤。集运站将分散的装载合并为整车装载，使之以规模化的批量进入煤炭物流主干网。煤炭换装地码头、车站货场和集散地物流中心主要采用大型装卸搬运设备和设施，如翻车机、堆取料机、装船机和运输机等。堆取料机如图3-23所示。大型装载车如图3-24所示。

图3-23　堆取料机　　　　　图3-24　大型装载车

（二）特种货物的装卸搬运作业

特种货物的装卸搬运作业，包括大件货物、危险货物、贵重货物和鲜活易腐货物的装卸搬运作业等。铁路、水路、公路危险货物运输和危险货物集装箱运输，大件货物、贵重货物和鲜活易腐货物运输组织与管理规定是特种货物的装卸搬运作业的依据，在设备选择与作业设计中尤其要引起重视。特种货物物流的特点包括货物本身的特殊性、载运工具的专用性、储运过程的安全性、监控过程的完整性、人员素质的综合性。

1. 超长、超限、集重货物装卸搬运

超长、超限、集重等货物在运输上对车辆及加固方法都有特殊要求，需要进行专门研究来完成装卸搬运任务。

所谓重大件，指的是超过150t的设备。当代全球海运业界通常把重大件货物分为600t以下、600~1000t、1000t以上三种。目前，能够装运600t以下的重型大件运输船很多，但是装运600t以上的重型大件运输船就不多了，能够装运1000t以上重型大件的专业运输船更是凤毛麟角。航空运输中超重货物一般是指每件超过150kg的货物，但最大允许货物的重量主要还取决于飞机的机型（飞机地板承受力）、机场设施，以及飞机在地面停站的时间。

大件货物类型比较固定，主要有发电机定子、转子、锅炉汽包、水冷壁、除氧水箱、大板梁、上下机架、主轴、座环、导水机构、闸门启闭机、主变压器、化工反应器及一些常用军工设备等。大件物流具有以下特点：大件运输的对象都具有超长、超大、超高、超重的特征，要运用牵引车、全挂平板车、低平板运输车、各类型平板门架、汽车吊等运输工具进行接驳转运直至目的地；大件运输的最大特点是运输前期工作复杂，运输过程对空间、技术要求高。平板运输车如图3-25所示。

图 3-25　平板运输车

大件货物物流市场竞争日趋激烈,也对大件、重件、非标准件(几何中心或重心偏离)的装卸搬运提出了严峻的挑战。大件货物运输将会呈现多种运输方式并存的发展趋势。公路、铁路和水路三种大件运输方式联运也将成为一种选择。

2. 危险货物装卸搬运

危险货物是指列入国家标准 GB 12268—2012《危险货物品名表》和国际海事组织制定的《国际海运危险货物规则》,具有爆炸、易燃、毒害、腐蚀、放射性等特性,在水路运输、港口装卸和储存等过程中容易造成人身伤亡和财产毁损而需要特别防护的货物。危险货物包装标志如图 3-26 所示。

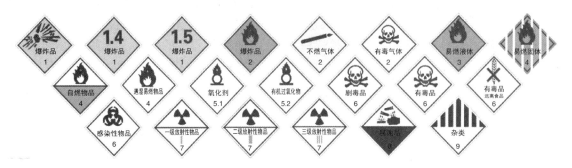

图 3-26　危险货物包装标志

危险货物物流问题主要表现为以下几点:危险货物物流效率低、事故多,社会关联影响大;多头管理、职能交叉、效能不足;危险货物物流企业规模较小,现代化水平低;从业人员素质低;事故应急机制落后。

危险货物物流发展对策主要包括:建立统一、规范的危险品物流行业标准;合理规划、设计危险品物流网络;用信息化推动物流现代化;发展专业化危险品物流,提倡发展第三方物流;建立全国性的危险品物流管理信息平台。危险货物运输车如图 3-27 所示。

3. 贵重货物装卸搬运

贵重货物是指价值昂贵,在运输过程中承运人须承担较大经济责任的货物,如货币、贵重金属、精密仪器、高档电器、珍贵艺术品、贵重药品药材、贵重皮毛、珍贵食品食材等。

图 3-27 危险货物运输车

在收运贵重货物时，应严格遵守下列规定：

1）贵重货物应用硬质木箱或铁箱包装，不得使用纸质包装，必要时外包装上应用"井"字铁条加固，并使用铅封或火漆封志。

2）标记与标签。贵重货物只能使用挂签，除识别标签和操作标签外，不需要任何其他标签和额外粘贴物；货物的外包装上不可有任何对内装物做出提示的标记。

3）价值。托运贵重货物，托运人自愿办理声明价值；每票货运单中货物的运输声明价值不得超过10万美元，若超过10万美元，应将货物分批交运，即分成两份或多份货运单，同时说明由此产生的运费差额或其他费用由托运人承担；如果货物不宜分开，必须经有关承运人同意后，方可收运；每次班机上所装载的贵重货物，价值不得超过100万美元。贵重货物的装卸搬运比较特别，一般采用专业设备和仪器，涉及安全问题需要武警和保安武装押运。

4. 鲜活易腐货物装卸搬运

鲜活易腐货物是指在一般运输条件下易于死亡或变质腐烂的货物，如虾、蟹类、肉类、花卉、水果、蔬菜类、沙蚕、活赤贝、鲜鱼类、植物、蚕种、蛋种、乳制品、冰冻食品、药品、血清、疫苗、人体白蛋白、胎盘球蛋白等。此类货物，一般要求在运输和保管中采取特别的措施，如冷藏、保温等，以保持其鲜活或不变质。

鲜活易腐货物收运条件是：鲜活易腐货物应具有必要的检验合格证明和卫生检疫证明，还应符合有关到达站国家关于此种货物进出口和过境规定；托运人在交运鲜活易腐货物时，应书面提出在运输中需要注意的事项及允许的最长运输时间。除识别标签外，货物的外包装上还应拴挂"鲜货易腐"标签和"不可倒置"标签。运输鲜活易腐货物必须遵守有关国家对鲜活易腐货物进出口、转口的运输规定。例如，机场能否提供冷库、清关的时间范围等，确定无误后方可承运；鲜活易腐货物需采用冷链运输，在运输中对外界高温或低温通常需要采取防护措施。《国际铁路货物联运协定》附件《易腐货物运送规则》将易腐货物分为13类，包括：鲜的和罐头的蔬菜和蘑菇；鲜的和罐头的水果和浆果；肉类、肉制品和牲畜的脂油；奶类和奶制品；蛋类和冰蛋；鱼类、鱼制品和虾类；人造黄油、含有鹅油的人造黄油、混合脂油，以及人造植物性脂油；含酒精的饮料；不含酒精的饮料；水果和浆果制成的糖酱；面包酵母（压缩的）；密封的罐头；活植物。冷藏保温车如图3-28所示。

食品生产企业主要根据生产原料或产品的特性来决定设备的选取。一般的厂房装卸都是采用小型起重器、平衡式叉车；人工装卸还可以使用手推式叉车或起重仪。

食品产业的搬运一般都是使用电子智能化设备，个别使用人工。考虑到成本和便捷性，食品产业大多使用传动链等作为搬运设备。

图 3-28 冷藏保温车

（三）集装箱的装卸搬运作业

1. 集装箱的概念

（1）集装箱的定义　GB/T 18354—2021《物流术语》对集装箱（Container）的定义是："具有足够的强度，可长期反复使用的适于多种运输工具而且容积在 $1m^3$ 以上（含 $1m^3$）的集装单元器具。"使用集装箱转运货物可直接在发货人的仓库装货，运到收货人的仓库卸货，中途更换车、船时，无须将货物从箱内取出换装。集装箱示意图如图 3-29 所示。

图 3-29 集装箱示意图

（2）集装箱的种类

1）按规格尺寸分类。目前，国际上通常使用的干货柜（Dry Container）有：外尺寸为 20 英尺×8 英尺×8 英尺 6 吋，简称 20 尺货柜；外尺寸为 40 英尺×8 英尺×8 英尺 6 吋，简称 40 尺货柜；外尺寸为 40 英尺×8 英尺×9 英尺 6 吋，简称 40 尺高柜。为使集装箱箱数计算统一化，把 20 英尺集装箱作为一个计算单位，40 英尺集装箱作为两个计算单位，以便计算集装箱的营运量。集装箱外尺寸包括集装箱永久性附件在内的集装箱外部最大的长、宽、高尺寸。它是确定集装箱能否在船舶、底盘车、货车、铁路车辆之间进行换装的主要参数，是各运输部必须掌握的一项重要技术资料。

集装箱规格尺寸对照表见表 3-2。

表 3-2 集装箱规格尺寸对照表

箱型		外尺寸			内尺寸			箱门		内容积	重量		
		长	宽	高	长	宽	高	宽	高		自重	载重	总重
		英尺'英寸"/mm			mm			mm		m³	kg		
干货箱	20'	20'/6096	8'/2438	8'6"/2591	5925	2340	2379	2286	2278	33	1900	22100	24000
	40'	40'/12192	8'/2438	8'6"/2591	12043	2336	2379	2286	2278	67	3084	27396	30480
	40"超高	40'/12192	8'/2438	9'6"/2896	12055	2345	2685	2340	2585	76	2900	29600	32500
	45'	45'/13716	8'/2438	9'6"/2896	13580	2347	2696	2340	2585	86	3800	28700	32500
冷冻箱	20'	20'/6096	8'/2438	8'6"/2591	5440	2294	2273	2286	2238	28	2750	24250	27000
	40'	40'/12192	8'/2438	8'6"/2591	11577	2294	2210	2286	2238	59	3950	28550	32500
	40'超高	40'/12192	8'/2438	9'6"/2896	11577	2294	2509	2290	2535	67	4150	28350	32500
	45'	45'/13716	8'/2438	9'6"/2896	13102	2286	2509	2294	2535	75	5200	27300	32500
开顶箱	20'	20'/6096	8'/2438	8'6"/2591	5919	2340	2286	2286	2251	32	2177	21823	24000
	40'	40'/12192	8'/2438	8'6"/2591	12056	2347	2374	2343	2274	67	4300	26180	30480
框架箱	20'	20'/6096	8'/2438	8'6"/2591	5935	2398	2327	—	—	—	2560	21440	24000
	40'	40'/12192	8'/2438	8'6"/2591	12080	2420	2103	—	—	—	4300	26180	30480
	20'可折叠	20'/6096	8'/2438	8'6"/2591	5966	2418	2286	—	—	—	2970	27030	30000
	40'可折叠	40'/12192	8'/2438	8'6"/2591	12064	2369	1943	—	—	—	5200	39800	45000
平台箱	20'	20'/6096	8'/2438	—	—	—	—	—	—	—	1960	18360	20320
	40'	40'/12192	8'/2438	—	11823	2197	—	—	—	—	4860	39580	44440
罐箱	20'	20'/6096	8'/2438	8'/2438	—	—	—	—	—	20	2845	21540	24385

注：1m＝3.28084 英尺；1m³＝35.31467 立方英尺；1kg＝2.20462 磅。

2）按制箱材料分类，有铝合金集装箱、钢板集装箱、纤维板集装箱、玻璃钢集装箱。

3）按用途分类，有干货集装箱、冷冻集装箱、挂衣集装箱、开顶集装箱、框架集装箱、罐式集装箱。

4）按所装货物种类分类，有杂货集装箱、散货集装箱、液体货集装箱、冷藏箱集装箱等。

5）按结构分类，有折叠式集装箱、固定式集装箱等。在固定式集装箱中还可分为密闭集装箱、开顶集装箱、板架集装箱等。

6）按总重分类，有 30t 集装箱、20t 集装箱、10t 集装箱、5t 集装箱、2.5t 集装箱等。

2. 集装箱的装卸搬运

集装箱码头的装卸搬运有几种典型的系统：底盘车系统、跨运车系统、龙门起重机系统及混合型系统。

（1）底盘车系统　底盘车系统的码头前沿采用岸边集装箱装卸桥承担船舶的装卸作业，进口集装箱由装卸桥直接卸到底盘车上，集装箱牵引车将载有集装箱的底盘车拖到堆场停放，出场时集装箱牵引车将载有集装箱的底盘车从堆场直接拖出港区。出口集装箱由集装箱牵引车将载有集装箱的底盘车从港区拖至堆场，装船时再由集装箱牵引车将载有集装箱的底盘车从堆场拖到码头前沿，由岸边集装箱装卸桥将箱吊装上船。该系统的主要特点是，集装箱在码头堆场的整个停留期间均放置在底盘车上。

底盘车系统的优点是：集装箱在港的操作次数减少，装卸效率高，损坏率低；工作组织简单，对装卸工人和管理人员的技术要求不高。底盘车系统的缺点是：底盘车的需求量大、投资大，在运量高峰期可能会出现因底盘车不足而间断作业的现象；不易实现自动化。底盘车系统主要适用于集装箱码头的起步阶段，特别是整箱货比例较大的码头。

（2）跨运车系统 跨运车系统的码头前沿采用岸边集装箱装卸桥承担船舶的装卸作业，跨运车承担码头前沿与堆场之间的水平运输、堆场的堆码和进出车辆的装卸作业，即"船到场"作业是由装卸桥将集装箱从船上卸到码头前沿，再由跨运车将集装箱搬运至码头堆场的指定箱位；"场到场""场到集装箱拖运车""场到货运站"等作业均由跨运车承担。

跨运车系统的优点是：跨运车一机完成多种作业（包括自取、搬运、堆垛、装卸车辆等），减少码头的机种和数量，便于组织管理；跨运车机动灵活、对位快，岸边装卸桥只需要将集装箱卸在码头前沿，无须准确对位，跨运车自行抓取运走，充分发挥岸边集装箱装卸桥的效率；机动性强，既能搬运又能堆码，减少作业环节；堆场的利用率较高，所需的场地面积较小。跨运车系统的缺点是：跨运车机械结构复杂，液压部件多，故障率高，对维修人员的技术要求高，且造价昂贵；跨运车的车体较大，驾驶室位置高、驾驶人视野差，操作时需要配备助手；对驾驶人的操作水平要求较高，若驾驶人对位不准，容易造成集装箱损坏。跨运车系统适用于进口重箱量大、出口重箱量小的集装箱码头。

（3）龙门起重机系统

1）轮胎式龙门起重机系统的码头前沿采用岸边集装箱装卸桥承担船舶的装卸作业，轮胎式龙门起重机承担码头堆场的装卸和堆码作业，从码头前沿至堆场、堆场内箱区间的水平运输由集卡完成。该起重机一般可跨6列和1列集卡车道，堆高为3~5层集装箱，并设有转向装置，能从一个箱区移至另一个箱区进行作业。轮胎式龙门起重机系统适用于陆地面积较小的码头。我国大部分集装箱码头采用这种工艺系统。

2）轨道式龙门起重机系统。轨道式龙门起重机系统与轮胎式龙门起重机系统相比，堆场机械的跨距更大，堆高能力更强。轨道式龙门起重机可堆积4~5层集装箱，可跨14列甚至更多列集装箱。轨道式龙门起重机系统适用于场地面积有限，集装箱吞吐量较大的水陆联运码头。

（4）混合型系统 从经济性和装卸性能的角度来看，前三项工艺系统方案各有利弊，目前世界上有些港口采用了前述工艺方案的混合系统，即跨运车—龙门吊混合型系统。其主要特点是：船边的装卸由岸边集装箱装卸桥承担；进口集装箱的水平运输、堆码和交货装车由跨运车负责完成；出口集装箱的货场与码头前沿之间的水平运输由集装箱半挂车完成，货场的装卸和堆码由轨道式龙门起重机完成。由于混合型系统能充分发挥各种机械的特点，扬长避短，更加趋于合理和完善，目前世界上已有不少码头采用了这种系统。

第三节 装卸搬运合理化

装卸搬运是物流活动的重要构成要素之一。在物流系统中，装卸搬运作业所占的比重较大，是进行物流活动的必要条件，是降低物流成本和提高物流速度的关键环节。装卸搬运作业的好坏不仅影响货物的数量和质量，还与物流工作质量是否满足客户的服务需求密切相关，而且影响运输安全及运输设备的利用率。

一、装卸搬运合理化的目标

装卸搬运合理化的主要目标是节省时间、节约劳动力和节省装卸搬运费用。

（1）装卸搬运距离短　在装卸搬运作业中，装卸搬运距离最理想的目标是"零"。货物装卸搬运不发生位移，应该说是最经济的，然而这是不可能办到的，因为凡是"移动"都要产生距离。移动距离越长，费用就越高；移动距离越短，费用就越低。所以，装卸搬运合理化的目标之一，就是要尽可能使装卸搬运距离最短。

（2）装卸搬运时间短　这主要是指货物的装卸搬运从开始到完成所经历的时间短。如果能压缩装卸搬运时间，就能大大提高物流速度，及时满足客户的需求。为此，装卸搬运作业人员应根据实际情况，尽可能实现装卸搬运的机械化、自动化和省力化。这样，不仅大大缩短了物流时间，提高了物流效率，降低了物流费用，而且通过装卸搬运的合理衔接，还能优化整体物流过程。所以，装卸搬运时间短，是装卸搬运合理化的重要目标之一。

（3）装卸搬运质量高　装卸搬运质量高是装卸搬运合理化目标的核心。高质量的装卸搬运作业，是为客户提供优质服务的主要内容之一，也是保证生产顺利进行的重要前提。按照要求的数量、品种，安全、及时地将货物装卸搬运到指定的位置是装卸搬运合理化的主体和实质。

（4）装卸搬运费用低　在装卸搬运合理化目标中，既要求距离短、时间短、质量高，又要求费用低，这似乎不好实现。事实上，如果能实现装卸搬运的机械化、自动化和省力化，就能大幅度减少作业人员，降低人工费用，装卸搬运费用就能得到大幅度节省。为此，应合理规划装卸搬运工艺，设法提高装卸作业的机械化程度，尽可能实现装卸搬运作业的连续化，从而提高效率、降低成本。

二、装卸搬运合理化的原则及途径

（1）集装（单元）化原则　将散放物品规整为统一格式的集装单元（如托盘、集装箱、集装袋等）称为集装单元化。这是实现装卸搬运合理化的一条重要原则。遵循该原则，可以达到以下目的：一是由于搬运单位变大，可以充分发挥机械的效能，提高搬运作业效率；二是单元装卸搬运，方便灵活；三是负载大小均匀，有利于实现作业标准化；四是有利于保护被搬运物品，提高装卸搬运质量。

（2）省力化原则　所谓省力，就是节省动力和人力。省力化原则的具体内涵是：能往下则不往上；能直行则不拐弯；能用机械则不用人力；能水平则不上坡；能连续则不间断；能集装则不分散。

在不得不以人工方式作业时，要充分利用重力并消除重力影响，进行少消耗的装卸搬运。具体而言，由于装卸搬运使货物发生垂直和水平位移，必须通过做功才能完成。但由于我国目前的装卸机械化水平还不高，一些装卸搬运作业尚需人工完成，劳动强度大。因此，在有条件的情况下，可利用货物的重量进行有一定落差的装卸搬运。例如，可将没有动力的小型运输带（板）斜放在货车、卡车上，依靠货物自身的重量进行装卸搬运，或使货物在倾斜的运输带（板）上移动，这样就能降低劳动强度和减少能量消耗。

在装卸搬运时，减少人体的上下运动，避免反复从地面搬起重物，避免人力抬运或搬运过重物品，达到减轻体力劳动及其他劳动消耗的效果。

(3) 消除无效搬运原则　尽量减少装卸搬运次数，减少人力、物力的浪费，降低货物损坏的可能性；努力提高物品的纯度，只装卸搬运必需的货物，例如有些货物要去除杂质之后再装卸搬运比较合理；选择最短作业路线；减少倒搬次数；避免过度包装，减少无效负荷；充分发挥装卸搬运机械设备的能力和装载空间，中空的物件可以填装其他小物品再进行搬运（套装搬运），以提高装载效率；采用集装方式进行多式联运等，都可以防止和消除无效装卸搬运作业。

(4) 活性化原则　活性化原则即提高物品装卸搬运活性的原则。货物平时存放的状态是各种各样的，可以是散放在地上，也可以是装箱存放在地上，或放在托盘上等。由于存放的状态不同，货物的装卸搬运难易程度也就不一样。人们把货物从静止状态转变为装卸搬运运动状态的难易程度称为装卸搬运活性。搬运活性通常用活性指数0、1、2、3、4共5个等级来表示。指数越高表明搬运的方便程度越高，越易于搬运。如果很容易转变为下一步的装卸搬运而不需要过多地做装卸搬运前的准备工作，则活性就高；反之，则活性就低。例如，无包装散放在地上的物品要移动很不容易，其活性指数为0；有包装或放置在一般容器内的物品，其活性指数为1；置于托盘上或者装入集装箱的物品，其活性指数为2；装在无棚货车或者可移动设备或工具上的物品，其活性指数为3；放置在输送线上的物品，其活性指数为4，见表3-3。

表3-3　装卸搬运活性指数

物品放置状态	是否需要进行的作业（依次）				还需要作业数目	已不需要作业数目	活 性 指 数
	集中（装箱）	搬起（支垫）	升起（装车）	运走（移动）			
散放在地上	是	是	是	是	4	0	0
置于容器（装箱）	否	是	是	是	3	1	1
置于托盘	否	否	是	是	2	2	2
置于车中	否	否	否	是	1	3	3
置于输送线	否	否	否	否	0	4	4

仓储物需要根据其在仓库内存放时间的安排，合理选择活性指数。大多数仓储物都处于待运状态，其活性指数较高。活性指数高虽然表示方便搬运作业，但也表示存放的不稳定或者占用作业设备资源，影响仓容的利用率。对于长时期仓储的物品，应采用较低的搬运活性，实行稳定堆垛的处理。

(5) 机械化原则　机械化原则即合理利用装卸搬运机械设备的原则，也即尽可能采用机械化、自动化设备，改善装卸搬运条件，提高装卸搬运效率。在现阶段，装卸搬运机械设备大多在以下情况下使用：超重物品的搬运；搬运量大、耗费人力多或人力难以操作的物品搬运；粉体或液体的物料搬运；速度太快或距离太长，人力不能胜任的物品搬运；装卸作业高度差太大，人力无法操作时。今后的发展方向是，即使在人可以操作的场合，为满足高生产率、安全性、服务性和作业的适应性，也应将人力操作转变为借助机械设备来实现；同时，要通过各种集装方式形成机械设备最合理的装卸搬运量，使机械设备能充分发挥效能，达到最优效率，实现规模装卸搬运。

(6) 物流量均衡原则　当货物的处理量波动过大时，会使搬运作业变得困难（人力和相关机械设备的使用和调配变得困难)。但是搬运作业受运输及其他物流环节的制约,其节奏不能完全自主决定,必须综合各方面的因素妥善安排,尽量使物流量保持均衡,避免忙闲不均。

(7) 权变原则　在装卸搬运过程中,必须根据货物的种类、性质、形状、重量来合理确定装卸搬运方式,合理分解装卸搬运活动,并采用现代化管理方法和手段,改善作业方法,实现装卸搬运的高效化和合理化。

(8) 系统化原则　在物流活动过程中,运输、保管、包装、装卸搬运各环节的改善,不能仅从单方面考虑,应将各环节作为一个系统来看待,必须考虑综合效益。

此外,要实现装卸搬运合理化,还应遵循人性化原则、标准化原则、安全化原则、连续化原则(流程原则)、短路化原则、作业线的平衡性原则、最小操作化原则,以及机械设备的经常使用、保养更新与弹性(机械设备的兼容性与共用性)原则。

三、不合理的装卸搬运的表现形式

在物流实务中,不合理的装卸搬运主要表现在以下几个方面:

(1) 过多的装卸搬运次数　在物流活动中,装卸搬运环节是发生货损的主要环节,而在整个物流过程中,装卸搬运作业又是重复进行的,其发生的频数超过其他任何活动,过多的装卸搬运必然导致货损的增加。同时,每增加一次装卸,就会较大比例地增加物流费用(一次装卸的费用相当于几十千米的运费),并会大大降低整个物流的速度。

(2) 过大、过重包装的装卸搬运　在实际装卸搬运作业中,如果包装过大、过重,就会反复在包装上消耗较多的劳动。这一消耗不是必需的,因而会形成无效劳动。

(3) 无效物质的装卸搬运　进入物流过程中的货物,有时混杂着没有使用价值的各种掺杂物,如煤炭中的矸石、矿石中的水分、石灰中未烧熟的石灰,以及过烧石灰等。这些无效物质在反复装卸搬运过程中必然要消耗能量,形成无效劳动。

由此可见,不合理的装卸搬运增加了物流成本,增加了货物的损耗,降低了物流速度,若能有效防止,就会实现装卸搬运作业乃至物流活动的合理化。

【本章小结】

装卸搬运是物流系统的构成要素之一,是物流活动的接口。物流活动通过装卸搬运完成各环节的过渡,因而装卸搬运是物流各功能之间能否形成有机联系和紧密衔接的关键。本章围绕装卸搬运的概念,较系统地介绍了装卸搬运的发展过程,装卸搬运的地位和作用,以及装卸搬运的特点、要素和分类;讲解了装卸搬运作业的内容、管理及其应用;并介绍了装卸搬运合理化等相关内容。

技 能 训 练

一、单项选择题

1. 可以少用或免去搬运活动,而直接利用装卸作业达到车与物流设施之间货物过渡的目的,称作(　　)。

A. 仓库装卸　　　　B. 汽车装卸　　　　C. 港口装卸
D. 铁路装卸　　　　E. 飞机装卸

2. 利用叉车或半挂车、汽车承载货物，连同车辆一起开上船，到达目的地后再从船上开下的一种水平装卸方式，是(　　)。

A. 叉上叉下方式　　　B. 吊上吊下方式　　　C. 滚上滚下方式

D. 移上移下方式　　　E. 散装散卸方式

3. 我国大部分集装箱码头采用的工艺系统是(　　)系统。

A. 汽车起重机　　　B. 轮胎式龙门起重机　　　C. 履带式起重机

D. 桥式起重机　　　E. 轨道式龙门起重机

4. 目前，世界上已有不少港口采用的较先进的集装箱装卸系统是(　　)。

A. 底盘车系统　　　B. 跨运车系统　　　C. 龙门吊系统

D. 混合型系统　　　E. 堆取料机系统

5. 按被装卸货物的主要运动方向分类，装卸搬运可以分为垂直装卸搬运和(　　)两种形式。

A. 连续装卸　　　B. 吊上吊下方式　　　C. 水平装卸搬运　　　D. 移上移下方式

二、多项选择题

1. 装卸搬运机械具有(　　)功能。

A. 搬移　　　B. 升降　　　C. 装卸　　　D. 短距离输送

E. 包装

2. 按其结构、性能不同，起重机械可分为(　　)4种基本类型。

A. 轻小型起重设备　　　B. 桥式起重机　　　C. 臂架起重机

D. 升降机　　　E. 龙门式起重机

3. 装卸搬运合理化的目标是(　　)。

A. 装卸搬运距离短　　　B. 装卸搬运时间短

C. 装卸搬运质量高　　　D. 装卸搬运费用省

4. 特种货物的装卸搬运作业具体内容包括(　　)的装卸搬运作业。

A. 危险货物　　　B. 大件货物　　　C. 鲜活易腐货物

D. 贵重货物　　　E. 动物

5. 3类基本的装卸作业分别为(　　)。

A. 搬送、移送　　　B. 堆码、拆垛　　　C. 分拣、配货

D. 装卸、堆码　　　E. 物流、配货

三、判断题

1. 装卸搬运是物流功能中的同一个概念。　　　(　　)

2. 装卸搬运是连接物流各环节的纽带，是运输、仓储、包装等物流活动得以顺利实现的保证。　　　(　　)

3. 装卸搬运的要素主要有人、装卸物品、装卸场所、装卸时间4个。　　　(　　)

4. 装卸搬运活动按照被装货物的主要运动形式分为吊上吊下、滚上滚下等方式。　　　(　　)

5. 装卸搬运作业主要包括装货卸货、搬运移送、堆垛拆垛、分拣配货等内容。　　　(　　)

6. 特种货物的装卸搬运作业，包括危险货物、大件货物、鲜活易腐货物和贵重货物的装卸搬运作业等。　　　(　　)

7. 货币、贵重金属、精密仪器、贵重皮毛、珍贵食品食材、动物都属于贵重货物。
( )
8. 装卸搬运合理化的主要目标是节省装卸搬运费用。( )
9. 搬运活性指数越高表明搬运的方便程度越高，越不利于搬运。( )
10. 在物流实务中，不合理的装卸搬运主要表现为过多的装卸搬运次数，过大、过重包装的装卸搬运和无效物质的装卸搬运。( )

四、简答题

1. 简述装卸搬运机械在物流中的作用，并举例。
2. 以不同运输方式为例，简述主要的装卸搬运作业方法。
3. 举例说明常见的公路汽车运输装卸搬运机械有哪些。
4. 简述装卸搬运合理化有哪些途径。
5. 以连锁经营超市为例，描述装卸搬运作业。

五、综合分析题

【案例 1】联华便利物流中心装卸搬运系统

联华公司创建于 1991 年 5 月，是上海首家发展连锁经营的商业企业。经过几十年的发展，联华公司已成为中国较大的连锁商业企业。2010 年，联华公司的销售规模突破 700 亿元，连续 13 年位居中国快速消费品连锁零售企业第一；2011 年，联华公司 H 股跻身香港恒生指数成分股，标志着公司市值及交投量已达资本市场认可的水平。联华公司的快速发展，离不开高效便捷的物流配送中心的大力支持。2015 年，联华公司共有 4 个配送中心，分别是 2 个常温配送中心、1 个便利物流中心和 1 个生鲜加工配送中心，总面积 7 万余 m^2。其中，联华便利物流中心总面积 $8000m^2$，由四层楼的复式结构组成。为实现货物的装卸搬运，配置的装卸搬运机械设备有电动叉车 8 辆、笼车 1000 辆、手动托盘搬运车 20 辆、垂直升降机 4 台、辊道输送机 5 条、数字拣选设备 2400 套，如图 3-30~图 3-33 所示。装卸搬运的操作过程如下：首先将来货卸下，然后把货物装在托盘上，由手动叉车将货物搬送至入库运载处。接着，入库运载装置上升，将货物送上入库输送带。当接到向第一层搬运指示的托盘，在经过升降机平台时，不再需要上下搬运，而是直接从当前位置通过一层的入库输送带自动分配到一层入库区等待入库；接到向第 2~4 层搬送指示的托盘，将由托盘垂直升降机自动传输到所需楼层。当升降机到达指定楼层时，由各层经入库输送带自动搬送货物至入库区。货物下平台时，由叉车从输送带上取下托盘入库。在出库时，根据订单进行拣选配货，拣选后的货物用笼车装载，由各层平台通过笼车垂直升降机送至一层的出货区，装入相应的运输车上。

图 3-30 电动叉车

图 3-31 笼车

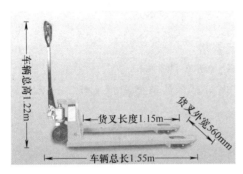
图3-32 手动托盘搬运车

图3-33 垂直升降机

先进实用的装卸搬运系统,为联华便利物流中心的发展提供了强有力的支撑,使联华便利的物流运作能力和效率大大提高。

思考:

1. 联华便利物流中心配置的装卸搬运机械设备主要有哪些?
2. 装卸搬运在物流系统中有什么样的地位和作用?
3. 怎样才能实现装卸搬运合理化?

【案例2】 云南双鹤医药有限公司物流装卸搬运案例分析

云南双鹤医药有限公司成立于2001年11月,是按现代企业制度运营的独立法人单位。经过20多年的经营和发展,公司现拥有药品配送中心、药品零售连锁店、医疗制械中心、化学试剂中心等经营部门,经营国产和进口化学原料药、化学药制剂、医疗器械及化学试剂、玻璃仪器、保健品、医用化妆品等上千个品种规格的商品。

公司集批发、调拨、零售、维修为一体,品种齐全,门类众多,设施完备,以昆明为中心,面向省内外工商、卫生、科研单位拓展批发、经营调拨、特约经销与总代理业务。其网点遍布昆明辖区,商业批发终端覆盖全省各大医院、地级市和县级部分医院、诊所及科研单位、工矿企业和大专院校。

虽然云南双鹤医药有限公司已经形成规模化的产品生产和网络化的市场销售,但其流通过程中物流管理严重滞后造成物流成本居高不下,不能形成价格优势。这严重阻碍了物流服务的开拓与发展,成为公司业务发展的"瓶颈"。

装卸搬运活动是保证物流各环节活动正常进行的关键,而云南双鹤医药有限公司恰好忽视了这一点。由于搬运设备的现代化程度低,只有几个小型货架和手推车,大多数作业仍处于人工作业为主的原始状态,工作效率低,且易损坏物品。另外,仓库设计得不合理,造成长距离的搬运,并且仓库内作业流程混乱,形成重复搬运,大约有70%的无效搬运,这种过多的搬运次数损坏了商品,也浪费了时间。

思考:

1. 分析装卸搬运环节对企业发展的作用,云南双鹤医药有限公司业务发展的"瓶颈"是什么?
2. 针对医药企业的特点,请对云南双鹤医药有限公司的装卸搬运系统的改造提出建议。

第四章　物流的动脉——运输

【学习目标及要求】

（一）知识目标

1. 理解运输的概念、特征和地位。
2. 掌握常用的物流运输方式的异同点。
3. 掌握影响运输合理化的因素及实现运输合理化的有效措施。
4. 理解不合理的运输表现形式。

（二）技能要求

能够运用所学运输相关知识优化运输操作流程，具备分析、解决不合理运输的能力。

【物流术语】

1. 运输（Transportation）。
2. 物流运输管理（Logistics Transportation Management）。
3. 规模经济（Economies of Scale）。
4. 铁路运输（Rail Transportation）。
5. 管道运输（Pipeline Transportation）。
6. 联合运输（Combined Transport）。

【知识梳理】

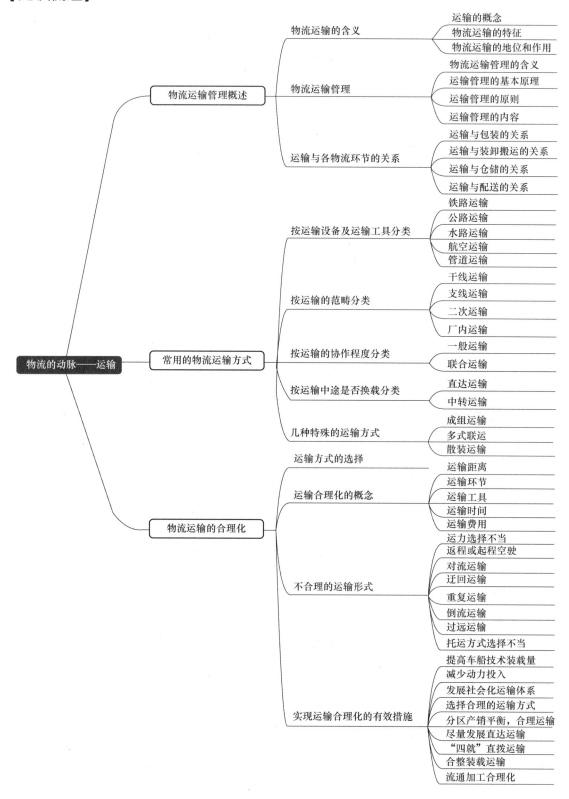

【导读案例】

天津市景华兴货运代理有限公司的物流发展案例

天津市景华兴货运代理有限公司（以下简称"景华兴"）是从事港口货运代理的服务商，主要为客户提供国际集装箱进出口、拆拼装箱及国内货物的海运、陆运和铁路联运的一条龙综合性服务。

随着行业进一步细分与竞争加剧，物流服务的利润率呈逐年下降趋势。景华兴针对这一现象，通过分析业务数据并结合公司现状，找到了行之有效的解决方案，即保持原有的货代服务，积极拓展业务，向贸易商提供增值服务。在更好地为客户提供服务的同时，与客户形成战略伙伴合作关系，使公司与客户都能进一步发展。

积极开发先进项目，努力拓展公司业务。景华兴凭借操作新疆大批量货物（棉花、番茄酱等）在天津及新疆同行业中享有很高的声誉。在长期合作中，该公司的仓储、分批、运输等业务本着完善服务的宗旨，赢得了客户的认可与好评。为了避免传统货代服务滞后的现象发生，景华兴积极开发先进的管理与服务项目，实现计算机联网。客户可通过网络随时查询货物的相关情况，并且公司拥有专业的物流人员，针对客户的不同需求，向客户提供全面的、经济的物流方案。先进的信息化建设为公司业务拓展和最大限度地满足客户的需求提供了强有力的支持。

实现物流一体化服务，力争满足货物运量。本着客户至上的原则，为了降低客户和公司双方的成本，景华兴经多方调查研究，决定从货源（新疆）开始实现物流一体化服务，即从工厂至港口的全程服务。考虑到地域限制，铁路运输是最为经济、便捷的运输方式。针对番茄酱货物的特殊性，该公司承揽新疆—天津的集装箱班列。当然，固定班列的运输量大，需要投入大量的资金，因而相对风险较大。为了最大限度地降低风险成本，景华兴负责人根据新疆近4年的番茄酱产量及具体发运时间进行统计分析。分析结果是，货量充足，但属季节性货物，发运主要集中在7~12月，有将近半年的缺货期。针对这一问题，该公司与客户进一步协商，成功地将发货期延长至3月。这样从整体考虑，现若将4、5、6月的货物补充至一半的运量，那么公司应在运营上基本实现无风险。通过驻新疆分公司的业务分析，将价格下调，并且定期发送海运回空箱，结合运送其他各类货物联运的服务，基本可以满足货物运量。

开通海铁联运方式，为客户提供绿色通道。在整体调研结果形势看好的情况下，景华兴与多家单位及港务局等相关单位积极洽谈，最终在各方支持下，开通了新疆—天津—集装箱"五定"班列。这种海铁联运的运输方式，为广大客户提供了经济、安全、便捷的绿色通道。

景华兴本着"以专业化运营加快物流速度，以规模化经营降低物流运营成本，最大限度地满足客户需求"的宗旨，积极开发新项目，在同行业中脱颖而出，巩固了与客户的良好合作关系，在合作中实现双赢，共同发展。

思考：
1. 该公司在寻求发展中采用了哪些有效的措施？
2. 该公司采用了哪些运输方式？

没有现代化的交通运输，经济活动就要停顿，社会再生产也无法进行。列宁说，运输是我们整个经济的主要基础。物资运输活动可分为两类：一类是作为具体生产过程的有机组成部分的生产内部的运输；另一类是作为物质生产部门的专门运输业从事的运输活动。上述两类运输都是物流构成的基本要素，本章学习、讨论的是后者。

第一节　物流运输管理概述

一、物流运输的含义

(一) 运输的概念

广义的运输（Transportation）是指人和物借助于动力在空间中所发生的位置移动，其具体活动是人和物的载运及运输。物流领域的运输是指物的载运及输送，也就是利用运输设备和工具将物品从一个地点向另一个地点运送的物流活动，其中包括集货、分配、搬运、中转、装入、卸下、分散等一系列操作。

运输是物流主要功能要素之一，承担了物流过程中很大一部分责任。运输和搬运的区别在于：运输是在较大范围的活动；搬运是在同一地点的活动。运输和配送的区别在于：配送属于运输，是一种近距离、小批量、多品种、高频率的末端运输，并且采用的运输工具单一；配送是运输与其他物流活动的组合体，比单纯的运输要复杂。

(二) 物流运输的特征

运输是一种特殊的物质生产活动，它具有很强的服务性。运输按其在社会再生产中的地位、运输生产过程和产品的属性来讲，和工农业生产相比，又有很大的差别。

1. 运输联系的广泛性

运输生产是一切经济部门生产过程的延续，通过各种运输方式，可以把原材料、燃料等送达生产地，又能把产品运往消费地，它贯穿于整个社会再生产过程。因而，运输和其他活动的联系要比生产活动更为广泛，它几乎和所有的生产经营活动都发生直接或间接的联系。运输线路是否通畅，对企业的连续生产、充分发挥生产资金的作用，以及加速商品流通等方面，都具有极其重要的影响。

2. 运输不能创造新产品

在正常条件下，运输生产的产品只是货物在空间上的位移。其他生产活动是通过物理、化学或生物作用过程，改变劳动对象的数量和质量，从而得到新的产品，以满足人们的需要。运输生产则与此不同，它虽然也创造使用价值与价值，但不创造新的产品，它创造的产品是一种特殊的产品。它把价值追加到被运输的货物上，实现货物场所的变更。基于这一点，在满足运输需要的前提下，如果产生多余的运输产品和运输支出，对社会就是一种浪费。因此，在物流活动中，充分考虑节省运输能力、降低运输成本，具有极其重要的意义。

3. 运输产品的非实体性

运输产品是看不见、摸不着，和被运输的实体产品结合在一起的产品，它只是实现空间的位移。因此，运输产品的生产和消费是同一过程，它不能脱离生产过程而单独存在。也就是说，运输过程对从业者来说是生产过程，而对用户来说是对运输能力的消费过程。因此，运输的产品既不能储存，做到以丰补歉，又不能调拨，在地区之间调剂余缺，只能通过调整运输能力满足运量的波动和特殊的需要。

由于运输生产是在广阔空间范围内进行活动，当各种运输线路和港站集散能力一旦形成后，也就形成了该地区的运输能力。因此，对于这种运输能力在地域上的布局应力求与货物的分布相适应。另外，运输生产不需要原料，因而运输部门也就不需要原料储备和半成品、成品储备。与工业部门相比，在生产资金构成中，它的固定资产占的比重较大，这就决定了运输部门的生产资金和运输成本具有特殊的构成，燃料费、折旧费在运输成本中占有很大的比重。因此，充分发挥设备及工具的作用，对于降低运输成本和节省运输费用具有重要意义。

4. 运输生产的连续性

运输生产是在一个固定的线路上完成的，它的空间范围极为广阔，好像一个大的"露天工厂"。货物运输往往要由几种运输方式共同完成，而不像工农业生产那样在一定范围内即可完成生产任务。因此，在物流规划中如何保证运输生产的连续性，以及根据运输需求按地区和货流形成综合运输能力具有重要意义。正是由于这一特点，物流规划必须充分重视自然条件，运用有利因素，克服不利因素，提高物流活动中的运输效率和经济效率。

5. 各种运输方式产品的同一性

产品的同一性是运输生产的又一特征。各种运输方式虽然线路、运输工具及技术装备各不相同，但生产的是同一种产品，即货物在空间上的位移，对社会具有同样的效用。而工农业生产各部门，由于生产工艺不同，产品规格有很大的差别。在物流规划中必须研究各种运输方式在运输网中的地位和作用，促使各种运输方式合理分工与综合利用，形成综合运输网。

6. 各种运输方式之间的替代性较强

实现货物的位移，往往可采用不同的运输方式。由于各种运输方式的产品都是相同的"位移"，因此某种运输方式都有可能被另一种运输方式替代。这种运输需求在运输方式之间转移的可能性产生了各种运输方式之间一定的替代和竞争关系，而工农业部门的生产内部，以及它们相互之间的生产一般是不能替代的。例如，工业内部的冶金、机械不能代替纺织、食品加工等。运输方式的这种替代性，使得有可能通过调节不同运输方式的供求关系，使运量在各种运输方式之间合理分配，形成较为科学的综合运输体系。作为运输的需求者，会根据货物运输的具体要求，合理选择适当的运输方式。当然，由于各种运输方式的经济、技术等特征不同，在完成同一运输任务时的经济效益存在差异，所以对于运输生产者来说，应该满足用户对运输的需要，形成适应性较强的服务能力，提高运输产品的竞争力。

认真研究运输的这些基本特征，是物流规划、运输合理布局和运输决策的前提条件，在此基础上才能为实现物流管理目标提供最佳的运输服务。

（三）物流运输的地位和作用

1. 运输是社会物质生产的必要条件之一

运输是国民经济的基础和先行。马克思将运输称为"第四个物质生产部门"，是生产过程的继续。这个"继续"虽然以生产过程为前提，但如果没有它，生产过程则不能最后完成。虽然运输这种生产活动和一般生产活动不同，它不创造新的物质产品，不增加社会产品数量，不赋予产品新的使用价值，而是只改变其所在的空间位置，但这一变动能使生产继续下去，使社会再生产不断推进，并且是一个价值不断增值的过程，所以将其看成一个物质生产部门。

2. 运输是物流的主要功能要素之一

根据物流的概念，物流是物品实体的物理性运动，这种运动不但改变了物品的时间状态，也改变了物品的空间状态。运输承担了改变物品空间状态的主要任务，是改变物品空间状态的主要手段；运输再配以搬运、配送等活动，就能圆满完成改变空间状态的全部任务。在现代物流观念未诞生之前，甚至就在今天，仍有不少人将运输等同于物流，其原因是物流中很大一部分责任是由运输承担的，运输是物流的主要功能之一。

3. 运输的"场所效应"

运输的"场所效应"是指同种物品由于空间场所不同，其使用价值的实现程度不同，效益的实现也不同。由于改变场所使用价值最大化，最大限度地提高了产出投入比，因此称为"场所效应"。通过运输将物品运到"场所效应"最高的地方，就能发挥物品的潜力，实现资源的优化配置。从这个意义上来讲，也相当于通过运输提高了物品的使用价值。

4. 运输的"时间效用"

运输除创造"场所效应"外，还创造"时间效用"，具有一定的储存功能。运输的"时间效用"，是指货物处在不同的时刻，使用价值实现的程度不同，效用价值也不一样。通过储存保管，使货物从效用价值低的时刻延迟到效用价值高的时刻再进入消费，从而更好地实现商品的使用价值。在社会再生产过程中，由于生产与消费在时间上的不一致，因此需要通过储存来克服商品生产与消费的时间间隔。

5. 运输是社会生产领域和消费领域的中介、纽带和桥梁

运输需求几乎是所有经济主体所具有的普遍需求，运输是生产过程在流通领域的继续，属于流通领域的物质生产过程。在经济活动中，它连接着生产和生产、生产和交换、生产和消费、交换和消费等各个环节，因此运输在社会再生产和经济生活中处于十分重要的地位，它与国民经济各部门有着密切的关系，是解决众多经济问题、社会问题、生态问题和其他问题的重要途径，是社会生产领域和消费领域的中介、纽带和桥梁。

6. 运输是"第三利润源"的主要源泉

运输是"第三利润源"的主要源泉。首先，运输是运动中的活动，它和静止的保管不同，要靠大量的动力消耗才能实现，而运输又承担大跨度空间转移的任务，所以活动的时间长、距离远、消耗大。消耗的绝对数量大，其节约的潜力也就大。其次，从运费来看，它在全部物流成本中占据最高的比例，一般综合分析计算社会物流费用，运输费用在其中占近50%的比例，有些货物的运费高于其生产成本。所以，节约的潜力非常大。最后，由于运输总里程远，运输总量大，通过体制改革和运输合理化可大大减少运输吨公里数，从而获得比较大的节约。

二、物流运输管理

（一）物流运输管理的含义

物流运输管理就是按照运输的规律和规则，对整个物流运输过程所涉及的各种活动，包括原材料入厂和成品出厂的运输、自有运输、租用或购买运输决策、运输方式及承运人选择、承运人和托运人合同、战略伙伴关系、路线计划、服务提供、计算机技术，以及人力、运力、财力和运输设备，进行合理组织和平衡调整，监督实施，达到为用户提供优质运输服务、提高物流效率、降低物流成本的目的。

（二）运输管理的基本原理

运输管理的两个基本原理是运输规模经济和距离经济。

1. 运输规模经济

规模经济（Economies of Scale）是指通过扩大生产规模引起经济效益增加的现象。

运输规模经济的特点是随着装运规模的扩大，使每单位运输产品的运输成本下降。例如，整车装运（车辆满载装运）的成本低于零担装运（利用部分车辆能力装运）；铁路或水路运输中运输能力较大的运输工具，其每单位运输产品的费用要低于汽车或飞机之类运输能力较小的运输工具。运输规模经济之所以存在，是因为有关的固定费用可以按整批货物的质量分摊。规模经济使货物的批量运输显得合理。

2. 距离经济

距离经济（Economies of Distance）的特点是每单位距离的运输成本随运输距离的增加而减少。距离经济的合理性类似于规模经济，尤其体现在运输费用、装卸费用的分摊上。例如，800km的一次装运成本要低于400km的二次装运。运输的距离经济也指递减原理，因为费率或费用随距离的增加而减少。距离越长，固定费用分摊后的值越小，每单位距离支付的总费用也就越小。

（三）运输管理的原则

运输是实现货物空间位移的手段，也是物流活动的主要环节。无论是物流企业，还是在企业物流中，对运输组织管理应贯彻"及时、准确、经济、安全"的基本原则。

1）及时，就是按照产、供、销等环节的实际需要，将货物及时送达指定地点，尽量缩短货物的在途时间。

2）准确，就是在运输活动中，避免各种内外部因素的影响和差错事故的发生，准确无误地将货物送交指定的收货人。

3）经济，就是通过合理地选择运输方式和运输路线，有效地利用各种运输工具和设备，减少消耗，提高运输经济效益，合理地降低运输费用。

4）安全，就是在运输过程中，能够防止霉烂、残损及危险事故发生，保证货物的完整无损。

（四）运输管理的内容

运输管理的内容包括运输市场的宏观管理和物流运输业务的微观管理两个层面。运输市场的宏观管理是政府主管部门对运输行业的管理，包括运输市场准入管理，运输市场各项规章的制定、执行与监控等，以建立和完善公开、公平、公正的运输市场竞争环境。物流运输业务的微观管理是企业对运输过程的业务管理，包括货物的发送、接运、中转等业务和运输安全管理，以达到提高效率、降低成本的目的。

1）发送业务是根据交通运输部门的规定，按照运输计划，将货物从起运地运往目的地的第一个环节。

2）接运业务是在办理了交接手续后，将到达的货物及时地接运到指定地点的工作。当货物从起运地到目的地之间不能依靠一次运输直达时，就要经过二次运输，从而发生中转作业。

3）中转作业起着承前启后的作用，既要及时接运前一流程运输的货物，又要及时发送该货物，使之进入下一流程运输。

4）运输安全管理是指要努力防止运输事故的发生，建立和健全各项运输制度，并严格执行。还应及时处理运输事故，一旦发生运输事故，相关当事人要立即采取措施，减少损失，并分清责任，及时处理。

三、运输与各物流环节的关系

一般来说，物流过程包括运输、包装、仓储、流通加工、配送及装卸搬运等环节的活动。运输的作用在物流各个环节中处于首要地位，但其作用的发挥还要依赖于物流活动中其他各个环节的配合。

（一）运输与包装的关系

运输与包装之间是一种相互影响的关系。货物的包装程度、包装规格和尺寸都会影响运输方式，以及同一种运输方式对运输工具的选择；同样，货物的包装程度、包装规格和尺寸应该充分地与所选择的运输工具相吻合。

一方面，包装具有保护货物的安全、方便储运装卸、加速交接和检验等作用。由于运输过程中必然会有冲击、震动和压力产生，合理的包装可以在运输过程中起到保护产品的作用，有利于运输中货损的降低。另一方面，运输方式的选择和运输工具的不同也会影响包装的要求和种类。在对产品进行包装的时候，不仅要考虑运输安全问题，还要考虑成本问题。因此，对包装的要求也要根据运输方式和工具的不同而不同，最大限度地保证安全和成本的平衡。

（二）运输与装卸搬运的关系

装卸搬运是随着运输和仓储而产生的物流活动，是对各种物流活动进行衔接的中间环节。在完成运输活动的过程中，必然伴随装卸搬运活动。一般情况下，完成一次运输活动必然伴随两次或两次以上的装卸搬运活动。装卸搬运活动的质量直接影响运输活动。车辆装卸是否合理将直接影响运输过程的顺利程度。同样，装卸搬运是实现各种运输方式的有效衔接环节，特别是在多式联运的情况下，装卸搬运起着重要的作用，其效率直接影响整个运输过程的效率。

（三）运输与仓储的关系

运输与仓储是物流活动中可以相互补充的两个重要环节。运输对仓储活动有重要的影响，仓储是货物的暂时停止状态，目的是将货物分拨到合适的地点，运输便起着这样的作用。高效的运输分拨系统，可以降低库存量，提高库存周转率。同样，仓储活动是运输过程的调节手段，在所有的物流活动中，运输和仓储的关联性最强。

（四）运输与配送的关系

人们经常将运输和配送一起使用，其原因是要完成整个物流活动，通过运输和配送，才能将货物送到最终消费者手里。事实上，两者有一定的区别，简单来说，运输是两点之间货物的输送，而配送是指一点对多点的货物运输过程。简言之，所有物品的移动都是运输，而配送则专指短距离、小批量的运输。因此，可以说运输是指整体，配送则是指其中的一部分，是为最终实现资源配置服务的。

运输包括车、船、飞机、管道、传送带等多种方式，配送是物流进入最终阶段，以配货送货形式最终完成社会物流并最终实现资源配置的活动。配送活动一直被看成运输活动中的一个组成部分,被看作一种运输形式;但是伴随着现代物流的发展,配送作为一种现代流通方式,集经营、服务、社会集中库存分拣、装卸搬运于一身,已不是一种送货运输所能包含的,所以配送被视为独立的功能要素。

因此,只有正确理解和掌握运输与其他各物流活动之间的关系,合理地把任务分配到各个环节中,通过各种物流活动的相互支持,才能充分地发挥运输在其中的作用,使物流系统总体效益达到最大。

第二节 常用的物流运输方式

物流运输方式可以按以下方法分类。

一、按运输设备及运输工具分类

运输工具是指用于装载货物并使它们发生水平位移的各种设备。

(一) 铁路运输

铁路运输是现代最重要的货物运输方式之一,是利用机车、车辆等技术设备沿铺设轨道运行的运输方式。铁路运输的经济里程一般在 200km 以上。铁路运输主要承担中长距离、大批量的货物运输,在干线运输中起主要运力作用。铁路运输工具如图 4-1 所示。

图 4-1 铁路运输工具

铁路运输具有下列优点:

1) 运输速度快。常规铁路的列车运行速度一般为 80km/h 左右,而在高速铁路上运行的旅客列车时速可达 350~380km/h。铁路运输在几种运输方式中平均速度仅次于航空运输。

2) 运输能力大。铁路运输能承运大量客货运输,每辆列车载运货物和旅客的能力远比汽车和飞机大得多,是大宗、通用的运输方式。

3) 运输成本低。一般来说,铁路运输成本比公路运输、航空运输要低得多,运距越长,运量越大,单位成本就越低。

4) 安全可靠。铁路运输安全可靠,环境污染小,单位能源消耗较少。

5) 不受天气影响。铁路运输一般可全天候运营,受气候和自然条件的影响较小。

由于铁路运输具有上述特点,因此极适合国土幅员辽阔的国家,适合运输经常的、稳定的大宗货物,适合中长距离的货物运输,以及城市间旅客运输的需要。但也存在一定的缺点：

1）由于铁路运输线路是专用的，其固定成本很高，建设投入大，建设周期长。

2）不能实现"门对门"运输，只能在固定线路上行驶，灵活性差，需要其他运输方式配合与衔接才能完成运输任务。

3）长距离运输分摊到单位运输成本的费用较低，而短距离运输成本很高。

4）铁路运输中的货损率较高，由于装卸次数多，货物毁损和丢失事故通常比其他运输方式多。

（二）公路运输

公路运输主要是使用机动车，也使用其他车辆（如人力车、畜力车）在公路上进行客货运输的一种方式。公路运输主要承担近距离、小批量的货运，水路运输、铁路运输难以到达地区的长途、大批量货运，以及铁路运输、水路运输难以发挥优势的短途运输。由于公路运输有很强的灵活性，近年来，在有铁路、水路的地区，较远距离的大批量运输也开始使用公路运输。公路运输工具如图4-2所示。

图4-2　公路运输工具

公路运输具有下列优点：

1）灵活性强。在综合运输体系中，公路运输的灵活性是最强的。具体表现为，可以实现"门对门"的运输，可实现即时运输，启运批量最小，服务范围广，能最大限度地满足货主个性化的服务需求。

2）投资小、建设期短。

3）全运程速度快。因公路运输可实现"门对门"的运输，而不需要转运或反复装卸搬运，故可减少货物转换运输工具所需要的等待时间。

4）公路运输还可担负铁路运输、水路运输达不到的区域的运输。它是补充和衔接其他运输方式的运输。

在短距离运输时，汽车速度明显高于铁路，但在长途运输业务方面，公路运输有难以弥补的缺陷：一是耗用燃料多，造成途中费用过高；二是汽车设备磨损大，因此折旧费和维修费用高；三是公路运输所耗用的人力多，例如一列火车车组人员只需要几个人，若运送同样质量的货物，公路运输则需配备数倍于火车驾驶人的劳务人员。因此公路运费远高于铁路和水路。此外，公路运输对环境污染较大。

因此，公路运输比较适宜在内陆地区运输短途旅客、货物，因而可以与铁路、水路联运，为铁路、港口集疏运旅客和物资，可以深入山区及偏僻的农村进行旅客和货物运输，在远离铁路的区域从事干线运输。公路运输的经济里程在200km以内。

（三）水路运输

水路运输是使用船舶、排筏和其他浮运工具，在江、河、湖、海及人工水道上运送旅客和货物的一种运输方式。水路运输主要承担大吨位、长距离的货物运输，是在干线运输中起主力作用的运输形式。在内河及沿海，水路运输也常作为小型运输工具使用，担任补充及衔接大批量干线运输的任务。水路运输工具如图 4-3 所示。

图 4-3　水路运输工具

1. 水路运输的形式

（1）沿海运输　沿海运输是使用船舶通过大陆附近沿海航道运送客货的一种方式，一般使用中型、小型船舶。

（2）近海运输　近海运输是使用船舶通过大陆邻近国家航道运送客货的一种运输形式，视航程可使用中型船舶，也可使用小型船舶。

（3）远洋运输　远洋运输是使用船舶跨大洋的长途运输形式，主要依靠运量大的大型船舶。

（4）内河运输　内河运输是使用船舶在陆地内的江、河、湖、川或人工水道等水道进行运输的一种方式，主要使用中型、小型船舶。

2. 水路运输的特点

无论哪一种水路运输方式，都具有共同的特点。

1）运输成本低。在水路运输中，除运河以外的内河航道均是利用天然江河加以整治，修建必要的导航设备和港口码头等就可通航；海运航道更是大自然的产物，一般不需要人工整治，并且海运航线往往可以取两港之间的最短海运距离。因此，一般来说，河运的平均运输成本比铁路运输略低，而海运成本则远比铁路运输低，这是水路运输的一个突出优点。

2）运输能力大。水路运输的输送能力相当大。在远洋运输中，目前世界上超巨型油船实载质量达 55 万 t，巨型客船实载质量已超过 8 万 t。海上运输在条件允许的情况下，可改造为最有利的航线，因此海上运输的输送能力比较大。

3）占地少、投资省。水路运输利用天然航道，不占用和很少占用耕地，投资节省。

4）适合大宗商品长距离运输。对过重、过长的大重件货物，铁路、公路无法承运，而水路运输都可以完成；对大宗货物的长距离运输，水路运输则是一种最经济的运输方式。

但水路运输也存在一定的缺点：水路运输速度通常比铁路运输等慢，港口的费用较高，不适合短距离运输，而且受自然条件的限制较大，冬季河道或港口冰冻时就要停航，海上风暴也会影响正常航行。

（四）航空运输

航空运输是使用飞机或其他航空器进行客货运输的一种形式。航空运输工具如图 4-4 所示。

图 4-4　航空运输工具

航空运输的单位成本很高，因此主要适合运载长途旅客和体积小、价值高的物资，以及鲜活产品、紧急需要的物资，如救灾抢险物资等。

航空运输的主要优点表现在以下几个方面：

1）速度快。航空运输是速度最快的运输方式。

2）机动性强。航空运输不受地形地貌、山川河流的阻碍，只要有机场并有航路设施保证，即可开辟航线。如果用直升机运输机动性更强。

3）安全程度较高。航空运输平稳、安全，货物在运输中受到的震动、撞击等均小于其他运输方式。

航空运输的缺点是载运能力小，能源消耗大，运输成本高，受气候条件的限制比较大。

（五）管道运输

管道运输是利用管道输送气体、液体和粉状固体的一种运输方式，是靠货物在管道内顺着压力方向循环移动实现的货物运输方式的简称。与其他运输方式的重要区别是管道设备是静止不动的。管道按照制造材料可以分为竹制管道、铁制管道和钢制管道等。管道运输工具如图 4-5 所示。

图 4-5　管道运输工具

管道运输是随着石油、天然气等流体燃料产量的增加而发展，逐渐形成沟通石油、天然气资源与石油加工场地及消费者之间的输送工具。管道不仅修建在一国之内，还连接国与国之间、洲与洲之间，成为国际、洲际能源调剂的大动脉。

管道运输在最近几十年得到了迅速发展，主要以石油、天然气、成品油为输送对象，之后发展到输送煤和矿石等固体物质（将其制成浆体，通过管道输往目的地，再经脱水处理转入使用）。

管道运输的主要优点如下：

1）运输货物损失小。由于采用密封设备，在运输过程中可以避免散失、丢失等损失，不存在无效运输问题。

2）运输能力大。管道运输输送能力大，适用于大量且连续不断运送的物资。

3）投资少，自动化水平高，运营成本低。管道运输成本低、能耗小，可以长期稳定运行，沿线不产生噪声且污染小，有利于环境保护。

4）管道铺设工程量小，占地少。由于管道埋于地下，除泵站、首末站占用一些土地外，管道运输占用土地少，并且不受地形与坡度的限制，易取捷径，可缩短运输里程；埋于地下，基本不受气候影响，是一种很有发展前景的现代化运输方式。

当然管道运输也存在缺点：建设投资大，对运输货物有特定的要求和限制，适用于长期定向、定点、定品种输送，合理运量范围较窄。若运输量变化幅度过大，则管道的优越性就难以发挥，更不能输送不同品种的货物。

不同运输方式的技术和经济运作特性的区别见表4-1。

表4-1 不同运输方式的技术和经济运作特性的区别

运输方式	铁路运输	公路运输	水路运输	航空运输	管道运输
成本	中	中	低	高	很低
速度	快	快	慢	很快	很慢
频率	高	很高	有限	高	连续
可靠性	很好	好	有限	好	很好
可用性	广泛	有限	有限	有限	专业化
距离	长	中、短	很长	很长	长
规模	大	小	大	小	大
能力	强	强	最强	弱	最弱

二、按运输的范畴分类

（一）干线运输

干线运输是指利用铁路、道路干线和大型船舶的固定航线进行的长距离、大载量的运输，是进行远距离空间位移的重要运输形式。干线运输一般速度较同种运输工具的其他运输方式要快，成本也较低。干线运输是运输的主体。

（二）支线运输

支线运输是指与干线运输相接的分支线路上的运输。支线运输是干线运输与收货、发货地点之间的补充性运输形式，路程较短，运输量相对较小。支线的建设水平往往低于干线，运输工具水平也往往低于干线，因而速度较慢。

（三）二次运输

二次运输是一种补充性的运输形式，路程较短，是干线、支线运输到站后，在站与用户仓库或指定接货地点之间的运输。由于是满足单位的需要，所以二次运输运量较小。

（四）厂内运输

厂内运输是指在工业企业范围内，直接为生产过程服务的运输，一般在车间与车间之间、车间与仓库之间进行。但小企业内的这种运输，以及大企业车间内部、仓库内部的运输称为"搬运"。从工具上来说，厂内运输一般使用卡车，而搬运则使用叉车、输送机等。

三、按运输的协作程度分类

（一）一般运输

一般运输是孤立地采用不同运输工具或采用同类运输工具，但没有形成有机协作关系的运输。

（二）联合运输

联合运输简称联运，是指使用两种或两种以上的运输方式，完成一项进出口货物运输任务的综合运输方式。

采用联合运输，对用户来说，可以简化托运手续，同时可以加快运输速度，也有利于节省运费，是提高综合运输效率的有效途径。

四、按运输中途是否换载分类

（一）直达运输

直达运输是在组织货物运输时，利用一种运输工具从起运站、港一直运送至到达站、港，中途不经过换载、不入库储存的运输形式。直达运输可避免中途换载所出现的运输速度减缓、货损增加、费用增加等一系列弊病，从而能缩短运输时间、加快车船周转、降低运输费用、提高运输质量。

（二）中转运输

在组织货物运输时，在货物运往目的地的过程中，在途中的车站、港口、仓库进行转运换装（包括同种运输工具不同运输线路的转运换装，不同运输工具之间的转运换装）称为中转运输。中转运输可以将干线、支线运输有效地衔接，可以化整为零或集零为整，从而方便用户，提高运输效率。

五、几种特殊的运输方式

运输技术在近些年有很大的发展，除了上述几种运输方式之外，还存在以下几种特殊的运输方式。

（一）成组运输

成组运输是指借助一定的成组工具或设备，将两个以上质量轻、体积小的单件杂货组合成同样尺寸的、规范化、标准化的大货物单元再进行运输。成组运输便于实现机械化、自动化操作，提高运输、装卸效率，减少货损货差，大幅度提高运输速度，从而最终降低运输和搬运成本。

成组运输的主要形式有托盘运输和集装箱运输两种，如图4-6和图4-7所示。

图 4-6 托盘运输

图 4-7 集装箱运输

1. 托盘运输

GB/T 18354—2021《物流术语》对托盘（Pallet）的定义是："在运输、搬运和存储过程中，将物品规整为货物单元时，作为承载面并包括承载面上辅助结构件的装置。"

托盘是在物流领域中适应装卸机械化而发展起来的一种重要的集装器具。具体而言，它是为了使货物有效地装卸、运输和保管，将其按一定数量组合放置于一定形状的台面上，且这种台面有可供叉车从其下部叉入并将台板托起的叉入口。以这种结构为基本结构的平板、台板和在此基础上发展形成的各种形式的集装器具均统称为托盘。托盘运输的优势主要表现在加速货物搬运和降低运输成本方面。

2. 集装箱运输

集装箱是指具有一定强度、硬度和统一规格，在货物运输中专供周转使用的大型容器。集装箱运输是指货物装在集装箱内进行运送的一种新颖的、先进的现代化运输方式。集装箱运输不能单纯理解为用集装箱载运货物，而应理解为通过集装箱实行多种运输方式的联合运输。

（二）多式联运

多式联运是根据实际运输要求，将不同的运输方式组合成综合性的一体化运输，通过一次托运、一次计费、一张单证、一次保险，由各运输区段的承运人共同完成货物的全程运输。多式联运是指将全程运输作为一个完整的单一运输过程来安排。"港"到"门"多式联运流程如图 4-8 所示。

多式联运广泛应用于国际货物运输中，称为国际多式联运。国际多式联运是以实现货物整体运输的最优化效益为目标的联运组织形式。

（三）散装运输

散装运输是指采用特殊、密封、专

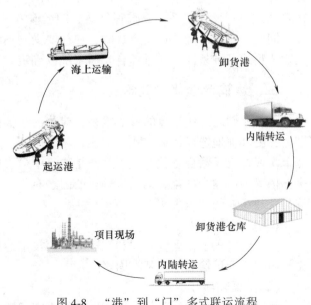
图 4-8 "港"到"门"多式联运流程

用的车型对粮食、化肥、水泥等粉粒状货物不做包装进行运输。散装运输不但可以节省包装材料和费用，还能减少货物在运输过程中的损失，提高运输质量，加速车船周转速度，从而提高运输效率，并能防止环境污染。

第三节　物流运输的合理化

一、运输方式的选择

扫码看视频

运输方式的选择是实现运输合理化的重要内容。这种选择不仅限于单一的运输方式，而是可以通过多种运输方式的有机组合来实现物流运输的合理化。

选择运输方式的判断标准主要包括以下要素：货物的性质、运输的时间、交货时间的适应性、运输成本、批量的适应性、运输的机动性和便利性、运输的安全性和准确性等。对货主来说，运输的安全性和准确性、运输费用高低及时间长短等因素是其关注的重点。

具体来说，在选择运输方式时，应依次考虑运输物品的种类、运输量、运输距离、运输时间和运输费用。

在运输物品的种类方面，物品的形状、单件重量容积、危险性、变质性等都成为选择运输方式的制约因素。在运输量方面，一次运输的批量不同，选择的运输方式也不同。一般来说，原材料等大批量的货物适合铁路运输或水路运输。货物运输距离长短直接影响运输方式的选择。通常，中短距离的运输比较适合公路运输。货物运输时间长短与交货时间有关，应该根据交货期来选择合适的运输方式。物品价格的高低关系到承担运费的能力，也成为选择运输方式的重要考虑因素。

虽然货物运输费用的高低是选择运输方式时的重点考虑内容，但在考虑运输费用时，不能仅从运输费用本身出发，必须从物流总成本的角度联系物流其他费用综合考虑。除了运输费用外，还有包装费用、保管费用、库存费用、装卸费用及保险费用等，而这些费用之间存在着"效益背反"关系。在选择最适宜的运输方式时，在成本方面应该保证总成本最低。

同时，在具体选择运输方式时，往往要受到当时特定的运输环境的制约，因而必须根据运输货物的各种条件，通过综合判断来加以确定。

二、运输合理化的概念

随着人们对现代物流的日益重视，对物流运输提出了更高的要求，就是在传统运输的基础上，更合理地选择运输方式和运输线路，做到运力省、速度快、费用低、服务优，更大程度上实现物流运输合理化。由于运输是物流中最重要的功能要素之一，物流合理化在很大程度上依赖于运输合理化。运输合理化的因素有很多，起决定性作用的有以下5个主要因素，称为合理运输的"五要素"。

（一）运输距离

在运输过程中，运输时间和运输费用等技术经济指标都与运输距离有关，运输距离的长短是影响合理运输的一个基本因素。

（二）运输环节

每增加一个运输环节都会增加运输的成本和辅助作业，如装卸、包装等，各项技术经济指标也会因此发生变化。所以，减少运输环节，尤其是同类运输工具的环节对合理运输有促进作用。

(三) 运输工具

各种运输工具都有其使用的优势领域，对运输工具进行优化选择，按运输工具特点进行装卸运输作业，最大限度地发挥运输工具的优势和作用，是运输合理化的重要因素。

(四) 运输时间

在全部物流时间中，尤其在远程运输中，运输时间占了绝大部分。因此，缩短运输时间对缩短整个物流时间有决定性的作用。此外，缩短运输时间还有利于加速运输工具的周转，有利于发挥运力效能，有利于货主资金的周转，有利于提高运输线路的通过能力，还可不同程度地改善不合理的运输情况。

(五) 运输费用

运输费用在全部物流费用中占很大比例。运输费用的高低是运输合理化的一个重要标志，也是各种合理化措施是否行之有效的判断依据之一。

在选择运输方式时，费用是很重要的因素，不同运输方式的费用不同，其中公路、铁路和水路运输的费用比较如图4-9所示。

除此之外，运输规模和密度、运输工具的积载能力、搬运方式、货物易损性，以及市场因素等都是影响运输费用的重要因素。

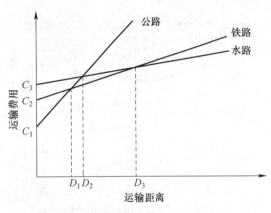

图 4-9　不同运输方式的费用比较

三、不合理的运输形式

不合理的运输是指在现有条件下可以达到的运输水平而未达到，从而造成了运力浪费、运输时间增加、运费超支等问题的运输形式。目前，我国存在的不合理的运输形式主要有以下几种。

(一) 运力选择不当

运力选择不当是由于未考虑各种运输工具的优势，或不正确地利用运输工具造成的不合理现象，主要有以下几种情况：

1) 弃水走陆。在同时可以利用水运及陆运时，不利用成本较低的水运或水陆联运，而选择成本较高的铁路运输或公路运输，使水运的优势不能发挥。

2) 铁路或大型船舶的过近运输。不在铁路及大型船舶的经济运行里程范围内，却选择这些运力进行运输。铁路或大型船舶运输的优势是长距离、大运量，否则单位运输成本将会增加。

3) "大马拉小车"。"大马拉小车"是指对运输工具的承载能力选择不当，不根据承运货物数量及质量来选择，而盲目选择运输工具，出现超载、损坏车辆或货物不满载、浪费运力等现象。

必须善于选择合适的运输方式，充分发挥各种运输方式的优势，使之互相配合衔接，扬长补短，从而圆满完成运输任务。

（二）返程或起程空驶

空车无货载行驶是最严重的不合理运输形式，其主要原因是调运不当、货源计划不周和不采用社会化的运输，致使运输车辆在返程或起程时没有装载货物，导致车辆实载率不高。在实际运输管理中，有时候必须调运空车，对此不能看成是不合理运输。

（三）对流运输

对流运输也称"相向运输""交叉运输"，是指同一种货物或彼此可以互相代用而又不影响管理、技术及效益的货物，在同一线路上或平行线路上做相对方向的运送，而与对方远程的全部或一部分发生重叠的运输。对流运输主要有以下两种形式：

1）明显的对流运输。即在同一运输线路上的对流，如图4-10所示。

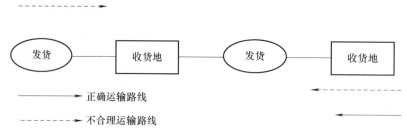

图4-10 明显的对流运输

2）隐蔽的对流运输。在判断对流运输时需要注意的是，有的对流运输是不明显的隐蔽对流。例如，不同时间的相向运输，从发生运输的那个时间看并没有出现对流现象，所以要注意隐蔽的对流运输，如图4-11所示。

在图4-11中不合理的运输方式是甲发30t货物至乙，丙发30t货物至丁，总运输量是1800吨公里；正确运输方式是甲发30t货物至丁，丙发30t货物至乙，总运输量为1200吨公里。由此可知不合理运输中隐含运输浪费600吨公里。

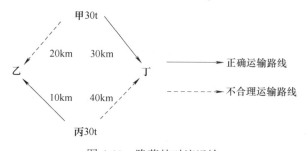

图4-11 隐蔽的对流运输

（四）迂回运输

迂回运输是舍近求远，可以选取短距离运输，却选择路程较远的运输的一种不合理形式，如图4-12所示。当最短距离有交通阻塞，道路情况不好或有对噪声、排气等的特殊限制而不能使用时发生的迂回，不能称为不合理运输。

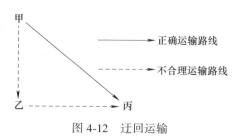

图4-12 迂回运输

（五）重复运输

重复运输（见图4-13）主要有两种表现形式：一种是本来可以直接将货物运到目的地，但是在未到达目的地之处，或目的地之外的其他场所将货物卸下，再重复装运送达目的地；另一种是同品种货物在同一地点一面运进，同时又向外运出。重复运输最大的缺点是增加了不必要的中间环节，延缓了流通速度，增加了费用和货损。

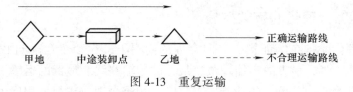

图 4-13　重复运输

（六）倒流运输

倒流运输是指货物从销售地或中转地向产地或起运地回流的一种运输现象。其不合理程度要甚于对流运输，原因在于当往返两程的运输都是不必要时，形成了双程浪费。倒流运输也可以看成是较隐蔽的对流运输的一种特殊形式，如图 4-14 所示。

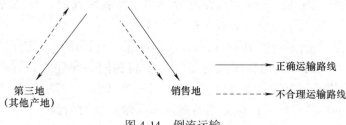

图 4-14　倒流运输

（七）过远运输

过远运输是指调运物资舍近求远，近处有资源不调而从远处调，造成可采取近程运输而未采取，拉长了货物运距的浪费现象。过远运输占用运力时间长、运输工具周转慢、物资占压资金时间长，远距离自然条件相差大，又易出现货损，增加了费用支出，如图 4-15 所示。

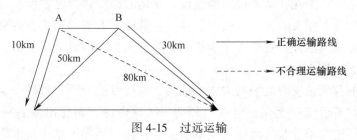

图 4-15　过远运输

（八）托运方式选择不当

托运方式选择不当是指对货主而言，可以选择更好的托运方式而未选择，造成运力浪费及费用支出增加的一种不合理的运输现象。例如，应选择整车托运，反而采取零担托运，应当直达而选择了中转运输，应当中转运输而选择了直达等都属于这一类型的不合理运输形式。

上述各种不合理运输形式都是在特定条件下表现出来的，在进行判断时必须注意其不合理的前提条件，否则容易出现判断失误。以上不合理运输的描述，只是从微观层面得出的结论，在实践中必须将其放在物流系统中做出综合判断。在不做系统分析和综合判断时，很可能出现"效益背反"现象。单从一种情况来看，避免了不合理，做到了合理，但它的合理却使其他部分出现不合理。只有从系统角度综合进行判断才能有效避免"效益背反"现象出现,从而优化全系统。

四、实现运输合理化的有效措施

物流运输合理化就是在保证物资流向合理的前提下,在整个运输过程中,确保运输质量,以适宜的运输工具、最少的运输环节、最佳的运输路线、最低的运输费用使物资运至目的地。由于运输是物流中最重要的功能要素之一,物流合理化在很大程度上依赖于运输合理化。实现运输合理化可以采取以下有效措施。

(一)提高车船技术装载量

物品在车船上配装、承载、堆码的方法和技巧,称为物品装载技术。运用装载技术在各种运送工具上进行装载业务的质量,称为物品装载质量。提高装载技术和质量,一方面是最大限度地利用车船载货吨位;另一方面是充分利用车船装载容积。既要装足车船核定吨位,又要装满车船容积。提高车船技术装载量的主要做法如下:

1)合理选择车船。根据物品的不同属性对运输工具进行选择,选择适合装运的车船。

2)实行物品轻重搭配。把轻物品与重物品配装在同一车船上,这样既能装满车船容积,又可避免车船超载。也就是说可以充分利用车船载重量,少用车船多装货。

3)采用合适的包装形状。在保证物品质量和运输安全的前提下,尽量压缩物品包装体积,采用方便整齐排列的包装尺寸(使用标准包装等,可以使装载容积充分利用)。

4)合理选择物品装载排列方法。要对各种不同特点的物品实行科学装载,要巧装密摆,做到码得稳、间隙小,还要注意物品安全,做到大不压小、重不压轻、木箱不压纸箱等。

(二)减少动力投入

运输的投入主要是能耗和基础设施的建设,在运输设施建设已定型和完成的情况下,尽量减少能源投入,是少投入的核心。做到了这一点就能大大节约运费,降低单位物品的运输成本,达到合理化的目的。其意义在于少投入、多产出,走高效之路。

(三)发展社会化运输体系

运输社会化的含义是发展运输的大生产优势,实行专业分工,打破一家一户自成运输体系的状况。实现物流运输社会化,可以充分利用运输资源,避免出现各种不合理的运输形式,还可以实现运输组织效益和运输规模效益。在社会化运输体系中,采用各种联运体系和联运方式,提高运输效率。

(四)选择合理的运输方式

根据运距的长短进行铁路、公路分流。一般认为,在公路运输经济里程范围内,超过平均经济里程范围时,要尽量利用公路运输代替铁路运输,以缓解铁路运输紧张的现实,充分发挥公路运输"门到门"便捷、灵活的优势,达到铁路运输无法达到的服务水平。

(五)分区产销平衡,合理运输

在物流系统的规划中,要努力使某一货物的供应区固定对应一定的需求区。根据供需的分布情况结合交通运输条件,在供需平衡的基础上,按照近产近销的原则,使运输里程最小地组织运输活动。它加强了产、供、运、销等的计划性,消除了过远、迂回、对流等不合理运输,可节约运输成本及费用,从而降低物流成本。

（六）尽量发展直达运输

直达运输是追求运输合理化的重要形式，是指越过商业物资仓库环节或铁路、水路等交通中转环节，将货物从产地或起运地直接运到销售地或目的地用户手中，以减少中间环节的运输，可节省运输时间和运输费用，并且灵活性较强。

（七）"四就"直拨运输

这是指商业、物资批发等企业在组织货物调运过程中，对当地生产或从外地到达的货物不运进批发站仓库，而是采取直拨的办法，将货物直接分拨给基层批发、零售中间环节甚至直接用户，以减少不必要的装卸搬运、仓储保管等中间环节，并在运输时间与运输成本方面收到双重的经济效益。"四就"直拨，首先是由管理机构预先筹划，然后就厂、就车站（码头）、就库、就车（船）将物品分送给客户。

（八）合整装载运输

合整装载运输是指在商业、供销等部门的杂货运输中，由同一个发货人将不同品种的发往同一到达站、同一收货人的少量货物组配在一起，以整车方式运输至目的地，或将同一方向不同到达站的少量货物集中装配在一起，以整车方式运输到适当的中转站，然后分运至目的地。采取合整装载运输，可以减少运输成本和节约劳动力。在实际工作中，通常采用零担拼整接力直达或中转分运、整车分卸、整装零担等运作方式。

（九）流通加工合理化

有不少产品，由于本身形态及特性问题，很难实现运输的合理化，如果进行适当的加工，就能够有效解决合理运输问题。例如，将造纸材料在产地预先加工成干纸浆，然后压缩体积运输，就能解决造纸材料运输不满载的问题；轻泡产品预先捆紧包装成规定尺寸，装车就容易提高装载量；水产品及肉类预先冷冻，就可提高车辆装载率并降低运输损耗。

【本章小结】

物流运输是指利用运输设备和工具将物品从一个地点向另一个地点运送的物流活动，其中包括集货、分配、搬运、中转、装入、卸下、分散等一系列操作。物流运输管理就是按照运输的规律和规则，对整个物流运输过程所涉及的各种活动，包括原材料入厂和成品出厂的运输、自有运输、租用或购买运输、运输方式及承运人选择、承运人和托运人合同、战略伙伴关系、路线计划、服务提供、计算机技术，以及人力、运力、财力和运输设备，进行合理组织和平衡调整，监督实施，达到为用户提供优质运输服务、提高物流效率、降低物流成本的目的。运输方式可以按照运输设备及运输工具、运输范畴、运输协作程度、运输中途是否换载等几种标准进行分类。另外本章还介绍了物流运输方式的选择及8种不合理的运输形式，以及实现运输合理化的9种有效措施。

技 能 训 练

一、单项选择题

1.（　　）是用运输设备和工具将物品从一个地点向另一个地点运送的物流活动，包括集货、分配、搬运、中转、装入、卸下、分散等一系列操作。

　　A. 运输　　　　　　B. 包装　　　　　　C. 配送　　　　　　D. 流通加工

2. 在条件允许的情况下，最适合运送气体、液体和粉状固体的运输方式是（　　）。

A. 铁路运输　　　　　B. 水路运输　　　　　C. 管道运输　　　　　D. 集装箱运输

3. 国际救灾抢险物资一般采用(　　)。

A. 水路运输　　　　　B. 铁路运输　　　　　C. 公路运输　　　　　D. 航空运输

4. 以下对铁路运输的特点，描述不正确的是(　　)。

A. 速度快　　　　　　B. 准确性强　　　　　C. 通用性好　　　　　D. 灵活机动

5. 对公路运输的特点描述不正确的是(　　)。

A. 灵活机动　　　　　　　　　　　　　　　B. 运输速度较快

C. 运输费用相对较低　　　　　　　　　　　D. 适合大宗商品的运输

6. 目前出现的大陆桥运输即用横贯大陆的铁路或公路系统作为中间桥梁，将大陆两端的海洋运输连接起来的连贯运输方式。其实，它也是(　　)的一种方式。

A. 多式联运　　　　　B. 地下物流运输　　　C. 托盘式运输　　　　D. 干线运输

7. (　　)是以标准集装箱作为运输单位进行货物运输的一种现代化的运输方式。

A. 集装箱运输　　　　B. 整车运输　　　　　C. 支线运输　　　　　D. 绿色物流运输

8. 物流企业事前没有对运输线路做周密的规划，出现舍近取远绕道的一种运输，即不选取短距离路线，却选择较长距离路线进行运输的一种不合理运输组织形式是(　　)。

A. 迂回运输　　　　　B. 重复运输　　　　　C. 对流运输　　　　　D. 倒流运输

9. (　　)是一种舍近求远取货、送货的不合理的物流运输现象，即物流企业不是在近处有货源的地方调货运输，产生了拉长货物运距的浪费现象。

A. 迂回运输　　　　　B. 过远运输　　　　　C. 零担运输　　　　　D. 运力处理不当的运输

10. (　　)的经济里程在200km以上，运输速度快、运输能力强、运输成本低。

A. 铁路运输　　　　　B. 水路运输　　　　　C. 管道运输　　　　　D. 集装箱运输

二、多项选择题

1. 公路运输的优点主要表现在(　　)。

A. 空间上的灵活性强　　B. 时间上的灵活性强

C. 批量上的灵活性强　　D. 公路运输的启运批量最小　　E. 服务上的灵活性强

2. 按货物运载中途是否换载来分类，包括(　　)等运输方式。

A. 直达运输　　　　　B. 中转运输　　　　　C. 运输企业　　　　　D. 仓储企业

3. 物流发展按时间顺序，大体经历了(　　)。

A. 物流概念的导入与产生　　　　　　　　　B. 物流快速发展

C. 物流合理化　　　　　　　　　　　　　　D. 物流信息化、智能化、网络化

4. 公路运输的特点有(　　)。

A. 机动灵活、简捷方便　　　　　　　　　　B. 可实现"门到门"运输

C. 运输量大　　　　　　　　　　　　　　　D. 运输速度较快

5. 影响运输合理化的"五要素"是(　　)。

A. 运输距离　　　　　B. 运输环节　　　　　C. 运输工具

D. 运输时间　　　　　E. 运输费用　　　　　F. 运输重量

6. 下列属于不合理运输形式的有(　　)。

A. 空驶或启程空驶　　B. 对流运输　　　　　C. 迂回运输　　　　　D. 倒流运输

7. 下列属于现代物流管理主要特点的有(　　)。

A. 以实现客户满意为第一目标　　　　B. 以企业整体最优为目的
C. 注重整个流通渠道的商品运动　　　D. 以信息为中心

三、判断题

1. 运输就是物流功能中的搬运。（　　）
2. 运输管理的内容包括运输市场的微观管理和物流运输业务的宏观管理两个层面。（　　）
3. 物流运输管理的目标是为用户提供优质运输服务、提高物流效率、降低物流成本。（　　）
4. 水路运输主要承担近距离、小批量的货运，公路、铁路运输难以到达地区的长途、大批量货运，以及铁路、公路运输难以发挥优势的短途运输。（　　）
5. 按货物运输中途是否换载来分类，有一般运输、联合运输等运输方式。（　　）
6. 具体来说，在选择运输方式时，应依次考虑运输物品的种类、运输量、运输距离、运输时间、运输费用。（　　）
7. 运输合理化的因素有很多，起决定性作用的有运输距离、运输环节、运输工具、运输时间、运输费用及运输路线的选择因素。（　　）
8. 迂回运输是一种舍近求远取货、送货的不合理的物流运输现象，即物流企业不是在近处有货源的地方调货运输，产生了拉长货物运距的浪费现象。（　　）
9. 在条件允许的情况下，最适合运送气体、液体和粉状固体的运输方式是管道运输。（　　）
10. 物品装载技术是指物品在车船上配装、承载、堆码的方法和技巧。（　　）

四、简答题

1. 什么是运输？物流运输的特征有哪些？
2. 铁路运输、公路运输、水路运输、航空运输及管道运输分别具有哪些特点？
3. 影响合理化运输的因素有哪些？
4. 简述不合理物流运输的形式。
5. 实现运输合理化应采取哪些有效措施？

五、综合分析题

【案例1】民生实业（集团）有限公司的物流作业活动

民生实业（集团）有限公司（以下简称民生公司）的前身是由实业家卢作孚先生于1925年创立的。目前，民生公司拥有江海船舶100多艘，集装箱拖车和商品专用运输车100多辆，在长江沿线建有3个大型商品车中转库，在我国沿海及长江沿线各主要城市和港口建立了30多家子公司和分支机构，并在中国台湾和香港地区，以及东南亚各国和美国、加拿大等国家设立了分支机构。它有许多港口、码头、仓库等，这为它从事国际集装箱运输、国际货代提供了基础保障。

20世纪80年代中后期，民生公司拓展了多式联运业务。公司采取的措施是：开展江海联运，包括美国、欧洲到重庆的全程运输等；开展货运代理；开展船舶代理；开展集装箱运输；开展公路运输。它所开展的水陆联运实现了一票到底的"门到门"全程运输。

民生公司开展的物流作业活动建立在物流信息技术基础上。民生公司应用EDI技术，借助互联网技术，建立了总公司与分公司之间及各分公司之间的信息网络平台，开发了适合自己管理的海运管理信息系统、长江航运管理信息系统，实现了公司的业务报表、报告的及时传送，公司物流作业人员和客户能准确地了解公司信息。船队和车队是公司最重要的硬件资源。公司应用 GPS 跟踪监控技术对车船进行全方位实时导航与定位，并对车船运行情况进行实时监控和调度。

正是由于在物流作业、物流组织、物流经营管理、物流信息技术上的不断开拓和创新，才使民生公司提高了物流作业效率，实现了国际化、大规模和一体化物流服务的目标。

思考：
1. 民生公司开展了哪些物流作业活动？你能提出哪些合理化的建议？
2. 民生公司使用了哪些物流信息技术？它对物流作业活动会产生什么样的影响？

【案例2】 中国锦州港物流运输方式

锦州港是经国务院批准的一类开放口岸及辽西地区唯一的对外开放港口，全年无台风袭扰，冬季冻而不封。它是东北物资中转最经济和便捷的出海口之一。锦州港的货物运输方式主要有铁路运输、公路运输、管道运输、航空运输、集装箱运输等。港区内有一条长 6566m 的铁路直通前沿码头，后方直接与京哈铁路主干线和锦州、承德等城市的 12 条干线铁路，以及秦沈高速电气化铁路等相连。

公路是锦州港集疏货物的方式之一。以锦州港为中心，有 5 条分别连接北京、沈阳、阜新、朝阳和营口的高速公路。除此之外，还有 102 和 305 国道。这些公路使锦州港与我国的东北、华北和内蒙古广大地区连接在一起。作为我国最北部的国际海港，锦州港的陆路运输具有一定的优势。

管道和航空运输也是锦州港集疏货物的重要通道。截至 2019 年 9 月，它有 46 条原油、成品油、化工品等的各类管道。化工管道有液化气、液碱、异丙醇等多种类型。锦州港机场已经达到国际 4C 级标准，如今已开通了至国内主要城市的多条航道。

锦州港有一个 3.5 万 t 级集装箱专用泊位，年设计吞吐能力为 20 万 TEU，可承接第三代集装箱专用船舶。目前，锦州港还有一个 2 万 t 级和一个 3 万 t 级集装箱泊位已投入使用。

锦州港物流运输方式的多样性保证了锦州港货物吞吐量任务的完成。近年来，它的年货物吞吐量的增长速度在全国主要沿海港口中处于前列。

思考：
1. 锦州港物流运输方式有哪些？
2. 锦州港的公路运输具有什么样的优势？

【案例3】 夏普公司的包装与运输合理化管理

夏普公司的绿色物流行动使用纸板代替塑料做减震包装材料，对包装材料的选用和结构的设计都耗费了很多精力，目的在于包装材料能够被反复使用。对包装的合理化管理有利于夏普公司降低包装成本，减少包装材料对环境的污染。此外，夏普公司还采取了一些措施提高物流效率，如提高一次运输的装载率，尽量满载行驶；提高从制造厂的直接装运量，减少中间转运量等。目前，夏普公司正在开发一套能确定运输总量，并能减少废气排放的物流信息管理系统。

思考：
1. 夏普公司采取了哪些运输合理化的措施？
2. 夏普公司为了降低物流成本，是如何对物流信息合理化进行管理的？

第五章 物流的蓄水池——仓储

【学习目标及要求】

（一）知识目标

1. 了解仓储的基本概念。
2. 掌握仓储的功能和主要分类。
3. 理解和掌握仓储的作业流程。
4. 理解货物仓储的合理化。

（二）技能要求

1. 根据所学知识分析物品如何进行合理化仓储。
2. 能够对仓储进行分类。
3. 能够掌握仓储作业的整个流程。

【物流术语】

1. 仓储（Warehousing）。
2. 公共仓储（Public Warehousing）。
3. 储存（Storing）。
4. 保管（Stock Keeping）。
5. 盘点（Stock Checking）。

【知识梳理】

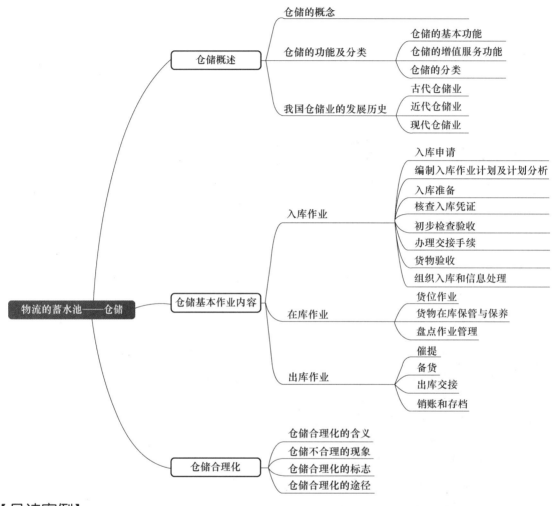

【导读案例】

海尔集团物流创新体系

海尔集团在国内首先拉开了物流在企业流程再造中的序幕，提出了一套海尔物流创新体系，其中库存管理的创新是海尔物流创新体系中较为重要的部分。

海尔集团对照国际先进企业的物流管理，结合国际化总体战略进行分析，首先确立了物流的发展战略，实施物流重组，使物流能力成为核心竞争能力，并进行了物流组织创新，成立了物流推进本部，下设3个事业部（采购事业部、配送事业部、储运事业部），进行集团的集中采购、集中配送与集中储运，统一协调整个集团的物流工作。在物流管理中采用了JIT（准时制）生产管理模式（包括JIT采购、JIT配送、JIT分拨物流）；在库存物料管理方面引入了第三方物流，推行了物料检验外移战略；推行了包括物流容器标准化、单元化及带来的搬运标准化和供应商的供货标准化的物流标准化。海尔集团坚持为订单采购，仓库不再是储存物资的水库，而是一条流动的河，河中流动的是按单采购来的生产所必需的物资，从根本上消除了呆滞物资、消灭了库存。在海尔集团整合物流资源、实施集中管理以来，呆滞物资降低了73.8%，仓库面积减少了50%，库存资金减少了67%。整个海尔国际物流中心货区面积虽近7200 m^2，但吞吐量却相当于30万 m^2 的普通平面仓库，而整个物流中心却只有10个叉车司机、48个管理人员，在提高了效率的同时，降低了库存管理费用。

思考：
1. 海尔集团仓储改革的具体内容是什么？
2. 海尔集团仓储改革的案例给我们的经验和启示是什么？

第一节 仓储概述

扫码看视频

一、仓储的概念

GB/T 18354—2021《物流术语》对仓储（Warehousing）的定义是："利用仓库及相关设施设备进行物品的入库、储存、出库的活动。"仓储是对物品进行保存及对其数量、质量进行管理控制的活动。它是物流系统的一个子系统，在物流系统中起着缓冲、调节和平衡的作用。仓储和运输长期以来被看作物流活动的两大支柱。

仓储的目的是克服产品生产与消费在时间上的差异，使物资产生时间价值，实现其使用价值。例如，大米一年收获1~2次，必须用仓库进行储存以保证平时的均衡需求。又如水果或者鱼虾等在收获季节需要在冷藏仓库进行保管，以保证市场的正常需要并防止价格大幅度起落。

产品从生产领域进入消费领域之前，往往要在流通领域停留一定的时间，这就形成了商品储存。在生产过程中原材料、燃料、备用零件和半成品也需要在相应的生产环节有一定的储备，作为生产环节之间的缓冲，以保证生产的连续进行。之所以通过仓储，就是使商品在最有效的时间段发挥作用，创造商品的"时间价值"和"使用价值"。发挥仓储的"蓄水池"和"调节阀"作用，还能调节生产和消费的失衡，消除过剩生产和消费不足的矛盾。

二、仓储的功能及分类

从物流的角度看，仓储的功能分为基本功能和增值服务功能。仓储的基本功能包括存储功能、调节功能、保管检验功能和养护功能。仓储的增值服务功能是指利用物品在仓库的储存时间，开发和开展多种服务来提高仓储的附加值、促进物品流通、提高社会效益的功能，主要包括流通加工、配送、配载、交易中介等功能。

（一）仓储的基本功能

1. 储存功能

储存是指在特定的场所，将物品存放并进行妥善保管，确保其不受损害。储存保管是仓储最基本的功能，是仓储产生的根本原因。当有了产品剩余，需要将其收存保管时，就形成了仓储。储存的目的是确保被储存物的价值不受损害。在储存过程中被储存物的所有权属于存货人。

2. 调节功能

仓储在物流中起着"蓄水池""火车站"的作用，一方面可以调节生产和消费的平衡，使它们在时间和空间上得到协调，保证社会再生产的顺利进行；另一方面由于不同的运输方式在运向、运程、运力和运输时间上存在着差异，一种运输方式一般不能直接将货物运达目的地，需要在中途改变运输方式、运输路线、运输规模、运输工具，而且为协调运输时间和完成物品倒装、转运、分装、集装等物流作业，还需要在物品运输的中途停留。仓储的调节实现了物品从生产地向销售地的快速转移，并且当交易不利时对物品先进行储存，等待有利的交易机会。调节控制的任务就是对物品进行仓储还是流转做出安排，确定储存时间和储存地点。

3. 保管检验功能

仓储保管一方面是对存货人交付保管的仓储物的数量和提取仓储物的数量、质量进行保管，尽量保持与原仓储物一致；另一方面是按照存货人的要求分批收货和分批出货，对储存的货物进行数量控制，配合物流管理的有效实施，同时向存货人提供一定数量的服务信息，以便客户控制存货，提高仓储物的效用。为了保证仓储物的数量和质量，分清事故责任，维护各方的经济利益，对仓储物必须进行严格的检验，以满足生产、运输、销售及用户的要求。仓储为组织检验提供了场地和条件。

4. 养护功能

仓储养护是在物品存储过程中为了保证商品质量、减少商品损耗、防止商品变质所进行的维护和保养。为了保证仓储物的质量不变，保管人需要采用先进的技术、合理的保管措施，妥善地保管仓储物。当仓储物发生危险时，保管人不仅要及时通知存货人，还要及时采取有效措施减少损失。

（二）仓储的增值服务功能

仓储的增值服务是现代物流发展的结果。产品增值包含两个方面的含义：一是衔接好仓储环节和生产运输环节，实现产品"无缝"流转，降低成本，缩短产品在流通环节的总时间，加速产品价值的实现；二是采用生产延迟、运输延迟策略，针对不同行业和产品，把产品的粗加工、包装、贴标签等作业在物流停滞期间完成，既能为上下游的生产、运输环节提供直接便利，又可以使仓储作业从单一的保值功能发展为增值、保值合一的功能多元化，从而大大提高仓储的直接效益。

1. 流通加工

仓储期间可以通过简单的制造、加工活动来延期或延迟生产，提高物品的附加值。加工本是生产环节的任务，但随着消费的个性化、多元化发展，许多企业将产品的定型、分装、组配、贴商标等工序留到仓储环节进行。产品通过流通加工，可以缩短生产时间、节约材料、提高成品率，保证供货质量和更好地为消费者服务，实现产品从生产到消费的价值增值。

2. 配送

随着现代科技的发展，商家、消费者订货可以通过网络等途径完成，但产品从生产者到消费者手中必须经过物流环节，通过仓储配送可以缩短物流渠道，减少物流环节，提高物流效益，促进物流的合理化，实现物品的小批量送达。因此，配送是商流与物流的结合体，是拣选、包装、加工、组配等各种活动的有机组合。一般配送点设置在生产和消费集中的地区。仓储配送业务的发展有利于生产企业减少存货，减少固定资金的投入；有利于销售企业减少存货，既降低流动资金的使用量，又能保证销售。

3. 配载

配载是对使用相同运输工具和运输线路的货物进行合理安排，使少量的货物实现整车运输，是仓储活动的重要内容。大多数仓储提供配载功能，不同货物在仓库中集中，按照运输的方向进行分类仓储，当运输工具到达时出库装运。物流企业通过对运输车辆进行配载，确保配送的及时和运输工具的充分利用。

4. 交易中介

仓储经营人利用大量存放在仓库中的有形物品，以及与各类物品使用部门业务的广泛联系，开展现货交易中介，扩大了货物交易量，加速仓储物的周转和吸引新的仓储业务，提高仓储效益。同时还能充分利用社会资源，加快社会资金周转。交易中介功能的开发是仓储经营发展的重要方向。

（三）仓储的分类

仓储的本质是为了物品的储藏和保管，但由于经营主体、仓储对象、经营方式和仓储功能不同，仓储又可以进行如下分类：

1. 按经营主体划分

（1）企业自营仓储　企业自营仓储包括生产企业自营仓储和流通企业自营仓储。生产企业自营仓储是指生产企业使用自有的仓库设施对生产使用的原材料、生产半成品、最终产品实施储存保管的行为。其存储的对象较单一，以满足企业自身生产为原则。流通企业自营仓储对象较多，其目的是支持销售。企业自营仓储不开展商业性仓储经营，行为不具有独立性，仅仅为企业的产品生产或经营活动服务。企业自营仓储仓库规模小、数量多、专业性强，仓储专业化程度低，设施简单。

（2）商业营业仓储　商业营业仓储是仓储经营人以拥有的仓储设备，向社会提供商业性仓储服务的仓储行为。仓储经营人与存货人通过订立仓储合同的方式建立仓储关系，并且依合同约定提供仓储服务和收取仓储费用。商业营业仓储的目的是在仓储活动中获得经济利益，实现经营利润最大化。商业营业仓储分为提供货物仓储服务和提供仓储场地服务两种类型。

（3）公共仓储　公共仓储是公用事业的配套服务设施，如为车站、码头提供仓储配套服务的仓储，其运作的主要目的是保证车站、码头的货物周转，具有内部服务的性质，处于从属地位。但对于存货人而言，公共仓储也适用于商业营业仓储关系，只是不独立订立仓储合同，而是将关系列在作业合同之中。

（4）战略储备仓储　战略储备仓储是国家根据国家安全、社会稳定的需要，对战略物资实行储备而产生的仓储。战略储备由国家政府进行控制，通过立法、行政命令的方式进行。战略储备物资存储的时间较长，以储备品的安全性为首要任务。战略储备物资主要有粮食、能源、有色金属等。

2. 按仓储对象划分

（1）普通物品仓储　普通物品仓储是指不需要特殊保管条件的物品仓储。例如，普通的生产物资、生活用品、工具等杂货类物品，不需要针对货物设置特殊的保管条件，采取无特殊装备的通用仓库或货场存放。

(2) 特殊物品仓储　特殊物品仓储是指在保管中有特殊要求和需要满足特殊条件的物品仓储，如危险品仓储、冷库仓储、粮食仓储等。特殊物品仓储一般为专用仓储，按物品的物理、化学、生物特性，以及法规规定进行仓储建设和实施管理。

3. 按经营方式划分

(1) 保管式仓储　保管式仓储又称纯仓储，是指以保持保管物原样不变为目标的仓储。存货人将特定的物品交给保管人进行保管，到期后保管人将原物交还给存货人。保管物所有权不发生变化，即保管物除了所发生的自然损耗和自然减量外，数量、质量、件数不发生变化。保管式仓储又分为仓储物独立的保管仓储和将同类仓储物混合在一起的混藏式仓储。

(2) 加工式仓储　加工式仓储是指保管人在仓储期间根据存货人的要求对保管物进行一定加工的仓储方式。保管物在保管期间，保管人根据委托人的要求对保管物的外观、形状、尺寸等进行加工，使保管物按照委托人的要求发生变化。

(3) 消费式仓储　消费式仓储是指保管人在接受保管物的所有权后，在仓储期间有权对仓储物行使所有权。在仓储期满后，保管人只要将相同种类和数量的替代物交还给委托人即可。消费式仓储实现了保管期较短（如农产品）、市场供应价格变化较大的商品的长期存放，因此能实现商品的保值和增值，是仓储经营人利用仓库开展仓储经营的重要发展方向。

4. 按仓储功能划分

(1) 存储功能　存储功能是指物资需要较长时间存放的仓储。由于物资存放时间长，单位时间存储费用低就很重要。一般应该在较为偏远的地区进行存储。存储的物资较为单一、品种少，但存量大、存期长，因此要特别注意物资的质量保管。

(2) 物流中心仓储　物流中心仓储是以物流管理为目的的仓储活动，是为了实现有效的物流管理，对物流的流程、数量、方向进行控制的结合部，实现物流的时间价值。一般在交通较为便利、存储成本较低的经济发达地区，采取批量入库、分批出库的形式。

(3) 配送中心仓储　配送中心仓储是商品在配送交付消费者之前所进行的短期仓储，是商品在销售或者供生产使用前的储存。物品在该环节进行销售或者使用前的前期处理，如进行拆包、分拣、组配等作业。配送中心仓储一般在商品的消费区内进行，仓储物品品种较多、批量少，需要一定量的进货、分批少量出库操作，主要目的是支持销售，注重对物品存量的控制。

(4) 运输转换仓储　运输转换仓储是衔接不同运输方式的仓储活动，在不同运输方式的衔接处进行，如港口、车站仓库等场所进行的仓储，是为了保证不同运输方式的高效衔接，减少运输工具的装卸和停留时间。运输转换仓储具有大进大出的特点，货物存期短，注重货物的周转作业效率和周转率。

三、我国仓储业的发展历史

仓储业是一个古老的行业，我国的仓储业具有悠久的历史。随着社会经济的不断发展，仓储业已成为社会经济发展的重要力量。目前，我国的仓储业已有了较大的规模，并且形成了各种专业化的门类齐全的仓储分工，在数量上已完全能满足经济发展的需要，但是在服务质量和效益上存在着明显的不足。纵观我国仓储活动的发展历史，大致经历了以下几个阶段：

扫码看视频

(一) 古代仓储业

我国古代商业仓库是随着社会分工和专业化生产的发展而逐渐形成和扩大的。"邸店"可以说是商业仓库的最初形式,它既具有商品寄存性质,又具有旅店性质。随着社会分工的进一步发展和商品交换的不断扩大,专门储存商品的"塌房"从"邸店"中分离出来,成为带有企业性质的商业仓库。

(二) 近代仓储业

随着商品经济的发展和商业活动范围的扩大,我国近代仓储业得到了一定的发展。19世纪的商业仓库叫作"堆栈",是指堆存和保管物品的场地和设备。堆栈业初期的业务只限于堆存货物,物品的所有权属于寄存人。随着堆栈业务的扩大,服务对象的增加,新中国成立前的堆栈业已经具有码头堆栈、铁路堆栈、保管堆栈、厂号堆栈、金融堆栈和海关堆栈等专业划分。近代仓储业的显著特点是建立了明确的业务种类、经营范围、责任业务、仓租、进出手续等。

(三) 现代仓储业

新中国成立后,对仓储业采取了对口接管改造的政策。例如,铁路、港口仓库由交通运输部门接管;物资部门仓库由全国物资清理委员会接管;私营库由商业部门对口接管改造;外商仓库按经营的性质,分别由港务、外贸、商业等有关部门接管收买。1962年,国家经济委员会物资管理总局储运管理局(后改为中国物资储运总公司)成立。1984年,中国物资储运总公司在各地设有14个直属储运公司,下属76个仓库,主要承担国家掌握的机动物资、国务院各部门中转物资,以及其他物资的储运任务,再加上各地物资局下属的储运公司以及仓库,在全国逐步形成了一个物资储运网。在这一阶段,无论仓库建筑、装备,还是装卸搬运设施,都有了较大的发展。

在一个较长的时间里,我国仓储业一直属于劳动密集型行业,即仓库中大量的装卸、搬运、堆码、计量等作业都是由人工来完成的。因此,仓库不仅占用了大量劳动力,而且劳动强度大、劳动条件差,特别是在一些危险品仓库,还极易发生中毒等事故。为迅速改变这种落后情况,政府在这方面下了很大的力气。首先重视旧式仓库的改造工作,按照现代仓储作业要求,改建旧式仓库,增加设备的投入,配备各种装卸、搬运、堆码等设备,降低工人的劳动强度,改善劳动条件,提高仓储作业化的机械水平;其次新建了一批具有先进技术水平的现代化仓库,并普遍采用电子计算机辅助仓库管理,使我国仓储业进入了自动化的新阶段。

第二节 仓储基本作业内容

仓储作业作为物流的一个重要环节,关系到整个物流的运作,包括货物的入库、在库、出库工作。

扫码看视频

一、入库作业

入库作业是仓储业务的开始,是在接到商品入库通知单后,对商品进行的卸货、查点、验收、办理入库手续等一系列作业环节的工作过程。查点、验收货物如图5-1所示。卸货如图5-2所示。

扫码看视频

图 5-1 查点、验收货物

图 5-2 卸货

入库作业的基本业务流程包括入库申请、编制入库作业计划及计划分析、入库准备、核查入库凭证、初步检查验收、办理交接手续、货物验收,以及组织入库和信息处理等作业。

(一) 入库申请

入库申请是存货人对仓储服务产生需求,并向仓储企业发出需求通知。仓储企业接到申请之后,对此项业务进行评估,并结合仓储企业自身业务情况做出反应。例如,拒绝该项业务,并做出合理解释,以求客户的谅解;接受该项业务,并制订入库作业计划,分别传递给存货人和仓库部门,做好各项准备工作。所以,入库申请是生成入库作业计划的基础和依据。××仓储中心入库申请表见表 5-1。

表 5-1 ××仓储中心入库申请表

申请日期: 年 月 日

名称		编码		联系人	
联系电话		入库方式	□已在库 □陆运 □水运 □铁路 □其他		
指定交收仓库			预计入库时间		
商品代码		商品种类	品牌、产地	等级	
质保书号		商检证号	数量/件	重量/t	
声明				卖方会员单位:(公章)	
备注					

(二) 编制入库作业计划及计划分析

商品入库作业计划是根据仓储保管合同和商品供货合同来编制商品入库数量和入库时间进度的计划。它的主要内容包括入库商品的品名、种类、规格、数量、入库日期、所需仓库容量、仓储保管条件等。仓库工作人员对各入库作业计划进行分析,再编制出具体的入库作业计划。

(三) 入库准备

仓库工作人员应根据仓储合同或者入库单、入库计划,及时准备库场,以便货物能顺利地按时入库。仓库的入库准备需要由仓库的业务部门、管理部门、设备作业部门分工合作,共同做好以下工作:熟悉入库货物;掌握仓库库场情况;制订仓储计划;妥善安排货位;做好货位准备；准备苫垫材料、作业用具；合理组织人员；验收准备；装卸搬运工艺设定；文件单据准备。

（四）核查入库凭证

1）入库通知单和订货合同副本，这是仓库接受商品的凭证。

2）供货单位提供的材质证明书、装箱单、磅码单、发货明细表等。

3）商品承运单位提供的运单。若商品在入库前发现残损情况，还要有承运部门提供的货运记录或普通记录，作为向责任方交涉的依据。

核对凭证，也就是将上述凭证加以整理，全面核对。入库通知单、订货合同要与供货单位提供的所有凭证逐一核对，相符后才可以进行下一步实物检验。

（五）初步检查验收

初步检查验收主要是对到货情况进行粗略的检查，工作内容包括数量检查和包装外观检查。查看包装有无破损、水湿、渗漏、污染等异常情况。当出现异常情况时，可打开包装进行详细检查，查看内部商品有无短缺、破损或变质等情况。

（六）办理交接手续

入库货物经过点数、查验之后，可以安排卸货、入库堆码。待卸货、搬运、堆垛作业完毕，与送货人办理交接手续，并建立仓库台账。完整的交接手续包括接受物品、接受文件、签署单证。

（七）货物验收

凡商品进入仓库储存，必须经过检查验收，只有验收后的商品方可入库保管。货物入库验收是仓库把好"三关"（入库、保管、出库）的第一道关。抓好货物入库质量关，能防止劣质商品流入流通领域，划清仓库与生产部门、运输部门及供销部门的责任界限，也为货物在库场中的保管提供第一手资料。

（八）组织入库和信息处理

商品经检验合格后，由保管员或收货员根据验收结果，在商品入库单上签收。同时将商品存放的库房（货场）、货位编号批注在入库单上，以便记账、查货、发货。

二、在库作业

进入仓库中储存的每批物品在理化性质、来源、去向、批号、保质期等方面都有其特性，仓库要为这些物品确定一个合理的货位，既要保证保管的需要，又要便于仓库的作业和管理。

（一）货位作业

仓库需要按照物品的理化性质和储存要求，根据分库、分区、分类原则，实现物品存放在固定的区域与位置。此外，还应进一步在固定区域内，以物品材质和形状规格等分类，并按一定的顺序依次存放。

1. 货位作业管理的基本步骤

货位作业管理的基本步骤：确定存储条件；规划存储空间；确定位置和作业方式；进行货位编号；确定货物分配方式；货位管理与维护；检查改善。

2. 货位作业管理中应注意的问题

1）依照商品特性来确定货位。

2) 按批量大小使用储存区。大批量使用大储存区，小批量使用小储存区。
3) 确保能安全有效地对高储存区商品进行储存和作业。
4) 笨重、体积大的商品应该放在较坚固的层架上，并靠近出货区。
5) 将相同或相似的商品尽可能地放在相邻位置。
6) 周转速度较慢的，或小、轻及容易处理的商品使用较远的储存区。
7) 周转率低的商品尽量远离入库口、出库口及位置较高的地方。
8) 周转率高的商品尽量放在接近出货区及位置较低的地方。
9) 服务设施应选低楼层等。

(二) 货物在库保管与保养

1. 货物的保管与养护

(1) 货物的保管与养护的概念　在储存过程中，对物品进行的保养和维护工作称为物品养护。物品养护是一项综合性的应用技术工作。由于构成产品的原料不同，性质各异，受到相关自然因素影响而发生质量变化的规律与物理学、化学、生物学、气象学、机械学、电子学、金属学等多门学科有密切联系，所以从事仓储管理工作的人员要掌握相关知识才能保护好库存物品。

扫码看视频

(2) 货物的保管与养护的目的　货物的保管与养护的目的是了解物品在储存期间发生质量变化的影响因素和变化规律，研究并采取相应的控制技术，以维护其使用价值不变，避免受到损失，为企业实现经济效益提供保障。同时，还要研究制定物品的安全储存期限和合理的损耗率，以提高企业的管理水平。

"以预为主，防治结合"是物品养护的基本方针。物品养护的基本任务就是面向库存货物，根据库存数量多少、发生质量变化的速度、危害程度、季节变化，按轻重缓急分别研究相应的技术措施，使物品质量不变，以求最大限度地规避和减少物品损失，降低保管损耗。

2. 库存货物的存储要求

做好物品保管，具体应做好以下几个方面的工作。

(1) 严格验收入库物品　要防止物品在储存期间发生不应有的变化，首先在物品入库时就要严格验收，弄清物品及其包装的质量情况。对吸湿性物品要检测含水量是否超过安全水平，对其他有异常情况的物品要弄清原因，针对具体情况进行处理和采取救治措施，做到防微杜渐。

(2) 适当安排储存场所　由于不同物品性能不同，对保管条件的要求也不同，分区分类、合理安排储存场所是物品养护工作的一个重要环节。例如，怕潮湿和易霉变、易生锈的物品应存放在较干燥的库房里，怕热易溶化、发黏、挥发、变质或易发生燃烧、爆炸的物品应存放在温度较低的阴凉场所，一些既怕热又怕冻且需要较大湿度的物品应存放在冬暖夏凉的楼下库房或地窖里。此外，性能相互抵触或易串味的物品不能在同一库房混存，以免相互产生不良影响。尤其对于化学危险品，要严格按照有关部门的规定，分区分类安排储存场所。

(3) 妥善进行堆码苫垫　阳光、雨雪、地面潮气对物品质量影响很大，要切实做好货垛遮苫和货垛垛下苫垫的隔潮工作，如利用石块、枕木、垫板、苇席、油毡或采用其他防潮措施。存放在货场的物品，货区周围要有排水沟，以防积水流入垛下；货垛要遮盖严密，以防雨淋日晒。货垛的垛形与高度应根据物品的性能和包装材料，结合季节气候等情况妥善堆码。

仓库内物品堆码要留出适当的距离，俗称"五距"：顶距，平顶楼库顶距为50cm以上，人字形屋顶以不超过横梁为准；灯距，照明灯要安装防爆灯，灯头与物品的平行距离不少于50cm；墙距，外墙50cm，内墙30cm；柱距，一般留10~20cm；垛距，通常留10cm。对易燃物品还应该留出适当的防火距离。

（4）控制好仓库的温度、湿度　仓库的温度和湿度对物品质量变化的影响极大，也是影响物品质量变化的重要因素。物品由于本身的特性，对温度、湿度一般都有一定的适应范围，有安全温度和安全湿度的要求。超过这个范围，物品质量就会发生不同程度的变化。因此，仓库应根据库存物品的性能要求，适时采取密封、通风、吸潮和其他控制与调节温度、湿度的方法，力求把仓库的温度、湿度保持在适应物品储存的范围内，以维护物品质量安全。

（5）认真进行物品在库检查　做好物品在库检查，对维护物品安全具有重要作用。库存物品质量发生变化，如不能及时发现并采取措施进行救治，就会造成或扩大损失。因此，对库存物品的质量情况应进行定期或不定期检查。检查时应特别注意物品的温度、水分、气味，以及包装物的外观、货垛状态是否有异常。

（6）搞好仓库卫生　储存环境不清洁，易引起微生物、虫类寄生及繁殖，危害物品。因此，对仓库内外环境应经常清扫，彻底铲除仓库周围的杂草、垃圾等，必要时使用药剂杀灭微生物和潜伏的害虫。对容易遭受虫蛀、鼠咬的物品，要根据物品性能和虫、鼠的生活习性及危害途径，及时采取有效的防治措施。

（三）盘点作业管理

货物盘点是检查账、卡、物是否相符，把握库存物品数量和质量动态的手段。

1. 货物盘点作业的目的

（1）查清实际库存数量　盘点可以查清实际库存数量，并通过盈亏调整使账面库存数量与实际库存数量一致。账面库存数量与实际库存数量不符的主要原因通常是收发作业中产生的误差，如记录库存数量时多记、误记、漏记；作业中导致的损失、遗失；验收与出货时清点有误；盘点时误盘、重盘、漏盘等。盘点清查实际库存数量与账面库存数量，可发现问题并查明原因，及时调整。

（2）帮助企业计算资产损益　对货主企业来讲，库存商品总金额直接反映企业流动资产的使用情况，库存量过高，流动资金的正常运转将受到威胁。库存金额又与库存量及其单价成正比，因此为了能准确地计算出企业的实际损益，必须通过盘点。

（3）发现仓库管理中存在的问题　通过盘点查明盈亏的原因，发现作业与管理中存在的问题，并通过解决问题来改善作业流程和作业方式，提高人员素质和企业的管理水平。

2. 货物盘点作业

（1）盘点前的准备　包括盘点时间、方法的确定，盘点人员培训，盘点资料的准备，盘点场地的清理，盘点对象的确定。

（2）盘点　查数量：查明商品在库的实际数量，核对库存账面资料与实际库存数量是否一致。查质量：检查在库商品的质量有无变化、有无超过有效期和保质期、有无长期积压等现象，必要时还需要对商品进行技术检查。查保管条件：检查保管条件是否与各种商品的保管要求相符合。例如，堆码是否合理稳固，仓库内温度、湿度是否符合要求，各类计量器具是否准确等。查安全：检查各种安全措施和消防设备、器材是否符合安全要求，建筑物和设备是否处于安全状态。

（3）填写盘点表　仓库保管人员应该根据清点后得出的货物数量，填写货物盘点表（见表5-2）和盘点盈亏汇总表（见表5-3）。

表5-2　货物盘点表

盘点部门：　　　　　　　　　　　　　　　　　　　盘点截止时间：　　年　　月　　日

序号	名称	品种	入库	出库	账面数量	实际盘点数	差量	批次	票号	差异原因
备注说明										

财务负责人：　　　　　　　　复核人：　　　　　　　　盘点人：

表5-3　盘点盈亏汇总表

盘点部门：　　　　　　　　　　　　　　　　　　　　　　　　　　　年　　月　　日

品名	规格	账面资料		实盘资料		盘盈		盘亏		差异原因	对策
		数量	金额	数量	金额	数量	金额	数量	金额		

会计主管：　　　　　　　　　　　　　　　　制表人：

（4）盘点结果的上报　盘点结束后，仓库管理人员应该向上级部门及时报告盘点结果，并请其对盘点中产生的盈亏进行适当的调整与处理。

（5）调整库存账目　仓库管理人员应该根据盘点结果，在库存账页中将盘亏数量做发出处理，将盘盈数量做收入处理，并在摘要中注明盘亏或盘盈。

三、出库作业

出库作业包括催提、备货、出库交接、销账和存档。

（一）催提

仓库的使用需要有良好的计划，只有在确定有空余货位时，才能接受存货人的仓储委托。空余货位包括已经提空的货位和将要到期提空的货位。面对将要到期的仓储物，要做好催提工作，以免接受了新的委托，但没有仓容不能接受仓储物。

到期催提应在到期日的前一段时间进行。合同有约定的，在约定期通知，如果原合同有续期条款的，在续期日前通知。合同没有约定通知期的，仓库管理人员应在合理的提前时间内催提，以便提货人有足够的准备时间。

催提是直接向已知的提货人发出提货通知,可以用信件、传真、电话等方式。当不知道确切提货人时,可以向存货人催提。

另外,对于在仓储期间发生损害、变质的仓储物,质量保存期就要到期的商品,或者剩余的少量残货、地脚货,也应进行催提,以免堆积占用仓库仓容,同时减少或避免存货人的损失。

(二) 备货

仓库接到提货通知时,应及时进行备货工作,以保证提货人可以按时完整地提取货物。备货时要认真核对货物资料,核实货物,避免出错。在部分货物出库时,应按照先进先出、易坏先出、不利保管先出的原则安排出货。已损害的货物应动员提货人先行提货,然后根据与提货人达成的协商安排出货,没有协商安排的,暂不出货。

备货工作主要包括以下几个方面:

1)包装整理、标志重刷。仓库应清理原货包装,清除积尘、污物;对包装已残损的,要更换包装;提货人要求重新包装或者灌包的要及时安排包装作业;对原包装标志脱落、标志不清的进行补刷、补贴;提货人要求标注新标志的,应在提货日之前进行。

2)零星货物组合。为了作业方便,仓库人员应对零星货物进行配装,使用大型容器收集或者堆装在托盘上,以免提货时遗漏。

3)根据要求装托盘或成组。若提货人要求装托盘或者成组,仓库应及时进行相应作业,保证作业质量。

4)转到备货区备运。将要出库的货物预先搬运到备货区,以便能及时装运。

(三) 出库交接

在提货时,仓库人员应核实提货人的提货凭证,确定提货人已办理仓库提货手续,认真核对提货人身份,避免错交,并收回提货凭证。

提货人到库提货,仓库人员应会同提货人共同查验货物,逐件清点,或者查重验斤,检验货物状态。在货物装车前,要对来库车辆进行检查,确认车辆符合装车作业,并对车辆不利于装运的情况进行记录或要求运送方妥善处理。

由仓库负责装车的,装车前应对车厢进行清扫及必要的铺垫,督促装车人员妥善装车,装车完毕后进行合适的绑扎固定。由提货人自行装车的,仓库人员应对装运作业进行监督,确认作业损害程度。

装车完毕,仓库人员会同提货人签署出库单据、运输单据,交付随货单证和资料,办理货物交接,按照一车一证的方式给车辆签发出门证,以便门卫查验放行。

(四) 销账和存档

待货物全部出库,仓库人员应及时将货物从仓储保管账上核销,以便仓库内账货相符;将留存的提货凭证、货物单证、记录、文件等归入货物档案;将已空出的货位标注在货位图上,以便安排后续货物。

扫码看视频

第三节 仓储合理化

一、仓储合理化的含义

仓储合理化是指用最经济的办法实现仓储的功能。仓储的功能是对需要的满足,实现被储物的"时间价值",这就必须有一定的储量。

商品储备必须有一定的量,才能在一定时期内满足需要,这是仓储合理化的前提或本质。如果不能保证储存功能的实现,其他功能便无从谈起了。但是,储存的不合理又往往表现在对储存功能实现的过分强调,通常是过分投入储存力量和其他储存劳动所造成的。所以,合理储存的实质是,在保证储存功能实现的前提下尽量少投入,这是一个投入与产出的关系问题。

二、仓储不合理的现象

仓储不合理表现在两个方面:一方面是由于货物储存技术不合理,从而造成货物的损失;另一方面是储存管理组织不合理,不能充分发挥货物储存的作用。主要的不合理的储存现象有储存时间过长、储存时间过短、储存数量过多、储存数量过少、储存条件不足或过剩、储存结构失衡等。

三、仓储合理化的标志

1. 质量标志

保证被仓储物的质量,是实现仓储功能的根本要求。只有这样,商品的使用价值才能通过物流得以最终实现。在仓储中增加了多少时间价值或是得到了多少利润,都是以保证质量为前提的。所以,在仓储合理化的主要标志中,为首的应是反映使用价值的质量。现代物流系统已经拥有有效的维护货物质量、保证货物价值的技术手段和管理手段,也正在探索物流系统的全面质量管理问题,即通过物流过程的控制和提高工作质量来保证仓储物的质量。

2. 数量标志

在保证功能实现的前提下有一个合理的数量范围。

3. 时间标志

在保证功能实现的前提下,寻求合理的仓储时间。这是和数量有关的问题,仓储量越大,消耗速度越慢。

4. 结构标志

结构标志是指通过被储物不同品种、不同规格、不同花色的仓储数量的比例关系对仓储合理性的判断,尤其是相关性很强的各种货物之间的比例关系更能反映仓储的合理与否。

5. 分布标志

分布标志是指不同地区仓储的数量比例关系,以此判断当地需求比,以及对需求的保障程度,也可以此判断对整个物流的影响。

6. 费用标志

要综合考虑仓租费、维护费、保管费、损失费、资金占用利息支出等,才能从实际费用上判断仓储的合理与否。

四、仓储合理化的途径

1. 实行 ABC 分类控制法

ABC 分类控制法是指将库存货物按重要程度细分为特别重要的库存(A 类货物)、一般重要的库存(B 类货物)和不重要的库存(C 类货物)三个等级,针对不同等级的货物进行分别管理和控制的方法。

2. 适度集中库存

所谓适度集中库存是指利用储存规模优势，以适度集中储存代替分散的小规模储存来实现合理化。

3. 加速周转

储存现代化的重要课题是将静态储存变为动态储存，周转速度变快会带来一系列的合理化好处，如资金周转快、资本效益高、货损小、仓库吞吐能力增加、成本下降等。

4. 采用有效的"先进先出"方式

保证每个被储物的储存期不过长，"先进先出"是仓储合理化的一种有效方式，因此也成了仓储管理的准则之一。有效的"先进先出"方式主要有贯通式货架系统储存、"双仓法"储存、计算机存取系统储存等。

5. 提高仓容利用率

1）采取高垛的方法。

2）缩小库内通道宽度以增加储存有效面积。

3）减少库内通道数量以增加储存有效面积。

6. 采用有效的储存定位系统

储存定位的含义是指被储物位置的确定。如果定位系统有效，不仅能大大节约寻找、存放、取出的时间，节约不少物化劳动及活劳动，而且能防止差错，便于清点及实行订货点等的管理。

7. 采用有效的监测清点方式

监测清点的有效方式主要有"五五化"堆码（以"五"为基本计数单位，堆成总量为"五"的倍数的垛形，如梅花五、重叠五）；光电识别系统；计算机监控系统等。

扫码看视频

【本章小结】

本章重点讲解了仓储的概念、仓储的功能及分类，以及我国仓储业的发展历史；仓储基本作业内容及其仓储合理化。

技 能 训 练

一、单项选择题

1. （　　）是对物品进行保存及对其数量、质量进行管理控制。

　A. 库存　　　　　　B. 仓储　　　　　　C. 配送　　　　　　D. 运输

2. （　　）是国家根据国家安全、社会稳定的需要，对战略物资实行储备而产生的仓储。

　A. 战略储备仓储　　B. 公共仓储　　　　C. 商业仓储　　　　D. 企业仓储

3. （　　）是衔接不同运输方式的仓储活动。

　A. 物流中心仓储　　B. 配送中心仓储　　C. 运输转换仓储　　D. 消费仓储

4. 在储存过程中，对物品进行的保养和维护工作，称为（　　）。

　A. 货物的保管　　　B. 货物的维护　　　C. 物品的养护　　　D. 物品的保养

5. （　　）是检查账、卡、物是否相等，把握库存物品数量和质量动态的手段。

A. 货物运输　　　　　B. 货物的仓储　　　　C. 货物配送　　　　D. 货物的盘点

二、多项选择题

1. 仓储作业作为物流的一个重要环节，关系到整个物流的运作，包括（　　）工作。
   A. 入库　　　　　　B. 在库　　　　　　　C. 出库　　　　　　D. 转库
2. 按仓储经营主体不同，仓储可以分为（　　）。
   A. 企业自营仓储　　B. 商业营业仓储　　　C. 公共仓储　　　　D. 战略储备仓储
3. 入库作业是仓储作业的开始，是在接到商品入库通知后，对商品进行的（　　）等一系列作业环节的工作过程。
   A. 卸货　　　　　　B. 查点　　　　　　　C. 验收　　　　　　D. 办理入库手续
4. 仓储活动中备货工作流程主要包括（　　）等工作内容。
   A. 包装、整理　　　　　　　　　　　　　B. 货物组合
   C. 根据要求装盘或成组　　　　　　　　　D. 转到备货区备运
5. 货物出库作业流程主要包括（　　）等工作内容。
   A. 催提　　　　　　B. 备货　　　　　　　C. 出库交接　　　　D. 销账和存档

三、判断题

1. 仓储的目的是克服产品生产与消费在时间上的差异。（　　）
2. 仓储在物流中起着"蓄水池"的作用。（　　）
3. 仓储期间可以通过简单的制造、加工活动来提高物品的价格。（　　）
4. 粮食仓储是公共仓储。（　　）
5. 货物盘点是检查库存账面数量的手段。（　　）

四、简答题

1. 简述仓储的基本功能。
2. 简述货物盘点作业的目的。
3. 简述仓储合理化的途径。
4. 简述盘点作业的流程。
5. 简述货物出库作业的流程。

五、综合分析题

台州市家居建材行业主要集中在洪家、路桥、杜桥、玉环等地，其仓储物流代表了台州的仓储现状：

其一，仓库规模远远不能满足市场需要。许多商户未能租到仓库，造成了上货、补货、出货等环节的不便，在一定程度上影响了经营的持续发展。

其二，现有仓库只是起到库房作用，没有统一管理。仓库只是为商户提供储藏货品的地方，在物管上只是简单的保洁、安全管理，其他相应的整体规划管理、整体调度权限、协调管理等都没有专业的人员来操作。如果几家同时取货，有限的空间被汽车、货物占用，就会造成现场的混乱，影响每个商家的货物输出。

其三，交通动线的相对不合理造成采购不便。随着市场的发展，停车位严重稀缺，没有专门统一的装卸货区域，货物经常堆放在广场上；没有专门的装卸工具，只是简单的人工搬运，很容易发生工伤事故。由于没有进行统一的规划，周边出现很多死角。交通动线相对不合理，带来了交通上的拥堵，不利于现场补货，并且在消防安全上存在着隐患。

其四，无固定协议物流机构，造成时间和资金成本的增加。现在的专业市场中只是每个商家自行搬运货物或联系物流公司送货等，没有统一的配送。这样往往需要较长的时间物流公司才能到位，并且费用方面也没有多少优惠。

作为现代化的新型专业市场，新明国际红星美凯龙家居生活广场打造了整个台州市乃至整个浙东南地区最大的家居建材市场。其规模庞大，总建筑面积超过 50 万 m^2，其中仓储用地近 10 万 m^2；拥有较强的人流、物流和车流，立体交通网络完善，有舒适的购物和办公空间；集产品交易、会展交流、物流配送、商务办公、科研及教育培训、电子商务、金融结算及商位等多功能于一体，功能强大、配套完善；经营管理上引进专业的经营管理团队，制定强大的经营策略。无论是硬件还是软件，新明国际红星美凯龙家居生活广场都可以说是浙东南家居建材市场升级的典范。

思考：
1. 案例中台州仓储的现状如何？
2. 结合案例分析仓储在物流系统中的作用。

第六章 物流的价值增值——流通加工

【学习目标及要求】

(一) 知识目标

1. 了解流通加工的概念、特点、作用和分类。
2. 掌握几种典型的流通加工作业。
3. 了解流通加工不合理的表现。
4. 了解流通加工合理化的方法。

(二) 技能要求

能够运用所学知识分析、解决不合理的流通加工问题，并能提出流通加工的合理化方法。

【物流术语】

1. 流通加工（Distribution Processing）。
2. 物流增值服务（Logistics Value-added Service）。

【知识梳理】

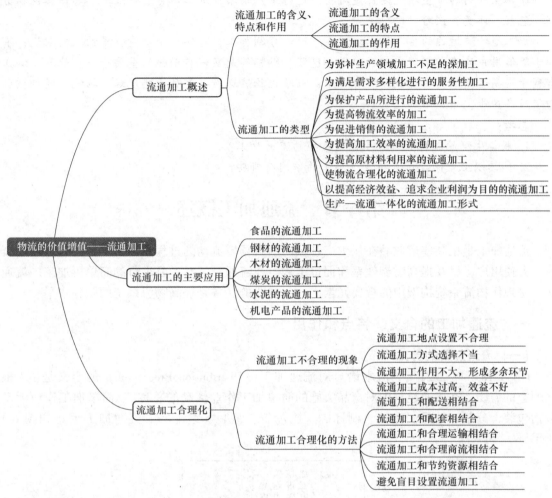

【导读案例】

上海联华生鲜食品加工配送中心的物流运作模式

上海联华生鲜食品加工配送中心（以下简称联华生鲜）是我国设备较先进、规模较大的生鲜食品加工配送中心，总投资6000万元，建筑面积35000m^2，年生产能力20000t，其中肉制品15000t，生鲜盆菜、调理半成品3000t，西式熟食制品2000t，产品结构分为15大类，约1200种生鲜食品。在生产加工的同时，该配送中心还从事水果、冷冻品，以及南北货的配送工作。连锁经营的利润源重点在物流，它是企业的核心竞争力，2%的物流配送费率（即配送一定价值商品所需的物流配送成本）低于沃尔玛4.5%的水平，为整个联华生鲜的快速发展提供了强有力的保证和支持。联华生鲜的加工按原料和成品的对应关系可分为两种类型：组合和分割。两种类型在物料清单（BOM）设置、原料计算和成本核算等方面都存在很大的差异。在BOM中每个产品设定一个加工车间，只属于唯一的车间，在产品上区分最终产品、半成品和配送产品，商品的包装分为定量和不定量，原料的类型区分为最终原料和中间原料，设定各原料相对于单位成品的耗用量。

联华生鲜的加工型物流运作是对物品进行生产辅助性加工后再进行配送。其内容包括分割、包装、计量、检验、贴标签等。

加工型物流运作的主要作用表现在：通过分割加工，可实现小批量、多批次的配送，有利于降低用户库存或实现零库存配送。包装、贴标签是实现自助化的重要手段。此外，加工有利于提高运输工具的配载和装卸效率；可净化物流环境，有利于实现绿色物流；还可增强增值服务功能，增加附加值。

思考：
1. 联华生鲜的流通加工属于什么类型的流通加工？
2. 阅读以上案例，试分析流通加工的作用有哪些？

第一节　流通加工概述

流通加工是指某些产成品在从生产领域向消费领域流动的过程中，为了更有效地利用资源、方便用户，以及提高物流效率和促进销售，在流通领域对产品进行的简单再加工。流通加工是现代物流系统构架中的重要元素之一，主要的任务是提高物流系统的服务水平。

一、流通加工的含义、特点和作用

（一）流通加工的含义

GB/T 18354—2021《物流术语》对流通加工（Distribution Processing）的定义是："根据顾客的需要，在流通过程中对产品实施的简单加工作业活动的总称。"简单加工作业活动包括包装、分割、计量、分拣、刷标志、拴标签、组装、组配等。流通加工示意如图6-1所示。

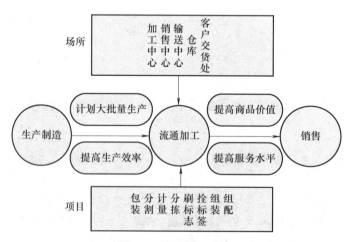

图6-1　流通加工示意

流通加工是为了提高物流速度和物品的利用率，在物品进入流通领域后按客户的要求进行的加工活动，即在物品从生产者向消费者流动的过程中，为了促进销售、维护商品质量和提高物流效率，对物品进行一定程度的加工。流通加工通过改变或完善流通对象的形态起到

"桥梁"和"纽带"的作用，因此是流通中的一种特殊形式。目前，许多国家和地区的物流中心或仓库经营都大量存在流通加工业务，有的规模也很大。一些原本在工业企业进行的加工业务，现在由流通环节（包括新兴的现代物流企业）承担并拓展，由此也改变了以往流通企业那种经营业务单一的情况。同时发展多种经营业务是现代经济发展趋势的要求。

（二）流通加工的特点

与生产加工相比，流通加工具有以下特点：

1) 从加工对象看，流通加工的对象是进入流通过程的商品，具有商品的属性，而生产加工的对象不是最终产品，一般是原材料、零配件或半成品。

2) 从加工程度看，流通加工大多是简单加工，而不是复杂加工。一般来讲，如果必须进行复杂加工才能形成人们所需要的商品，那么这种复杂加工应该专设生产加工过程。生产过程理应完成大部分加工活动，流通加工则是对生产加工的一种辅助及补充。需要指出的是，流通加工绝不是对生产加工的取消或代替。

3) 从价值观点看，生产加工创造商品价值及使用价值，而流通加工则完善商品使用价值，并在不做大的改变的情况下提高商品价值。

4) 从加工责任人看，流通加工由商业或物流企业完成，而生产加工则由生产企业完成。

5) 从加工目的看，商品生产是为交换和消费而进行的生产，而流通加工是为了消费（或再生产）所进行的加工，这一点与商品生产有共同之处。但是，流通加工有时候也是以自身流通为目的，纯粹是为流通创造条件。这种为流通所进行的加工与直接为消费进行的加工在目的上是有区别的。这也是流通加工不同于一般生产加工的特殊之处。

（三）流通加工的作用

1) 弥补生产加工的不足。生产环节的各种加工活动往往不能完全满足消费者的需要。作为流通企业，它们对生产供应与消费需求双方衔接的各种要求比较了解，也可以根据供应方或需求方的委托代为完成加工，进而提高劳动生产率和物料利用率。

2) 提高原材料利用率。通过流通加工进行集中下料，将生产厂商运来的简单规格的产品按用户的要求进行下料。例如，将钢板进行剪板、切裁；将木材加工成不同长度及大小的板等。集中下料可以优材优用、小材大用、合理套裁，明显地提高原材料的利用率，有很好的技术经济效果。例如，从平板玻璃集中开裁的经验来看，玻璃利用率能从 60% 左右提高到 85%~95%。

3) 提高加工设备利用率。在分散加工的情况下，加工设备由于生产周期和生产节奏的限制，设备利用时松时紧，表现为加工过程的不均衡，从而导致设备加工能力不能充分发挥。而流通加工面向全社会，加工数量大幅度增加，加工范围明显扩大，加工任务饱满，加工设备利用率显著提高。

4) 方便用户。对于用量小或有临时需要的用户，一般不具备进行高效率初级加工的能力，但通过流通加工可以使用户省去进行初级加工的投资、设备、人力，方便了用户。

5) 方便配送。配送是包括整理、挑选、分类、备货、末端运输等一系列活动的集合。流通加工是配送的前提，物流企业自行安排流通加工与配送，则流通加工时必然顾及配送的条件与要求。或者说，根据流通加工形成的特点布置配送，可以使必要的辅助加工与配送很好地衔接，使物流全过程顺利完成。

近年来，人们认识到，现代生产的特点之一便是"少品种、大批量、专业化"，产品的规格、品种、性能往往不能与消费需要密切衔接。弥补的方法就是在流通环节进行辅助加工，也就是流通加工。所以，流通加工是现代生产发展的一种必然趋势。

二、流通加工的类型

（一）为弥补生产领域加工不足的深加工

有许多产品在生产领域的加工只能到一定程度，这是由于存在许多限制因素导致了生产领域不能完全实现终极加工。例如，钢铁厂的大规模生产只能按标准规定的规格生产，以使产品有较强的通用性，使生产活动有较高的效率和效益；木材如果在产地制成木制品，就会造成运输的极大困难，所以原生产领域只能加工到圆木、板方材这个程度，进一步的下料、切裁、处理等加工则由流通加工完成。

扫码看视频

这种流通加工实际上是生产的延续，是生产加工的深化，对弥补生产领域加工不足有重要意义。

（二）为满足需求多样化进行的服务性加工

从需求角度看，需求存在着多样化和变化两个特点。为满足需求，经常是用户自己设置加工环节。例如，生产消费型用户的再生产往往从原材料初级处理开始。

就用户来讲，现代生产要求生产型用户尽量减少流程环节，从而集中力量从事较复杂的技术性较强的劳动，不包揽大量初级加工。这种初级加工带有服务性，由流通加工环节来完成，生产型用户便可以缩短自己的生产流程，使生产技术密集度提高。

对一般消费者而言，则可省去烦琐的预处置工作，而集中精力从事较高级、能直接满足需求的劳动。

（三）为保护产品所进行的流通加工

在物流过程中，直到用户投入使用前都存在对产品的保护问题，只有防止产品在运输、储存、装卸、搬运、包装等过程中遭到损失，才能让使用价值顺利实现。和前两种加工不同，这种加工并不改变进入流通领域的"物"的外形及性质。这种加工主要采取稳固、改装、冷冻、保鲜、涂油等方式。

（四）为提高物流效率的加工

有一些产品本身的形态使之难以进行物流操作。例如，鲜鱼的装卸、储存操作困难；过大设备搬运、装卸困难；气体运输、装卸困难等。进行流通加工，可以使物流各环节易于操作，如鲜鱼冷冻、过大设备解体、气体液化等。这种加工往往改变"物"的物理状态，但并不改变其化学特性，并最终仍能恢复原物理状态。

（五）为促进销售的流通加工

流通加工可以从若干方面起到促进销售的作用。例如，将过大包装或散装物分装成适合一次销售的小包装的分装加工；将原以保护产品为主的运输包装改换成以促进销售为主的装饰性包装，以起到吸引消费者、指导消费的作用；将零配件组装成用具、车辆以便于直接销售；将蔬菜、肉类洗净、切块以满足消费者要求，等等。这种流通加工可能是不改变"物"的本体，只进行简单改装的加工，也有许多是组装、分块等深加工。

（六）为提高加工效率的流通加工

许多生产企业的初级加工由于数量有限且加工效率不高，也难以投入先进科学技术。流通加工以集中加工形式，解决了单个企业加工效率不高的弊病。以一家流通加工企业代替了若干生产企业的初级加工工序，促使生产水平有一定的提升。

（七）为提高原材料利用率的流通加工

流通加工利用其综合性强、用户多的特点，可以实行合理规划、合理套裁、集中下料的办法，这样能有效提高原材料利用率，减少损失浪费。

（八）使物流合理化的流通加工

在干线运输及支线运输的结点设置流通加工环节，可以有效解决大批量、低成本、长距离干线运输多品种、少批量、多批次末端运输和集货运输之间的衔接问题，在流通加工点与大生产企业之间形成大批量、定点运输的渠道，又以流通加工中心为核心，组织对多用户的配送，也可在流通加工点将运输包装转换为销售包装，从而有效衔接不同目的的运输方式。

（九）以提高经济效益、追求企业利润为目的的流通加工

流通加工的一系列优点可以形成一种"利润中心"的经营形态，这种类型的流通加工是经营的一环，在满足生产和消费要求基础上取得利润，同时在市场和利润引导下使流通加工在各个领域中能有效地发展。

（十）生产—流通一体化的流通加工形式

依靠生产企业与流通企业的联合，或者生产企业涉足流通，或者流通企业涉足生产，由此形成的对生产与流通加工进行合理分工、合理规划、合理组织，统筹进行生产与流通加工的安排，就是生产—流通一体化的流通加工形式。这种形式可以促成产品结构及产业结构的调整，充分发挥企业集团的经济技术优势，是目前流通加工领域的新形式。

第二节 流通加工的主要应用

一、食品的流通加工

流通加工最多的是食品。为便于保存，提高流通效率，食品的流通加工是不可或缺的。例如，鱼和肉类的冷冻、生奶酪的冷藏、将冷冻的鱼肉磨碎和蛋品加工、生鲜食品的原包装、大米的自动包装，以及上市牛奶的灭菌和摇匀等。食品流通加工的具体项目主要有如下几种。

1. 生鲜食品的冷冻加工

生鲜食品的冷冻加工是为了解决鲜肉、鲜鱼在流通中保鲜及装卸搬运的问题，采取低温冻结方式的加工，如图 6-2 所示。这种方式也用于某些液体商品、药品等。

图 6-2 生鲜食品的冷冻加工

2. 分选加工

分选加工是为了提高物流效率而进行的对蔬菜和水果的加工，如去除多余的根叶等。农副产品规格、质量离散情况较大，为获得一定规格的产品，采取人工或机械分选的方式加工称为分选加工。这种方式广泛用于果类、瓜类、谷物、棉毛原料等。水果、蔬菜的分选加工如图 6-3 所示。

图 6-3 水果、蔬菜的分选加工

3. 农副产品的精制加工

农、牧、副、渔等产品的精制加工是在产地或销售地设置加工点，去除无用部分，甚至可以进行切分、洗净、分装等加工，以实现分类销售。这种加工不但大大方便了购买者，而且还可以对加工过程中的淘汰物进行综合利用。例如，鱼类的精制加工所剔除的内脏可以制成某些药物或用作饲料，鱼鳞可以制高级黏合剂，鱼头鱼尾可以制成鱼粉等；蔬菜加工的剩余物可以制成饲料、肥料等。农副产品的精制加工如图 6-4 所示。

图 6-4 农副产品的精制加工

4. 分装加工

许多生鲜食品零售起点较小，而企业为了保证高效输送出厂，产品包装一般比较大，也有些产品是采用集装运输方式运达销售地区。为了便于销售，在销售地区按所要求的零售起点进行新的包装，即大包装改小包装、散包装改小包装、运输包装改销售包装，以满足消费者对不同包装规格的需求，从而达到促销的目的。各种食品的分装加工如图 6-5 所示。

图 6-5　各种食品的分装加工

二、钢材的流通加工

钢材加工包括钢板的切割、使用矫直机将薄板卷材展平、纵向切制薄板卷使之成为窄幅（钢管用卷材）、气割厚板、切断成型钢材，如图 6-6 所示。各种钢材（钢板、型钢、线材等）的长度、规格有时不完全适用于客户，如热轧厚钢板等板材最大交货长度可达 7~12m，有的是成卷交货，对使用钢板的用户来说，使用时必须进行剪板等再加工。剪板加工是用剪板机或切割设备将大规格钢板裁小，或切裁成毛坯。这种加工是为了适应客户需求的变化，以服务客户为目的。

图 6-6　钢材的流通加工

与钢板的流通加工类似的，还有薄板切断、型钢熔断、厚钢板切割、线材切断等集中下料，线材冷拉加工等。为此，国外有专门进行钢材流通加工的钢材流通中心，不仅从事钢材的保管，而且进行大规模的设备投资，使其具备流通加工的能力。

汽车、冰箱、冰柜、洗衣机等生产制造企业每天需要大量的钢板，除了大型汽车制造企业外，一般规模的生产企业如果自己单独剪切，难以解决因用料高峰和低谷的差异引起的设备忙闲不均和人员浪费问题；如果委托专业钢板剪切加工企业，就可以解决这个问题。专业钢板剪切加工企业能够利用专业剪切设备，按照用户设计的规格尺寸和形状进行套裁加工，精度高、速度快、废料少、成本低。专业钢板剪切加工企业在国外数量很多，大部分由流通企业经营。这种流通加工企业不仅提供剪切加工服务，还出售加工原材料和加工后的成品，以及提供配送服务。采用委托加工方式，可以让用户省心、省力、省钱。

三、木材的流通加工

木材的流通加工一般有两种情况。一种是树木在生长地被伐倒后，消费不在当地，不可能连枝带杈地运输到外地，先在原处去掉树杈和树枝，再将原木运走，剩下来的树杈、树枝、碎木、碎屑掺入其他材料，在当地木材加工厂进行流通加工，做成复合木板。也有的将树木在产地磨成木屑，采取压缩方法加大容重后运往外地造纸厂造纸。这样既可以提高原木利用率、出材率，又可提高运输效率。

另一种情况是在消费地建木材加工厂，将原木加工成板材，或按客户需要加工成各种形状的材料，供给家具厂、木器厂，如图 6-7 所示。木材进行集中流通加工、综合利用，出材率可提高到 72%，原木利用率达到 95%，经济效益相当可观。

图 6-7　木材的流通加工

四、煤炭的流通加工

煤炭的流通加工有多种形式，如除矸加工、煤浆加工、配煤加工等，如图 6-8 所示。

图 6-8　煤炭的流通加工

1. 除矸加工

除矸加工是以提高煤炭纯度为目的的加工形式。一般煤炭中混入的矸石有一定发热量，混入一些矸石是被允许的，也是较经济的。但是，有时则不允许煤炭中混入矸石。例如在运力十分紧张的地区，要求充分利用运力、降低成本，多运"纯煤"，少运矸石。在这种情况下，可以采用除矸的流通加工方法排除矸石。除矸加工可提高煤炭运输效益和经济效益，减少运输能力浪费。

2. 煤浆加工

用运输工具载运煤炭，运输中损失浪费比较大，又容易发生火灾。采用管道运输方式运输煤浆，可以减少煤炭消耗、提高煤炭利用率。目前，某些发达国家已经开始投入运行，有些企业内部也采用这种方法进行燃料输送。在流通的起始环节将煤炭磨成细粉，本身便有了一定的流动性，再用水调和成浆状，则具备了流动性。这样煤炭就可以像其他液体一样进行管道输送。将煤炭制成煤浆后采用管道输送是种新兴的加工技术。这种方式与现有运输系统不存在争夺运力的矛盾，而且输送过程连续、稳定、快速，是一种较为经济的运输方法。

3. 配煤加工

设置集中加工点，将各种煤及其他一些发热物质按不同配方进行掺配加工，生产出各种不同发热量的燃料，称作配煤加工。这种流通加工方式在民用和工业中尤其是在电力工业中有广泛的应用价值。动力配煤及在动力配煤基础上的动态动力配煤便是这种流通加工的高级形式。配煤加工方式可以按需要发热量生产和供应燃料，防止热能浪费和"大材小用"，也可以防止发热量过小，避免不能满足使用要求的情况出现。工业用煤经过配煤加工还可以起到便于计量控制、稳定生产过程的作用，在经济及技术上都有价值。

4. 防止煤炭自燃的流通加工

大量储存的煤炭容易出现自燃现象，不但会造成煤炭的严重损失，而且会对环境造成污染和影响，严重的还会造成火灾。在物流过程中，在各个节点上的煤炭储存都会面临这种风险。因此，需要采取特殊的保护措施以防止自燃，这也是煤炭物流过程中的特殊流通加工形式。

五、水泥的流通加工

水泥的流通加工主要有水泥熟料的流通加工和集中搅拌混凝土两种形式，如图6-9所示。

图6-9 水泥的流通加工

1. 水泥熟料的流通加工

在需要长距离运入水泥的地区，变运入成品水泥为运进熟料半成品，即在使用地区进行流通加工，磨细熟料，并根据当地资源和需要的情况掺入混合材料及外加剂，制成不同品种及标号的水泥，以供给当地用户，这是水泥流通加工的一种重要形式。在需要经过长距离输送供应的情况下，以熟料形态代替传统的粉状水泥具有如下优点：可以大大降低运费、节省运力；可按照使用地区的实际需要大量掺加混合材料；容易以较低的成本实现大批量、高效率的输送；可以大大降低水泥的输送损失；能更好地衔接产需，方便用户。

2. 集中搅拌混凝土

这种方法是将粉状水泥输送到使用地区的流通加工点，搅拌成混凝土后再供给用户使用，这是水泥流通加工的另一种重要方法。这种流通加工方式具有如下优点：将水泥的使用从小规模的分散形态改变为大规模的集中加工形态，可以利用现代化仓储与配送的科技手段组织现代化大生产；可以广泛采用现代科学技术和设备，采取准确的计量手段，选择最佳的工艺，提高混凝土的质量和生产效率，节约水泥；可以集中搅拌设备，有利于提高搅拌设备的利用率，减少环境污染；在相同的生产条件下，能大幅度降低设备、设施、电力、人力等费用；可以减少加工点，形成固定的供应渠道，实现大批量运输，使水泥的物流更加合理；有利于采用新技术，简化工地的材料管理，节约施工用地等。

六、机电产品的流通加工

多年以来，机电产品的储运困难较大，主要原因是不易进行包装，如进行防护包装，包装成本过大，并且运输装载困难，装载效率低，流通损失严重。但是这些货物有一个共同的特点，即装配比较简单，装配技术要求不高，主要功能已在生产中形成，装配后不需要进行复杂的检测及调试。所以，为了解决储运问题、降低储运费用，可以采用半成品大容量包装出厂，在消费地拆箱组装的方式。组装一般由流通部门在所设置的流通加工点进行，组装之后随即进行销售。这种流通加工方式近年来已在我国广泛采用。机电产品的流通加工如图 6-10 所示。

图 6-10 机电产品的流通加工

第三节　流通加工合理化

流通加工合理化是指实现在库物品流通加工的最优配置，即充分考虑场地设施设备条件、物品的加工技术要求、客户需求、节约资源、提高产品附加值等因素，并做出最满意的选择。也就是对是否设置流通加工环节、在什么地方设置、选择什么类型的加工、采用什么样的技术装备等问题做出正确抉择。

一、流通加工不合理的现象

（一）流通加工地点设置不合理

流通加工地点设置是决定整个流通加工是否有效的重要因素。为衔接单品

扫码看视频

种大批量生产与多样化需求的流通加工，只有加工地点设置在消费地区，才能形成大批量干线运输与多品种末端配送的物流优势。如果将加工地点设置在生产地区，一方面为了满足用户多样化的需求，会出现多品种、小批量的产品由产地向消费地的长距离运输；另一方面，在产地增加了一个加工环节，同时也会增加近距离运输、保管、装卸等一系列物流活动。因此，在这种情况下，应由生产企业完成这种加工，无须设置专门的流通加工环节。

另外，物流的流通加工环节应该设置在产地，设置在进入社会物流之前。如果将其设置在消费地，不但不能解决物流问题，还会在流通中增加中转环节，因而也是不合理的。即使在产地或消费地设置流通加工点的选择是正确的，还有流通加工在小地域范围内的正确选址问题。如果处理不善，仍然会出现不合理。例如交通不便，流通加工与生产企业或用户之间距离较远，加工点周围的社会环境条件恶劣等。

（二）流通加工方式选择不当

流通加工方式包括流通加工对象、流通加工工艺、流通加工技术、流通加工程度等。确定流通加工方式，实际上是对生产加工的合理分工。分工不合理，把本来应由生产加工环节完成的作业错误地交给流通加工环节来完成，或者把本来应由流通加工环节完成的作业错误地交给生产加工环节去完成，都会造成不合理。

流通加工不是对生产加工的代替，而是一种补充和完善。所以，如果工艺复杂，技术装备要求较高，或加工可以由生产过程延续或轻易解决的，都不宜再设置流通加工。如果流通加工方式选择不当，就可能会出现与生产加工争利的不良后果。

（三）流通加工作用不大，形成多余环节

有的流通加工过于简单，或者对生产和消费的作用都不大，甚至有时由于流通加工的盲目性，不仅未能解决品种、规格、包装等问题，反而增加了作业环节，这也是流通加工不合理的重要表现形式。

（四）流通加工成本过高，效益不好

流通加工的一个重要优势就是它有较高的投入产出比，因而能有效地起到补充作用。如果流通加工成本过高，则不能实现以较低投入实现更高使用价值的目的，势必影响它的经济效益。

二、流通加工合理化的方法

（一）流通加工和配送相结合

流通加工和配送相结合就是将流通加工设置在配送点中。一方面按配送的需要进行加工；另一方面加工又是配送业务流程中分货、拣货、配货的环节之一。加工后的产品直接投入配货作业，这就不需要单独设置一个加工的中间环节，就能使流通加工与中转流通巧妙地结合在一起。由于配送之前有必要的加工，可使配送服务水平大大提高。这是当前对流通加工做合理选择的重要形式，在煤炭、水泥等产品的流通中已表现出较大的优势。

（二）流通加工和配套相结合

配套是指将使用上有联系的用品集合成套地供应给用户使用。例如，方便食品的配套，包括食品生产企业的产品——各种即食或速熟食品，还有餐具生产企业的产品——各种一次性餐具。当然，配套的主体来自各个生产企业，例如方便食品中的方便面，就由其生产企业配套生产。但是，有的配套不能由某个生产企业全部完成，如方便食品中的盘菜、汤料等，

在物流企业经过流通加工，可以有效地促成配套，大大提高流通作为供需桥梁与纽带的能力。

（三）流通加工和合理运输相结合

我们知道，流通加工能有效衔接干线运输和支线运输，促进两种运输形式的合理化。利用流通加工，在支线运输转干线运输或干线运输转支线运输等这些必须停顿的环节，不进行一般的"支转干"或"干转支"，而是按干线或支线运输合理的要求进行适当加工，从而大大提高运输及转运水平。

（四）流通加工和合理商流相结合

流通加工也能起到促进销售的作用，从而使商流合理化，这也是流通加工合理化的方向之一。流通加工和配送相结合，通过流通加工，提高了配送水平，促进了销售，使加工与商流合理结合。此外，通过简单地改变包装以形成方便的购买量，通过组装加工避免用户使用前进行组装、调试的难处，都是有效促进商流很好的手段。

（五）流通加工和节约资源相结合

节约能源、节约设备、节约人力、减少耗费是流通加工合理化重要的考虑因素，也是目前我国设置流通加工并兼顾其合理化的较普遍形式。

（六）避免盲目设置流通加工

流通加工不是对生产加工的代替，而是一种补充和完善。所以一般而言，如果工艺复杂，技术装备要求高，可以由生产过程延续或轻易解决的，都不宜再设置流通加工。

流通加工业务是现代物流企业提供的增值服务，即会提高流通商品的附加值，从而实现物流企业的经济效益，给供需双方带来方便与效率，所以它有强劲的发展势头。

对于流通加工合理化的最终判断，要看其是否能实现社会和企业两方的效益，而且是否取得了最优效益。同时，流通企业更应该树立社会效益第一的理念，以实现产品生产的最终利益为原则，只有在生产流通过程中不断补充、完善责任的前提下，才有生存的价值。如果只是追求企业的局部效益，不适当地进行加工，甚至与生产企业争利，就有违流通加工的初衷，或者本身已不属于流通加工的范畴。

【本章小结】

扫码看视频

流通加工是物品在从生产地到使用地的过程中，为了增加附加值、满足客户需求、促进销售而进行简单的包装、分割、计量、分拣、刷标志、贴标签、组装、组配等加工作业的总称。流通加工有多种类型。常见的流通加工的主要应用包括食品的流通加工、钢材的流通加工、木材的流通加工、煤炭的流通加工、水泥的流通加工和机电产品的流通加工等。流通加工合理化是尽量实现流通加工的最优配置，即对是否设置流通加工环节、在什么地方设置、选择什么类型的加工、采用什么样的技术设备等问题做出正确抉择。

技 能 训 练

一、单项选择题

1. 物品在从生产地到使用地的过程中，根据需要进行包装、分割、计量、分拣、刷标志、贴标签、组装等简单作业的总称叫作(　　)。

A. 配送　　　　　　B. 流通加工　　　　　　C. 仓储　　　　　　D. 运输

2. 在销售过程中进行的流通加工属于(　　)。
A. 生产型加工　　B. 促销型加工　　C. 物流型加工　　D. 以上都不是
3. 流通加工的对象是(　　)，而生产加工的对象是原材料、零配件或半成品。
A. 物品　　B. 商品　　C. 成品　　D. 半成品
4. 流通加工主要是为促进与便利(　　)而进行的加工。
A. 流通　　B. 增值　　C. 流通与销售　　D. 提高物流效率
5. 流通加工最多的产品是(　　)。
A. 食品　　B. 水泥　　C. 木材　　D. 机电产品
6. 将水泥加工成混凝土，将原木或板、方材加工成门窗，钢板预处理、整形等作业称为(　　)。
A. 配送　　B. 流通加工　　C. 仓储　　D. 运输
7. 水产品、肉类、蛋类的保鲜保质的冷冻加工、防腐加工等属于(　　)。
A. 为提高物流效率、降低物流损失的流通加工
B. 为保护产品所进行的流通加工
C. 为提高加工效率的流通加工
D. 为弥补生产领域加工不足的流通加工
8. 下列(　　)因素不会影响流通加工合理化。
A. 场地　　B. 设施设备　　C. 客户需求　　D. 天气因素

二、多项选择题

1. 流通加工的内容包括(　　)。
A. 分割　　B. 贴标　　C. 计量
D. 包装　　E. 检验
2. 目前贴标签的形式有(　　)。
A. 手工贴标签　　B. 半自动化贴标签　　C. 全自动机器贴标签　　D. 打印标签
3. 食品流通加工的具体项目包括(　　)。
A. 生鲜食品的冷冻加工　　B. 分选加工
C. 农副产品的精制加工　　D. 分装加工
4. 流通加工的作用包括(　　)。
A. 提高原材料利用率　　B. 方便用户
C. 提高加工效率及设备利用率　　D. 不产生任何价值
5. 流通加工也可以起到促进销售的作用，例如(　　)。
A. 将过大包装或散装物分装加工
B. 将以保护商品为主的运输包装改换成以促进销售为主的销售包装
C. 将蔬菜、肉类洗净切块以满足消费者要求
D. 自行车在消费地区的装配加工
6. 实现流通加工合理化的途径和方法有(　　)。
A. 流通加工和配送结合　　B. 流通加工和合理运输结合
C. 流通加工和配套结合　　D. 流通加工和合理商流结合
E. 流通加工和节约资源结合

三、判断题

1. 流通加工是现代生产发展的一种必然趋势。（　　）
2. 流通加工是为了提高物流速度和物品的利用率,在物品进入流通领域后按客户的要求进行的加工活动。（　　）
3. 这种为保护产品所进行的流通加工改变了进入流通领域的"物"的外形及性质。（　　）
4. 生鲜食品的冷冻加工,是为了解决鲜肉、鲜鱼在流通中保鲜及装卸搬运的问题,采取低温冻结方式的加工。（　　）
5. 流通加工合理化是绝对能实现流通加工的最优配置。（　　）

四、简答题

1. 流通加工的作用主要体现在哪些方面?
2. "配送不仅能促进物流的专业化、社会化发展,还能以其特有的运动形态和优势调整流通结构,促使物流活动向'规模经济'发展。"你对这句话如何理解?
3. 流通加工合理化的途径有哪些?

五、综合分析题

【案例1】 假设生产现场甲、乙、丙3个部门分别需要2.9m、2.1m、1.5m的棒材各100根。已知供应商提供的棒材规格为7.4m。

要求:比较分散下料与集中下料所需的原材料数量。

分散下料:

甲:$7.4 \div 2.9 \approx 2$,$100 \div 2 = 50$(根)

乙:$7.4 \div 2.1 \approx 3$,$100 \div 3 \approx 34$(根)

丙:$7.4 \div 1.5 \approx 4$,$100 \div 4 = 25$(根)

合计:$50+34+25 = 109$(根)

如果采用集中下料,最少需要多少根?

【案例2】 阿迪达斯流通加工的超市

阿迪达斯公司在美国有一家超市,设立了组合式鞋店,摆放的不是做好了的鞋,而是做鞋用的半成品,款式花色多样,有6种鞋跟、8种鞋底,鞋面的颜色以黑、白为主,鞋带的颜色有80种,款式有百余种。顾客可任意挑选自己喜欢的鞋的各个部位,交给销售员当场进行组合,只要10min就能将一双崭新的极具个性化的鞋交到顾客手上。这家超市昼夜营业,职员技术熟练,鞋子的售价与成批制造的价格差不多,有的还稍便宜些。所以这家超市的顾客络绎不绝,销售金额比邻近的鞋店多10倍。

思考:

此案例中,流通加工起到的作用是什么?

第七章 物流的"最后一公里"——配送

【学习目标及要求】

（一）知识目标

1. 理解配送的概念。
2. 掌握配送的基本形式。
3. 理解配送中心的概念，掌握配送中心的基本功能。
4. 理解物流中心的概念，掌握物流中心的基本功能。

（二）技能要求

1. 能够掌握配送的流程。
2. 能够理解和掌握配送中心的整个流程。
3. 能够利用所学知识合理安排物资配送。

【物流术语】

1. 配送（Distribution）。
2. 配送中心（Distribution Center）。
3. 物流中心（Logistics Center）。
4. 共同配送（Joint Distribution）。
5. 即时配送（On-demand Delivery）。
6. 准时制配送（Just-in-time Distribution）。

【知识梳理】

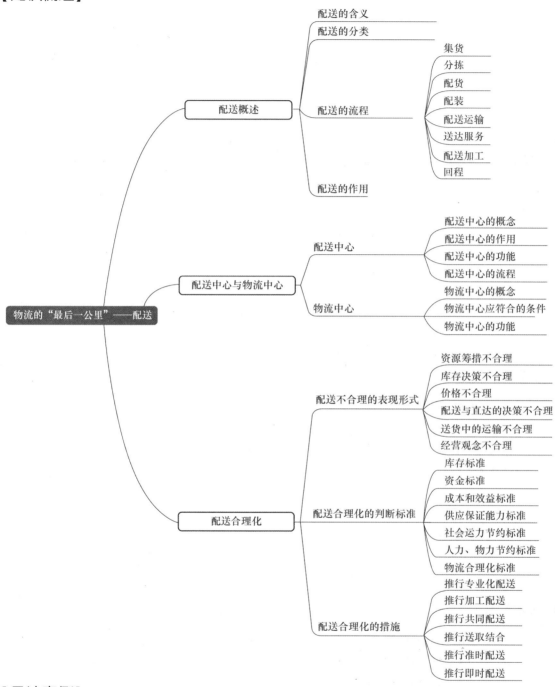

【导读案例】

7-11便利店的配送系统

7-11的物流模式先后经历了三个阶段的变革。

第一阶段：批发商直送。7-11并没有自己的配送中心，它的货物配送是依靠批发商来完成的。以日本 7-11 为例，早期日本 7-11 的供应商都有自己特定的批发商，而且每个批发商一般只代理一家生产商的产品，这个批发商就是联系 7-11 和其他供应商之间的纽带，也是 7-11 和供应商之间传递货物、信息和资金的通道。供应商把自己的产品交给批发商以后，对产品的销售就不再过问了，所有的配送和销售都会由批发商来完成。对于 7-11 而言，批发商就相当于自己的配送中心，它所要做的就是把供应商生产的产品迅速有效地运送到 7-11。为了自身的发展，批发商需要最大限度地扩大自己的经营，尽力向更多的便利店送货，并且要对整个配送和订货系统做出规划，以满足 7-11 的需要。

第二阶段：集约化配送。随着 7-11 便利店规模的不断扩大，这种分散化的送货方式无法满足 7-11 便利店的需要，因此，7-11 开始和批发商及合作生产商构建统一的集约化配送和进货系统。在这种系统之下，7-11 改变了以往由多家批发商分别向各个便利店送货的方式，改成了一家在一定区域内的特定批发商统一管理该区域内的同类供应商，然后由 7-11 统一配货，这种方式称为集约化配送。集约化配送有效地降低了批发商的数量，减少了配送环节，为 7-11 节省了物流费用。

第三阶段：共同配送中心。配送中心的好处提醒了 7-11，与其让别人掌控自己的经济命脉，不如自己把握自己的经济命脉。7-11 的物流共同配送系统因此浮出水面，共同配送中心代替了特定的批发商，分别在不同的区域统一进集货、统一配送。配送中心有一个计算机网络配送系统，分别与供应商及 7-11 店铺相连。为了保证不断货，配送中心一般会根据以往的经验保留 4 天左右的库存，同时，配送中心的计算机系统每天都会定期收到各个店铺发来的库存报告和要货报告，配送中心把这些报告集中分析，最后形成一张张向不同供应商发出的订单，由计算机网络传递给供应商，而供应商则会在预定的时间内向配送中心派送货物。

7-11 配送中心在收到所有货物后，对各个店铺所需的货物分别打包，等待发送。第二天早晨，派送车就会从配送中心鱼贯而出，向自己配送区域内的 7-11 连锁店送货，整个过程就这样循环往复。

配送中心的优点还在于 7-11 从批发商手上夺回了配送的主动权，7-11 能随时掌握在途商品、库存货物等数据，对财务信息和供应商的其他信息也能掌握。对零售企业来说，这些数据是至关重要的。

随着店铺的扩大和商品的增多，7-11 的物流配送越来越复杂，配送时间和配送种类的细分势在必行。以我国台湾地区的 7-11 为例，台湾的物流配送细分为出版物、常温食品、低温食品和鲜食品 4 个类别，各个区域的配送中心需要根据不同商品的特征和需求量每天做出不同频率的配送，以确保食品的新鲜度，以此来吸引更多的顾客。由此，新鲜、及时、便利和不缺货成为 7-11 店铺最大的卖点。

日本的 7-11 店铺也是根据食品的保存温度来建立配送系统的。日本 7-11 对食品的分类是：冷冻型（-20℃），如冰激凌等；微冷型，如牛奶、生菜等；恒温型，如罐头、饮料等；温暖型，如面包、饭食等。不同类型的食品会采用不同的冷藏设备和配送方法，如各种保温车和冷藏车。由于冷藏车在上下货时经常开关门，容易引起车厢温度的变化和冷藏食品的变质，所以 7-11 专门用一种两仓式货车来解决这个问题，一个仓中的温度变化不会影响另一个仓，需要冷藏的食品始终能在需要的低温下配送。

除了配送设备，不同食品对配送时间和配送频率也有着不同的要求。对于有特殊要求的冰激凌，7-11 会绕过配送中心，由配送车早、中、晚三次直接从生产商运送到店铺；对于一般的食品，7-11实行的是一日三次的配送制度，早上3点到7点配送前一天晚上生产的一般食品，上午8点到11点配送前一天晚上生产的特殊食品，如牛奶、新鲜蔬菜等，下午3点到6点配送当天上午生产的食品，这样一日三次的配送频率在保证商店不缺货的同时也保证了食品的新鲜度。为确保各店铺的万无一失，配送中心还有一个特别的制度与一日三次的配送制度相搭配。每个店铺都会碰到一些特殊的情况造成缺货，这时只要向配送中心电话告急，配送中心就会用安全库存对店铺进行紧急配送，如果安全库存也已告终，中心就转而向供应商紧急要货，并且在第一时间送货到缺货店铺中。

思考：
1. 通过7-11便利店配送系统，我们能得到什么启示？
2. 7-11便利店配送系统是如何运作的？

第一节 配送概述

物流配送是物流系统中由运输派生出来的功能。它是为了满足客户多品种、小批量、高频率的订货需求，在配送中心或其他物流节点进行货物的配备，并且以最合理的方式送交客户。

一、配送的含义

GB/T 18354—2021《物流术语》对配送（Distribution）的定义是："根据客户要求，对物品进行分类、拣选、集货、包装、组配等作业，并按时送达指定地点的物流活动。"配送是物流中一种特殊的、综合的活动形式，是商流与物流紧密结合，既包含了商流活动和物流活动，又包含了物流中若干功能要素的一种形式。

二、配送的分类

1. 按实施配送的节点不同进行分类
1）配送中心配送。
2）仓库配送。
3）商店配送。

2. 按配送商品的种类和数量的多少进行分类
1）单（少）品种、大批量配送。
2）多品种、少批量配送。
3）配套成套配送。

3. 按配送时间和数量的多少进行分类
1）定时配送是指按规定时间间隔进行配送，如数天或数小时一次等。而且每次配送的品种及数量可以根据计划执行，也可以在配送之前以商定的联络方式（如电话、计算机终端输入等）通知配送的品种及数量。
2）定量配送是指按照规定的批量，在一个指定的时间范围内进行配送。
3）定时定量配送是指按照规定的配送时间和配送数量进行配送。
4）定时定路线配送是指在规定的运行路线上，制定到达时间表，按运行时间表进行配送。用户则可以按规定的路线站点及规定的时间接货，以及提出配送要求。

5）即时配送是指完全按照用户突然提出的时间、销量方面的配送要求，随即进行配送的方式。这是有较强灵活性的一种应急的方式。

4. 按经营形式不同进行分类

1）销售配送。
2）供应配送。
3）销售—供应一体化配送。
4）代存代供配送。

三、配送的流程

1. 集货

集货，即将分散的或小批量的物品集中起来，以便进行运输和配送的作业。

集货是配送的重要环节，为了满足特定客户的配送要求，有时需要把从几家甚至数十家供应商处预订的物品集中，并将要求的物品分配到指定容器或场所。

集货是配送的准备工作或基础工作。配送的优势之一就是可以集中客户需求进行一定规模的集货。

2. 分拣

分拣是将物品按品种、出入库先后顺序进行分门别类堆放的作业。分拣是配送不同于其他物流形式的功能要素，也是决定配送效率的一项重要支持性工作。它是完善送货、支持送货的准备性工作，是不同配送企业在送货时进行竞争和提高自身经济效益的必然延伸。所以说，分拣是送货向高级形式发展的必然要求。有了分拣，就会大大提高送货服务水平。

3. 配货

配货是使用各种拣取设备和传输装置，将存放的物品按客户要求分拣出来，配备齐全后送入指定发货地点的作业。

4. 配装

在单个客户配送数量不能达到车辆的有效运载负荷时，就存在如何集中不同客户的配送货物，进行搭配装载以充分利用运能、运力的问题，这时就需要配装。与一般送货的不同之处在于：通过配装送货可以大大提高送货的效率以及降低送货的成本。因此，配装也是配送系统中具有现代特点的功能要素，是现代配送不同于以往送货的重要区别之一。

5. 配送运输

运输中的末端运输、支线运输和一般运输形态的主要区别在于：配送运输是较短距离、较小规模、额度较高的运输形式，一般使用汽车作为运输工具；与干线运输的另一个区别是，配送运输的路线选择问题是一般干线运输所没有的，干线运输的干线是唯一的运输线，而配送运输由于配送客户多，一般城市交通路线又较复杂，如何组合成最佳路线、如何使配装和路线有效搭配等，是配送运输的特点，也是难度较大的工作。

6. 送达服务

将配好的货物运输到客户所在地还不算配送工作的结束，因为送达货物和客户接货往往还会出现不协调的情况，导致配送前功尽弃。因此，要圆满地实现货物运到之后的移交，并有效地、方便地处理相关手续，完成结算，还应讲究卸货地点、卸货方式等。送达服务也是配送的特殊性。

7. 配送加工

配送加工是指按照配送客户的要求所进行的流通加工。在配送中，配送加工这一功能要素不具有普遍性，但往往是具有重要作用的功能要素。这是因为通过配送加工，可以大大提高客户的满意程度。配送加工是流通加工的一种，但配送加工有其不同于流通加工的特点，即配送加工一般只取决于客户要求，且加工的目的较为单一。

8. 回程

在执行完配送任务之后，配送车辆需要回程。在一般情况下，回程车辆往往空驶。所以，从提高运输效用角度考虑，在规划配送路线时，回程路线应尽量缩短；在进行稳定的计划配送时，回程车辆可将包装物、残次品运回集中处理，或者将用户的产品运回配送中心，作为配送中心的资源，向其他用户进行配送。

四、配送的作用

1. 有利于物流活动实现合理化

配送不仅能促进物流的专业化、社会化发展，还能以其特有的运动形态和优势调整流通结构，促使物流活动向"规模经济"发展。从组织形态上看，它是以集中的、完善的送货取代分散性、单一性的取货。在资源配置上看，则是以专业组织的集中库存代替社会上的零散库存，衔接了产需关系，打破了流通分割和封锁的格局，较好地满足了社会化大生产的发展需要，有利于实现物流社会化和合理化。

2. 完善了运输和整个物流系统

配送环节处于支线运输、灵活性、适应性、服务性都比较强，能将支线运输与搬运统一起来，使运输过程得以优化和完善。

3. 提高了末端物流的效益

采用配送方式，能够通过增加经济批量来达到经济的进货。配送采取将各种商品配齐集中起来向用户发货或将多个用户小批量商品集中在一起进行发货等方式，以提高末端物流的经济效益。

4. 通过集中库存使企业实现低库存或零库存

实现了高水平配送之后，尤其是采取准时制配送方式之后，生产企业可以完全依靠配送中心的准时制配送，而不需要保持自己的库存，或者生产企业只需保持少量保险储备，而不必留有经常储备。这就可以实现生产企业多年追求的"零库存"，将企业从库存的包袱中解脱出来，同时释放出大量储备资金，从而改善企业的财务状况。实行集中库存，集中库存总量远低于不实行集中库存时各企业分散库存的总量。同时，提升了调节能力，也提高了社会经济效益。此外，采用集中库存可利用规模经济的优势，使单位存贷成本下降。

5. 提高了物流服务水平，简化了手续，方便了用户

采用配送方式，用户只需要从配送中心订购就能达到向多处采购的目的，只需要组织对一个配送单位的接货便可替代现有的高频率接货，因而大大减少了用户的工作量和负担，也节省了订货、接货等的一系列费用开支。

6. 提高了供应保证程度

生产企业自己保持库存、维持生产，供应保证程度很难提高（受库存费用的制约）。采用配送方式，配送中心可以比任何企业的储备量更大，因而对每个企业而言，中断供应影响

生产的风险便相对缩小，使用户免去短缺之忧。

7. 为电子商务的发展提供了基础和支持

电子商务的发展必须以配送为基础和支持，否则会受到很大的限制。

第二节 配送中心与物流中心

一、配送中心

（一）配送中心的概念

GB/T 18354—2021《物流术语》对配送中心（Distribution Center）的定义是："具有完善的配送基础设施和信息网络，可便捷地连接对外交通运输网络，并向末端客户提供短距离、小批量、多批次配送服务的专业化配送场所。"

从事配送业务的物流场所和组织，应符合下列条件：主要为特定的用户服务；配送功能健全；完善的信息网络；辐射范围小；多品种，小批量；以配送为主，储存为辅。

（二）配送中心的作用

配送中心在以下几个方面发挥较好的作用：

1）减少交易次数和流通环节。
2）产生规模效益。
3）减少客户库存，提高库存保证程度。
4）与多家厂商建立业务合作关系，能有效而迅速地反馈信息、控制商品质量。
5）配送中心是现代电子商务活动中开展配送活动的物质技术基础。

（三）配送中心的功能

1. 采购功能

配送中心必须首先采购所要供应配送的商品，才能及时准确无误地为其用户即生产企业或商业企业供应物资。配送中心应根据市场的供求变化情况，制订并及时调整统一的、周全的采购计划，并由专门的人员或部门组织实施。

2. 存储保管功能

配送中心的服务对象是为数众多的生产企业和商业网点（如连锁店和超级市场）。配送中心需要按照用户的要求及时将各种配装好的货物送交到用户手中，满足生产和消费需要。为了顺利有序地完成向用户配送商品的任务，并能够更好地发挥保障生产和消费需要的作用，配送中心通常要兴建现代化的仓库并配备一定数量的仓储设备，存储一定数量的商品。某些区域性的大型配送中心和开展"代理交货"配送业务的配送中心，不但要在配送货物的过程中存储货物，而且所存储的货物数量更大、品种更多。由于配送中心拥有强大的存储货物的能力，使存储保管功能成为配送中心仅次于配组功能和分拣功能的一个重要功能之一。

3. 配组功能

由于用户对商品的品种、规格、型号、数量、质量、送达时间和地点等的要求不同，配送中心必须按用户的要求对商品进行分拣和配组。配送中心的这一功能是其与传统的仓储企业的明显区别之一，也是配送中心最重要的特征之一。可以说，没有配组功能，就没有所谓的配送中心。

4. 分拣功能

作为物流节点的配送中心的客户彼此差别很大，不仅各自的性质不同，而且经营规模也大相径庭。因此，在订货或进货时，不同的客户对于货物的种类、规格、数量会提出不同的要求。针对这种情况，为了有效地进行配送，即为了同时向不同的客户配送多种货物，配送中心必须采取适当的方式对组织来的货物进行拣选，并且在此基础上按照配送计划分装和配装货物。这样，在商品流通实践中，配送中心就增加了分拣货物的功能，发挥分拣中心的作用。

5. 分装功能

从配送中心的角度来看，它往往希望采用大批量的进货来降低进货价格和进货费用；但是用户为了降低库存、加快资金周转、减少资金占用，则往往采用小批量进货的方式。为了满足用户的要求，即用户的小批量、多批次进货，配送中心必须进行分装。

6. 集散功能

货物由几个公司集中到配送中心，再进行发运。凭借特殊的地位以及拥有的各种先进的设施和设备，配送中心能够将分散在各个生产企业的产品集中到一起，然后经过分拣、配装向多家用户发运。集散功能也包括将其他公司的货物放入该配送中心来处理、发运，以提高卡车的满载率，降低费用成本。

7. 流通加工功能

在配送过程中，为解决生产中大批量、少规格和消费中的小批量、多样化要求的矛盾，按照用户对货物的不同要求对商品进行分装、配装等加工活动，这也是配送中心的功能之一。

8. 送货功能

将配好的货物按到达地点或到达路线进行送货。运输车辆可以租用社会运输力量或安排自己的专业运输车队。

9. 物流信息汇总及传递功能

这个功能为管理者提供更准确、及时的配送信息，也是用户与配送中心联系的渠道。

10. 衔接功能

在生产过程中，不仅是半成品，还有原材料等从各地运来，需要仓库储存，并对生产过程中的各道工序的物资进行配送。

11. 服务功能

以顾客需要为导向，为满足顾客需要而开展配送服务。此外，配送中心还有加工功能、运输功能、信息功能、管理功能等。配送中心一般都具有这些功能，根据其对其中某一功能的重视程度，决定着该配送中心的性质，而且它的选址、房屋构造、规模和设施等也随之变化。

（四）配送中心的流程

1. 配送中心的一般流程

配送中心的种类很多，因此内部结构和运作方式也不相同。一般来说，中、小件品种规格复杂的货物具有典型意义，所以配送中心的一般流程以中、小件杂货配送为代表。由于货物种类多，为保证配送，需要有一定的储存量，配送中心需要有储存功能，对理货、分类、配货、配装的功能要求较高，但一般来说，很少有流通加工的功能。

这种流程也可以说是配送中心的典型流程，其主要特点是有较大的储存场所，分货、拣选、配货场所及装备投入也较大。

2. 不带储存库的配送中心的流程

有的配送中心专门以配送为职能，因此会将储存场所（尤其是大量储存场所）转移到配送中心之外的其他地点，专门设置补货型的储存中心，配送中心只有配送备货的暂存，而无大量储存。暂存设在配货场地中，在配送中心不单设储存区。

这种配送中心和第一种类型的配送中心的流程大致相同，主要工序及主要场所都用于理货、配货，区别只在于大量的储存在配送中心外部完成。

这种类型的配送中心，由于没有集中储存的仓库，占地面积比较小，也可以省去仓库、货架的巨额投资。至于补货仓库，可以采取外包的形式，采取协作的方法解决，也可以自建补货中心，在若干配送中心的基础上，共同建设一个更大规模的集中储存型补货中心，还可以采用虚拟库存的办法来解决。

3. 加工配送中心的流程

加工配送中心也不只有一种运作模式，由于加工方式不同，配送中心的流程也有区别。

这种配送中心的流程特点比较鲜明，以平板玻璃为例，进货是大批量、单（少）品种的产品，因而分类工作不重或基本上不需要分类存放。储存后进行加工和生产企业按标准、系列加工不同，储存后加工一般是按用户要求加工。因此，加工后产品便直接分类存放、配货。所以，这种类型的配送中心有时不单设分货、配货或拣选环节；配送中心在加工部分及加工后的分放部分占较大空间。

4. 批量转换型配送中心的流程

这种配送中心的流程是将批量大、品种较单一的产品进货，转换成小批量发货式的配送中心。不经配煤、成型煤加工的煤炭配送和不经加工的水泥、油料配送的配送中心大多属于这种类型。

这种配送中心的流程十分简单，基本不存在分类、拣选、分货、配货、配装等工序，但由于是大量进货，储存能力较强，储存及分装是主要工序。

二、物流中心

（一）物流中心的概念

GB/T 18354—2021《物流术语》对物流中心（Logistics Center）的定义是："具有完善的物流设施及信息网络，可便捷地连接外部交通运输网络，物流功能健全，集聚辐射范围大，存储、吞吐能力强，为客户提供专业化公共物流服务的场所。"

（二）物流中心应符合的条件

1）主要面向社会提供公共物流服务。
2）物流功能健全。
3）辐射范围大。
4）存储、吞吐能力强。
5）对下游配送中心提供物流服务。

（三）物流中心的功能

1. 运输功能

物流中心需要自己拥有或租赁一定规模的运输工具，具有竞争优势的物流中心不只是一个点，而是一个覆盖全国的网络。因此，物流中心首先应该负责为客户选择能够满足客户需要的运输方式，然后具体组织网络内部的运输作业，在规定的时间内将客户的商品运至目的地。除了在交货点交货时需要客户配合外，整个运输过程包括最后的市内配送都应由物流中心负责组织，以尽可能方便客户。

2. 储存功能

物流中心需要有仓储设施，但客户需要的不是在物流中心储存商品，而是要通过仓储环节保证市场分销活动的开展，同时尽可能降低库存占用资金，减少储存成本。因此，公共型物流中心需要配备高效率的分拣、传送、储存、拣选设备。

3. 装卸搬运功能

装卸搬运功能是为了加快商品在物流中心的流通速度必须具备的功能。公共型物流中心应该配备专业化的装载、卸载、提升、运送、码垛等装卸搬运机械，以提高装卸搬运作业效率，减少作业对商品造成的损害。

4. 包装功能

物流中心包装作业的目的不是要改变商品的销售包装，而是通过对销售包装进行组合、拼配、加固，形成适合物流和配送的组合包装单元。

5. 流通加工功能

流通加工功能的主要目的是方便生产或销售，公共型物流中心常常与固定的制造商或分销商长期合作，为制造商或分销商完成一定的加工作业。物流中心必须具备的基本加工职能有贴标签、制作并粘贴条码等。

6. 物流信息处理功能

物流中心将各个物流环节的各种物流作业所产生的物流信息进行实时采集、分析和传递，并向货主提供各种作业明细及咨询信息。这是现代物流中心非常重要的一项功能。

每个物流中心的功能都不完全一样。有的物流中心可能只有基本功能，可以满足大多数物流作业的需要；有的物流中心还有辅助功能，这些辅助功能主要有结算功能、需求预测功能等。

第三节　配送合理化

一、配送不合理的表现形式

对于配送的决策优劣，很难有一个统一的标准。例如，企业效益是配送的重要衡量标准，但是在配送决策时常常考虑各种因素，有时甚至要做亏本买卖。所以配送的决策是全面、综合的决策。在决策时要避免由于不合理配送所造成的损失，但有时某些不合理现象是伴生的，要追求大的合理，就可能派生小的不合理，其表现形式如下。

（一）资源筹措不合理

配送是利用较大批量的方式筹措资源。通过筹措资源的规模效益来降低资源筹措成本，使配送资源筹措成本低于用户自己筹措资源的成本，从而获得优势。如果不是集中多个用户需要进行批量筹措资源，而仅仅是为某一两个客户代购代筹，就不能降低资源筹措费，相反要多支付一笔配送中心的代筹代办费，因而是不合理的。资源筹措不合理还有其他表现形式，如配送量计划不准、资源筹措过多或过少，以及在资源筹措时不考虑与资源供应者建立长期稳定的供需关系等。

（二）库存决策不合理

配送应充分利用集中库存，使其总量低于各用户分散库存总量，从而大大节约社会资源，同时降低用户实际平均分摊库存的负担。因此，配送中心必须依靠科学管理来实现一个低总量的库存，否则就会出现库存总量过度的不合理现象。配送企业库存决策不合理还表现为储存量不足，不能保证随机需求，失去应有的市场。

（三）价格不合理

配送的价格应低于不实行配送时用户自己进货时的成本总和，这样才会让用户有利可图。有时候，由于配送有较高的服务水平，价格稍高，用户也是可以接受的，但这不能是普遍的原则。如果配送价格普遍高于用户自己的进货价格，就是一种不合理表现。但如果价格制定得过低，使配送中心在无利或亏损状态下运行，同样也是不合理的。

（四）配送与直达的决策不合理

从表面看，配送中心增加了一个流通环节，但这个环节的增加降低了用户平均库存水平，不但抵消了增加环节的支出，而且能取得剩余价值。但是，如果用户使用的货物批量大，则可以直接通过社会物流系统均衡批量进货，这比通过配送中转送货更节约费用。所以，在这种情况下，不直接进货而通过配送就属于决策不合理。

（五）送货中的运输不合理

对于多个小用户来说，集中配装一车货送几户比一户一送大大节省运力和运费。如果不能利用这一优势，仍然是一户一送，而车辆达不到满载，就属于不合理。此外，不合理运输，如返程或起程空驶、对流运输、迂回运输、重复运输、倒流运输等，在配送中都可能出现，这些都会使配送变得不合理。

（六）经营观念不合理

在配送实施中，有许多配送不合理是由经营观念不合理导致的。例如，配送中心利用配送向用户转嫁成本，在库存过大时，强迫用户接货，以缓解自己的库存压力；在资金紧张时，长期占用用户资金；在资源紧张时，将用户资源挪作他用并获利等。

二、配送合理化的判断标准

（一）库存标准

1）库存总量。在一个配送系统中，库存数量从分散的用户转移给配送中心后，配送中心库存数量加上各用户在实行配送后的库存数量之和，应低于实行配送前各用户库存量之和。此外，从用户角度判断，各用户在实行配送前后的库存量比较，也是判断库存量合理与否的标准。某个用户库存量上升而总量下降也属于一种不合理现象。上述比较应在一定经营量的前提下进行。在用户的产量有了提升之后，库存总量的上升则反映了经营的发展，必须扣除这一因素，才能对总量是否下降做出正确判断。

2）库存周转。在库存周转方面，由于物流配送的调剂作用，较低的库存也可以保持较高的供应能力，从而使库存周转加快。此外，各用户在实行配送前后的库存周转比较，也是判断配送合理与否的标准。

为取得共同比较基准，以上库存标准都以库存储备资金计算，而不以实际物资数量计算。

（二）资金标准

总体来讲，实行配送应有利于减少资金占用及资金运用的科学化。

1) 资金总量。用于资源筹措所占用的流动资金总量，随储备总量的下降及供应方式的改变必然有较大幅度的降低。

2) 资金周转。由于资金运用节奏加快，资金充分发挥了作用，同样数量的资金，过去需要较长时间才能满足一定的供应要求，配送之后，在较短的时间内就能达到此目的。所以，资金周转是否加快，是衡量配送合理与否的重要标准。

3) 资金投向的改变。资金分散投入还是集中投入，是资金调控能力的重要反映。实行配送后，资金必然从分散投入改为集中投入，以增强调控作用。

(三) 成本和效益标准

总效益、宏观效益、微观效益、资源筹措成本等都是判断配送合理化的重要标准。对于不同的配送方式，可以有不同的判断侧重点。例如，配送企业、用户都是各自独立的以利润为中心的企业，不但要看配送的总效益，还要看社会的宏观效益及两个企业的微观效益。忽略任何一方的利益，都必然出现配送不合理。

由于总效益及宏观效益难以计量，在实际判断时，常以完成国家税收、配送中心和用户的微观效益来判断。对于配送中心而言（在投入确定的情况下），配送中心利润反映了配送的合理化程度。对于用户而言，在保证供应水平或提高供应水平（产出一定）的前提下降低成本，反映了配送的合理化程度。

(四) 供应保证能力标准

实行配送后，用户最担心的是供应保证程度降低。因此，配送必须提高对用户的供应保证能力，才算实现配送合理。供应保证能力可以从以下几个方面判断：

1) 缺货次数。实行配送后，必须降低缺货次数，配送才算合理。

2) 配送中心集中库存量。对每个用户来说，配送中心集中库存量所形成的供应保证能力高于配送前单个企业的保证程度才算合理。

3) 即时配送的能力及速度。即时配送的能力及速度是用户出现特殊情况时的特殊供应保障方式，这一能力必须高于未实行配送前用户的紧急进货能力及速度才算合理。

需要特别强调的是，配送中心的供应保证能力是一个相对的概念，而不是绝对的概念，具体来讲，如果供应保证能力过高，超过了实际的需要，也属于不合理。所以，追求供应保证能力的合理化也是有限度的。

(五) 社会运力节约标准

若末端运输的运能、运力使用不合理，会造成较大浪费，因而人们寄希望于配送来解决这个问题。这也成了配送合理化的重要标准。

运力使用的合理化是依靠送货动力的规划和整个配送系统的合理流程，与社会运输系统的合理衔接实现的。运力使用合理化可以简单判断如下：社会车辆总数减少，而承运量增加；社会车辆空驶减少；一家一户自营运输减少，社会化运输增加。

(六) 人力、物力节约标准

在实行配送后，用户库存量、仓库面积、仓库管理人员减少为合理现象；用于订货、接货、供应的人员减少为合理现象。

(七) 物流合理化标准

配送必须有利于物流合理化。这可以从以下几个方面来判断：是否降低了物流费用；是否减少了物流损失；是否加快了物流速度；是否发挥了各种物流方式的最优效果；是否有效衔接了干线运输和末端运输；是否减少了实际的物流中转次数；是否采用了先进的管理方法及技术手段。

三、配送合理化的措施

（一）推行专业化配送

通过采用专业设备、设施及操作程序，取得较好的配送效果并降低配送过分综合化的复杂程度及难度，从而追求配送合理化。

（二）推行加工配送

通过加工和配送相结合，充分利用本来应有的中转，而不增加新的中转使配送合理化。同时，借助于配送，加工目的更明确，和用户联系得更紧密，避免了盲目性。这两者有机结合，投入不会增加太多，却可以追求两个优势、两种效益，是配送合理化的重要途径。

（三）推行共同配送

共同配送也称共享第三方物流服务，是指多个客户联合起来共同由一个第三方物流服务公司来提供配选服务。它是在配送中心的统一计划、统一调度下展开的。通过共同配送可以以最近的路程、最低的配送成本完成配送，从而追求合理化。

（四）推行送取结合

配送中心与用户建立稳定密切的协作关系后，配送中心不仅成了用户的供应代理人，而且发挥了用户储存点的作用，甚至成为产品代销人。在配送时，将用户所需要的物资送到，再将用户生产的产品用同一车运回，这种产品也成了配送中心的配送产品之一，或者作为代存代销，免去了生产企业的库存包袱。这种送取结合，使运力充分利用，也使配送中心的功能得到更大发挥，从而追求合理化。

（五）推行准时配送

准时配送是配送合理化的重要内容。配送做到了准时，用户才可以放心地实施低库存或零库存，可以有效地安排接货的人力和物力，以提高效率和效益。另外，保证供应能力也取决于准时供应。

（六）推行即时配送

作为计划配送的应急手段，即时配送是大幅度提高供应保证能力的重要手段。即时配送是配送中心快速反应能力的具体化，是配送中心核心竞争能力的体现。即时配送成本较高，但它是整个配送合理化的重要保证手段。此外，用户实行零库存，即时配送也是重要保证手段。

【本章小结】

本章重点介绍了配送的含义、分类、流程和作用；讲解了配送中心与物流中心的概念和基本功能；并对配送合理化的判断标准及措施进行了详细介绍。

技 能 训 练

一、单项选择题

1. 短距离、小批量送货上门的现代物流行业是(　　)。
A. 配送业　　　　B. 交通运输业　　　　C. 仓库业　　　　D. 流通加工业

2. 配送的基本功能要素包括( )。
A. 集货、分拣、配货、配载、送货　　　B. 集中、分类和散发
C. 集货、分拣、配货和送货　　　　　　D. 集货、分拣、配载和送货
3. 一般送货可以是一种偶然行为的送货,而( )是一种有确定组织、确定渠道,有一套装备和管理力量、技术力量,有一套制度的体制形式。
A. 装卸　　　　　B. 搬运　　　　　C. 配送　　　　　D. 共同配送
4. ( )是在经济合理区域范围内,根据客户需求,对物品进行拣选、加工、包装、分割、组配等作业,并按时送达指定地点的物流活动。
A. 运输　　　　　B. 搬运　　　　　C. 配送　　　　　D. 定时配送
5. 下列选项不属于配送的基本形式的是( )。
A. 定时配送　　　B. 准时配送　　　C. 定点配送　　　D. 共同配送

二、多项选择题

1. 下列关于配送中心的含义叙述正确的是( )。
A. 从事配送业务且具有完善的信息网络的场所
B. 从事配送业务且具有完善的信息网络的组织
C. 从事配送业务且具有完善的信息网络的个人
D. 从事送货业务且具有完善的信息网络的场所、组织或个人
2. 一个物流配送中心应满足的基本要求包括( )。
A. 主要为特殊的用户服务
B. 配送功能健全
C. 辐射范围小和多品种、小批量、多批次、短周期
D. 主要为末端客户提供配送服务
3. 从理论上讲,配送中心的基本功能包括( )。
A. 集散和运输功能　　　　　　　　B. 储存和装卸搬运功能
C. 分拣和衔接功能　　　　　　　　D. 流通加工和信息处理功能
4. 下面对配送中心的描述不正确的是( )。
A. 集货中心
B. 分货中心
C. 加工中心
D. 集众多功能于一体的综合性经济组织或场所
5. 下列对配送概念理解正确的是( )。
A. 配送就是送货
B. 配送是送货、分货、配货等活动的有机结合
C. 配送是一种专业化的分工方式
D. 配送就是指配送中心配送
E. 配送属于末端运输

三、判断题

1. 配送提高了物流服务水平,简化了手续,方便了用户。　　　　　　　　( )
2. 配送的价格应低于不实行配送时用户自己进货时的成本总和。　　　　　( )

3. 物流中心的包装作业目的是要改变商品的销售包装。（　　）
4. 集货是将物品按品种、出入库先后顺序进行分门别类堆放的作业。（　　）
5. 配送是利用较大批量的方式筹措资源。（　　）

四、简答题
1. 简述配送的概念及其分类。
2. 简述配送的流程。
3. 简述配送中心的作用。
4. 简述配送合理化的措施。
5. 简述物流中心的基本功能。

五、综合分析题
江苏苏宁物流有限公司（以下简称苏宁物流）是苏宁控股集团有限公司旗下八大产业集团之一，创立于2012年，注册资本约71亿元。在智慧零售变革趋势下，苏宁物流专注于服务零售全渠道、全场景、全客群的发展模式，依托领先的软硬件支持，打造技术驱动的物流基础网络，面向合作伙伴输出高效协同的供应链解决方案。目前，苏宁物流已形成涵盖仓配、冷链、即时配、快递、快运、跨境、售后、送装的八大服务产品群。苏宁物流于2018年通过ISO9001质量管理体系认证，获得国家智能化仓储物流示范基地、智慧物流配送示范单位、物流标准化重点推进企业、江苏省重点物流基地等多项荣誉。

1. 企业优势

（1）自建物流网络　苏宁物流自建有大件、小件、冷链等各类大型仓储中心，建设立体仓、自动化仓、无人仓等高标准仓储设施，创新产地仓、前置仓、小店中心仓等运作模式。截至2019年上半年，苏宁物流联合天天快递仓储面积达到1090万 m^2，大件始发中心60个，小件始发中心24个，冷链物流仓46个，海外仓6个，干支线网络超过17000条，运营车辆超过10万辆。

（2）智慧物流平台　苏宁物流自主研发乐高平台、天眼平台、天机平台和指南针四大系统平台。其中，乐高平台是基于零售需求的复杂性和不确定性，为更加敏捷地响应市场而研发的模块化供应链物流管理信息平台；天眼平台是整合苏宁物流数据、参与社会数据置换、实现数字化管理的物流整体运营数据管理平台；天机平台是通过精准匹配物流供给与需求、优化物流资源配置等，对全局和全链条作业数据进行智能处理的平台；指南针是通过协同场地限制、运营需求、作业效率、运作成本四大因素，实现全自动化运作、人机结合等多种方式的柔性化生产系统平台。

2. 主要做法与成效

伴随苏宁零售业务的发展，苏宁物流持续推进线上线下一体化融合，完善"最后一公里"布局，探索社会共享平台服务，提升消费者体验。

（1）线上线下一体化融合　苏宁物流在集团线上线下融合总体战略下，持续整合上下游资源，打通线上（苏宁易购平台、苏宁易购天猫官方旗舰店）及线下（苏宁易购门店、苏宁小店等）渠道，打造线上线下一体化融合的仓储配送管理体系，实现门店端、PC端、移动端和家庭端四端协同，为消费者提供家电、3C、母婴、百货、超市、服装等全品类、全渠道的优质服务。

在动态库存管理方面，通过大数据分析和智能调度系统，形成枢纽分拨和最短配送路由，实现全国范围"一盘货"管理；在货位管理方面，通过ABC分区及库存总量预测，缩短77%的订单拣选路线，提高拣选效率；在配送路径优化方面，通过建立虚拟模型和导入实际作业数据，形成动态路网规划、高灵敏的路由路线排程、智能调度引擎，平均提高车辆装载率18%，缩短总配送距离13%，降低配送成本22.3%。

（2）完善"最后一公里"布局　苏宁物流充分发挥线上线下零售平台和物流快递设施优势，通过建设快递直营网点、苏宁帮客县镇服务中心、苏宁小店生活帮、零售云门店自提网点，整合旗下天天快递网点等措施，打造智慧零售末端仓配综合服务网点，形成强大的城乡末端配送网络。其主要模式一是"苏宁快递站点+零售云自提点+天天快递站点"三大基础站点组合，实现全网全地域覆盖；二是"苏宁生活帮+苏宁小店"深度融合，定位于"快递+"综合服务功能，代寄代收包裹；三是苏宁帮客县镇服务中心，打造集揽、仓、配、装、销、修、洗、收、换等功能于一体的综合服务体，强化县镇农村物流深度布局。

通过上述综合服务网点建设，有效破解城乡网点分布不均、不深、功能少等难题，更好地实现了"最后一公里"全国性布局。目前，苏宁物流已建设27744个末端快递点、480家苏宁县级服务中心，覆盖全国2858个区县，其中40%的区域已实现半日达配送和售后服务，60%的区域实现当日达服务。

（3）探索社会共享平台服务　苏宁物流打造开放的第四方综合物流信息服务平台，探索实现社会化服务转型。在社会化服务方面，平台基于物联网、大数据、云计算等技术形成信息化体系，实现支线运输、仓储、配送、自提等各环节供需双方的有效对接，并通过担保交易、信用管理、保险赔付等机制，提高物流交易的安全性与可靠性。在共享服务方面，推动包括美的、科捷等多家知名企业和近200余家中小型物流服务需求企业与物流企业开展业务合作；充分发挥共享平台优势，对各地"小""散"物流企业及物流运输车辆资源进行集聚整合，减少车辆返程空载，提高物流资源使用效率。目前，服务平台已入驻商户2000余家，在线共享仓储租赁面积超过10万m^2，覆盖全国57个地区。

3. 未来规划

1）强化集约配送业务。依托多元化、高标准的仓储资源和完善的末端配送网络，进一步发挥综合物流中心的集聚辐射功能。面向供应商、平台商户、社会客户提供工厂到仓库、经销商、门店和消费者的全链路物流解决方案。

2）优化乡村网络布局。继续加强乡镇末端网点建设，进一步提升农村"最后一公里"的服务质量。加快能力建设、资源整合和对外开放，打造农村现代寄递物流网，实现"县县有分拨、乡乡有网点、村村通快递"。

3）推进绿色物流发展。推广共享快递盒、循环中转袋（箱）、环保袋、环保填充物等减量化、复用化的包装产品，在农村地区逐步加大新能源车的使用比例。

思考：

1. 苏宁物流采用了哪些措施构建具有特色的仓配系统？
2. 苏宁物流构建线上线下一体化仓配体系有什么重大意义？

第八章　物流的中枢神经——物流信息

【学习目标及要求】

（一）知识目标

1. 了解物流信息的概念。
2. 掌握信息技术中的条码类型、条码参数、条码使用。
3. 熟悉 RFID、EDI、GPS 技术原理。
4. 理解物流信息系统。

（二）技能要求

1. 能简单使用 RFID 对库存物品进行编码。
2. 能利用信息技术手段收集、跟踪、处理和管理物流信息。
3. 能够绘制不同物流信息系统功能结构图。

【物流术语】

1. 物流信息（Logistics Information）。
2. 条码（Bar Code，BC）。
3. 射频识别（Radio Frequency Identification，RFID）。
4. 电子数据交换（Electronic Data Interchange，EDI）。
5. 全球定位系统（Global Positioning System，GPS）。

【知识梳理】

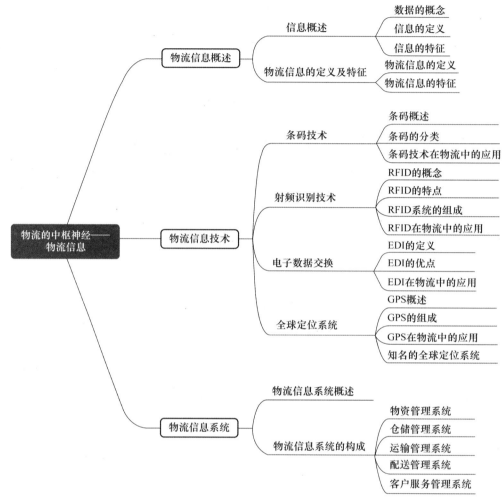

【导读案例】

条码的应用

顺德某物流公司的每个库房都分三个部分，最前面是收货区，中间是仓储区，后面是出库区。在收货区，厂家送来的货进行质量抽查后，每个商品都要贴上条码作为识别这个商品的"身份证"。然后，商品全部在仓储区上架入库。在货架上，每个架位都有编号，在上架时，理货员会扫描货物的商品条码与货位进行关联，并上传系统。这样，订单在生产时，取货员只需根据系统记录的货位去相应货架上取货，不用核对商品的名称。

GIS（地理信息系统）的应用。该物流公司和一家提供地图服务的公司合作，将后台系统与地图公司的 GPS 系统进行关联。在包裹出库时，每个包裹都有一个条码，运货的车辆也有相应的条码。在出库时每个包裹都会被扫描，同一辆车上的包裹条码与这辆车的条码关联起来。当这辆车在路上运行时，车载 GPS 与地图就形成了实时的位置信息传递，与车载 GPS 是一个道理。当车辆到了分拨站点分配给配送员时，每个配送员在配送时都有一台手持个人数字助理（Personal Digital Assistant，PDA），而这台手持PDA通过扫描每件包裹的条码，便实现与地图系统关联，而这个实时位置信息与物流公司的后台系统打通之后开放给前台用户，用户就能实时地在线查看自己订单从出库到送货的运行轨迹。在提升用户体验的同时，GIS也提供了物流队伍的实时监控及原始的数据，以提升整体的物流管理水平。GIS使物流管理者在后台可以实时看到物流运行情况，同时，车辆位置信息、车辆的停留时间、包裹的分拨时间、配送员与客户的交接时间等都会形成原始的数据。这些数据经过分析之后，可以给管理者提供更多、更有价值的参考。例如，怎么合理使用人员，怎么划分配送服务人员的服务区域，怎么缩短每单票的配送时间等。通过大量的数据分析，优化整个配送流程。另外，通过对一个区域的发散分析，可以看到客户的区域构成、客户密度、订单的密度等，然后根据这些数据进行资源上的匹配。

思考：
1. 该物流公司是如何将条码技术应用到实际中的？
2. GIS为该物流公司提供了哪些数据？

现代物流（Modern Logistics）指的是将信息、运输、仓储、库存、装卸搬运以及包装等物流活动综合起来的一种新型的集成式管理，其任务是尽可能降低物流的总成本，为顾客提供最好的服务。现代物流是以信息技术为支撑的，没有信息化就没有现代物流的发展。

第一节 物流信息概述

一、信息概述

（一）数据的概念

数据（Data）是指对客观事件进行记录并可以鉴别的符号，是对客观事物的性质、状态以及相互关系等进行记载的物理符号或这些物理符号的组合。它是可识别的、抽象的符号，包括字符、文字、数字、图像、声音和视频等。例如，在一个$100m^2$的仓库里，人们可以看见50瓶矿泉水、木托盘的重量是15kg、20个纸箱包装的运动鞋。在上述描述中，50瓶矿泉水、木托盘、15kg、纸箱、运动鞋就是数据。通过这些数据的描述，我们可以对客观实物在大脑里形成一个清晰图像。

大数据英文名为Big Data，是指无法在一定时间范围内用常规软件工具进行捕捉、管理和处理的数据集合，是需要新处理模式才能具有更强的决策力、洞察发现力和流程优化能力的海量、高增长率和多样化的信息资产。通俗的解释就是海量的数据。顾名思义，大就是多、广的意思，而数据就是信息、技术及数据资料，合起来就是多而广的信息、技术及数据资料。大数据具有大量（Volume）、高速（Velocity）、多样（Variety）、低价值密度（Value）、真实性（Veracity）的特点。

（二）信息的定义

信息（Information）是指音讯、消息、通信系统传输和处理的对象，泛指人类社会传播的一切内容。人通过获得、识别自然界和社会的不同信息来区别不同事物，得以认识和改造世界。在一切通信和控制系统中，信息是一种普遍联系的形式。1948年，数学家香农在题为《通信的数学理论》的论文中指出,"信息是用来消除随机不定性的东西"。信息的概念不同于数据,数据只有经过加工处理之后才成为信息;而信息需要经过数字化转变成数据才能存储和传输。例如,驾驶运输车辆的驾驶人需要观察里程表上的数据决定下一步是减速或者加速,数据才会转变为信息。

(三) 信息的特征

1. 客观性

在自然界和人类社会中,事物都是在不断发展和变化的。因此,信息也是普遍存在的。由于事物的发展和变化是不以人的主观意识为转移的,所以信息是客观的。例如,太阳从东边升起,从西边落下。

2. 传递性

信息通过不同的载体进行传递,打破了时间和空间的限制。可以说,没有传递就没有信息,信息也就失去了效用。例如,神州十三号载人飞船上的航天员实时直播授课。

3. 可识别性

识别又可以分为直接识别和间接识别。直接识别是指通过感官的识别,间接识别是指通过各种测试手段的识别。不同的信息源有不同的识别方法。例如,人脸识别功能。

4. 不对称性

所接收到的信息并非都是对事物的真实反映,因此信息具有不对称性。例如,孙膑的"减灶退敌"的故事。

5. 依附性

信息是不能独立存在的,也不是某种物质,而是客观事物的一种属性,必须依附于一种或者多种载体才能够表现出来,同一条信息可以依附于不同的载体。例如,文字、图形、图像、声音、影视和动画等。

6. 时效性

信息不是一成不变的东西,会随着事物的发展变化而变化,反映事物某一特定时刻的状态。随着时间的推移,信息可能会失去使用价值,变成无效信息。这就要求人们必须及时获取信息、利用信息,这样才能体现信息的价值。例如,十字路口的交通信号、股市行情、天气预报。

7. 共享性

信息作为一种资源,不属于特定的占用对象,其通过交流可以在不同的个体或者群体之间共享。信息可被多个信息接受者接收且多次使用。例如,报纸上刊登的新闻。

二、物流信息的定义及特征

(一) 物流信息的定义

物流信息(Logistics Information)是物流活动所必需的信息,是由物流活动引起并能反映物流活动实际情况、特征及发展变化,并被人们处理了的对物流有用的数据、情报、指令、消息等的统称,是对物流信息进行采集、处理、分析、应用、存储和传播的过程,也是实现物流信息从分散到集中、从无序到有序的过程。

一个组织中各项活动表现为物流、资金流、事务流和信息流的流动。物流是实物的流动过程,包括货物的运输、仓储、装卸、包装、配送等过程。资金流是伴随物流而发生的资金的转移过程，包括付款、转账、兑换等过程。事务流是各项管理活动的工作流程，包括商品合同签订、入库、验收、付款等流程。信息流伴随以上各种流的流动而流动，从面对面的直接交谈直到采用各种现代化的传递媒介，包括信息的收集、传递、处理、储存、检索、分析等渠道和过程。信息流处于特殊地位，它伴随物流、资金流、事务流的产生而产生，是各种流控制的依据和基础。

（二）物流信息的特征

物流信息除了具备信息的一般属性外，还具有自身的特殊性，具体表现为以下5个方面。

1. 标准化

随着信息处理手段的电子化普及，物流信息的标准化越来越重要。只有实现了物流信息标准化，才能加快物流系统建设，促进物流系统与国际系统和其他系统的衔接，有效地降低物流费用，提高物流系统的经济效益和社会效益。

2. 广泛性

由于物流是大范围的活动，物流信息源也分布于一个大范围内，信息源点多、信息量大，涉及从生产到消费、从国民经济到财政信贷各个方面。物流信息来源的广泛性决定了它的影响也是广泛的，涉及国民经济各个部门、物流活动各环节等。

3. 时效性

信息的时效性是指从信息源发送信息后经过接收、加工、传递、利用的时间间隔及其效率。时间间隔越短，使用信息越及时，使用程度越高，时效性越强。绝大多数物流信息都有时效性强、动态性强的特点，物流活动要求及时地将物品按照需求运输到位，使客户能够尽量节约时间，迅速适应市场的要求。物流信息的及时收集、快速响应、动态处理已成为主宰现代物流经营活动成败的关键。

4. 多样性

物流信息种类繁多，从其作用的范围来看，物流系统内部各个环节有不同种类的信息，如流转信息、作业信息、控制信息、管理信息等。物流系统外部也存在各种不同种类的信息，如市场信息、政策信息、区域信息等。从其稳定程度来看，又有固定信息、流动信息与偶然信息等。从其加工程度看，又有原始信息与加工信息等。从其发生时间来看，又有滞后信息、实时信息和预测信息等。在进行物流系统的研究时，应根据不同种类的信息进行分类收集和整理。

5. 复杂性

物流信息的广泛性、联系性、多样性和动态性带来了物流信息的复杂性。在物流活动中，必须对不同来源、不同种类、不同时间和相互联系的物流信息进行反复研究和处理，才能得到有实际应用价值的信息，用以指导物流活动，这是一个非常复杂的过程。

第二节　物流信息技术

随着信息化在全球的快速发展，人们对信息的需求快速增长，信息技术已成为支撑当今经济活动和社会生活的基石。GB/T 18354—2021《物流术语》对物流信息技术（Logistics Information Technology）的定义是："以计算机和现代通信技术为主要手段实现对物流各环节中信息的获取、处理、传递和利用等功能的技术总称。"物流信息技术是现代信息技术在物流各个作业环节中的综合应用,是现代物流区别于传统物流的根本标志,也是物流技术中发展最快的领域,物流信息技术的发展也改变了企业应用供应链管理获得竞争优势的方式。物流信息技术包括条码技术、射频识别技术、电子数据交换、全球定位系统等。

一、条码技术

(一) 条码概述

GB/T 18354—2021《物流术语》对条码(Bar Code)的定义是:"由一组规则排列的条、空组成的符号,可供机器识读,用以表示一定的信息,包括一维条码和二维条码。"

常见的条码是由反射率相差很大的黑条(简称条)和白条(简称空)排成的平行线图案。条码可以标出物品的生产国、制造厂家、商品名称、生产日期等许多信息,因而在商品流通、图书管理、邮政管理等许多领域都得到了广泛的应用。

(二) 条码的分类

1. 一维条码

一维条码是仅在一个维度方向(通常是水平方向)上表示信息的条码符号,在垂直方向上一定的高度通常是为了便于阅读器对准。一维条码是由一组规则排列的条、空,以及对应的字符组成的标记。"条"是指对光线反射率较低的部分,"空"是指对光线反射率较高的部分。这些条和空组成的数据表达一定的信息,并能够用特定的设备识读,转换成与计算机兼容的二进制和十进制信息。

世界上约有 225 种以上的一维条码,每种一维条码都有自己的一套编码规格,规定每个字母(可能是文字、数字或文数字)由几个条及几个空组成,以及字母的排列。一般较流行的一维条码有 UPC、EAN、39 码、25 码、128 码、93 码、库德巴码等,以及专门用于书刊管理的 ISBN、ISSN 等。

在流行的一维条码中,UPC 是最早大规模应用的条码。EAN 是目前流行较广、使用较多的条码。39 码为第一个商业性文数字条码。下面将重点介绍 UPC、EAN 和 39 码。

(1) UPC UPC (Universal Product Code) 是最早大规模应用的条码,是一种长度固定、连续性的条码,目前主要在美国和加拿大使用。由于其应用范围广泛,故又被称为万用条码。UPC 只能用来表示 0~9 的数字。每 7 个模组表达一个字符,每个模组有空与条两种状态。UPC 又分为 UPC-A、UPC-B、UPC-C、UPC-D、UPC-E 5 个版本。其中 UPC-A 是标准的 UPC 通用商品条码版本,就是普遍认可的 UPC。UPC-A 供人识读的数字代码只有 12 位,它的代码结构由厂商识别代码(6 位,包括系统字符 1 位)、商品项目代码(5 位)和校验码(1 位)共三部分组成。

UPC-E 是 UPC-A 的简化形式,其编码方式是将 UPC-A 整体压缩成短码,以方便使用,因此其编码形式必须经由 UPC-A 来转换。UPC-E 由 6 位数字码与左右护线组成,无中间线。6 位数字码的排列为 3 奇 3 偶,其排列方法取决于检查码的值。

(2) EAN EAN (European Article Number) 是随着 UPC 的普及与成功,于 1977 年以欧洲各国为中心制定的统一商品代码,是国际通用的符号体系,是一种长度固定、无含意的条码,所表达的信息全部为数字,主要应用于商品标识。EAN 符号有标准版(EAN-13)和缩短版(EAN-8)两种。标准版表示 13 位数字,又称 EAN-13。缩短版表示 8 位数字,又称 EAN-8。两种条码的最后一位为校验位,由前面的 12 位或 7 位数字计算得出。

EAN-13 由包括前置码 1 位数字及国别码 2~3 位数字的 13 位数字构成。EAN 条码符号是指对国际 EAN 协会授予的国别码 2~3 位数字与厂商识别代码 4~5 位数字组成的 7 位数字、商品项目代码 5 位数字、校验码 1 位数字等共计 13 位数字进行条码化的符号。

EAN-8 是 EAN-13 的压缩版，由 8 位数字组成，用于包装面积较小的商品上。与 EAN-13 相比，EAN-8 没有制造厂商代码，仅有前缀码、商品项目代码和校验码。

EAN-13 中的前 2 位或前 3 位代表商品的生产国家或地区，称为前缀码，是用来标识国家或地区的代码，赋码权在国际物品编码协会。

图书和期刊作为特殊的商品也采用了 EAN-13 表示 ISBN 和 ISSN。我国被分配使用 7 开头的 ISBN，出版社出版图书上的 ISBN 全部为 9787 开头，如图 8-1 所示。

（3）39 码 39 码是一种可供使用者双向扫描的分散式条码，也就是说相临两资料码之间必须包含一个不具任何意义的空白（或细白，其逻辑值为 0），目前主要运用于工业产品、商业资料及医院用的保健资料。它的最大优点是码数没有强制的限定，可用大写英文字母码，且检查码可忽略不计。标准的 39 码是由起始安全空间、起始码、资料码、可忽略不计的检查码、终止安全空间及终止码所构成的，如图 8-2 所示。

图 8-1　EAN-13 中 ISBN 示例

图 8-2　39 码

总体来说，39 码具有以下特性：39 码的每一个条码字符由 9 个单元（5 条夹 4 空组合而成）组成，其中有 3 个宽单元，其余是窄单元，因此称为 39 码。由于组成一个符号的条码中都只有一个宽空，所以稍远一点整体看 39 码的时候，会看到比较规律的每隔一定的宽度就有一个宽空。

2. 二维条码

二维条码（Two-dimensional Bar Code）又称二维码，是用某种特定的几何图形按一定规律在平面（水平方向和垂直方向）分布的、黑白相间的、记录数据符号信息的图形。相比一维条码，二维码具有如下特点：高密度编码，信息容量大；编码范围广；容错能力强，具有纠错功能；译码可靠性高；可引入加密措施；成本低、易制作、持久耐用等。常用的二维码主要有 PDF417、MaxiCode、QR Code、Code 49、Data Matrix 等。

现在，二维码已经和人们的生活紧紧联系在一起了，在现代商业活动中应用十分广泛，如产品防伪、食品溯源、商品交易、定位（导航）、电子商务应用、车辆管理、公共管理、信息传递等。随着国内物联网产业的蓬勃发展，更多的二维码技术应用解决方案被开发，二维码成为移动互联网入口，让网络和生活互联成为现实。

（1）PDF417 二维码 PDF417 二维码是一种堆叠式二维码，其中 PDF 取自英文 Portable Data File 3 个单词的首字母，意为"便携式数据文件"，是实现证件及卡片等大容量、高可靠性信息自动存储、携带并可用机器自动识读的一种手段。组成条码的每一个条码字符由 4 个条和 4 个空共 17 个模块构成，故称为 PDF417 二维码，其最大的优势在于庞大的数据容量和极强的纠错能力。PDF417 二维码如图 8-3 所示。

PDF417 二维码可表示数字、字母或二进制数据，也可表示汉字。一个 PDF417 二维码最多可容纳 1850 个字符或 1108 个字节的二进制数据，如果只表示数字则可容纳 2710 个数字。PDF417 二维码的纠错能力分为 9 级，级别越高，纠正能力越强。由于这种纠错功能，使得污损的 PDF417 二维码也可以正确读出。

（2）MaxiCode 二维码　MaxiCode 二维码是一种中等容量、尺寸固定的矩阵式二维码，它由紧密相连的六边形模组和位于符号中央位置的定位图形组成，如图 8-4 所示。

图 8-3　PDF417 二维码　　　　图 8-4　MaxiCode 二维码

MaxiCode 二维码的中心是公牛眼似的 3 个黑色同心圆，其余部分是 33 个分别有 29 个和 30 个六边形元素的相间排列的行。它支持多达 93 个字符的数据。MaxiCode 二维码是特别为高速扫描而设计，主要应用于包裹搜寻和追踪上。

（3）QR Code 二维码　QR 来自英文 Quick Response 的缩写，即快速反应的意思。QR Code 二维码可让其内容快速被解码。这种二维码能够快速读取。与之前的条码相比，QR Code 二维码可储存更多资料，也不需要像普通条码般在扫描时需直线对准扫描器。QR Code 二维码如图 8-5 所示。

QR Code 二维码与其他二维码相比，具有识读速度快、数据密度大、占用空间小的优势。该码的 3 个角上有 3 个寻像图形，使用 CCD 识读设备来探测码的位置、大小、倾斜角度、并加以解码，

图 8-5　QR Code 二维码

实现全方位高速识读。每秒可以识读 30 个含有 100 个字符的 QR Code 二维码。QR Code 二维码容量密度大，可以放入 1817 个汉字、7089 个数字、4200 个英文字母。

QR Code 二维码用数据压缩方式表示汉字，仅用 13bit 即可表示一个汉字，比其他二维码表示汉字的效率提高了 20%。

QR Code 二维码具有 4 个等级的纠错功能，即使破损也能够正确识读。QR Code 二维码抗弯曲的性能强，通过 QR Code 二维码中的每隔一定的间隔配置有校正图形，从码的外形来推测校正图形中心点与实际校正图形中心点的误差，以修正各个模块的中心距离，即使将 QR Code 二维码贴在弯曲的物品上也能够快速识读。

（三）条码技术在物流中的应用

条码技术是在计算机的应用实践中产生和发展起来的一种自动识别技术。它是为实现对信息的自动扫描而设计的，是实现快速、准确而可靠地采集数据的有效手段。条码技术的应用解决了数据录入和数据采集的瓶颈问题，为物流管理提供了有利的技术支持。尤其是二维码在物流作业中的应用非常广泛。

1)入库管理。在入库时识读商品上的二维码标签,同时录入商品的存放信息,将商品的特性信息及存放信息一同存入数据库,在存储时进行检查,看是否有重复录入。例如,一个纸箱中有透明胶带 50 卷、订书机 20 个、签字笔 10 盒,将上述物品的一维条码扫描后经过处理可以生成二维码贴在纸箱上,当纸箱运输到库房进行入库管理时,库管员只需要扫描二维码就可以得到纸箱内所有物品的资料。

2)出库管理。在产品出库时,要扫描商品上的二维码,对出库商品的信息进行确认,同时更改其库存状态。

3)仓库内部管理。在库存管理中,一方面二维码可用于存货盘点,另一方面二维码可用于出库备货。

4)货物配送。在配送前将配送商品资料和客户订单资料下载到移动终端中,到达配送客户后,打开移动终端,调出客户相应的订单,然后根据订单情况挑选货物并验证其条码标签,确认配送完一个客户的货物后,移动终端会自动校验配送情况,并做出相应的提示。

二、射频识别技术

(一) RFID 的概念

射频识别(Radio Frequency Identification,RFID)技术是自动识别技术的一种,通过无线射频方式进行非接触双向数据通信,利用无线射频方式对记录媒体(电子标签或射频卡)进行读写,从而达到识别目标和数据交换的目的。其被认为是 21 世纪最具发展潜力的信息技术之一。

扫码看视频

RFID 通过无线电波不接触快速信息交换和存储技术,通过无线通信结合数据访问技术,然后连接数据库系统,加以实现非接触式的双向通信,从而达到了识别的目的,用于数据交换,串联起一个极其复杂的系统。在识别系统中,通过电磁波实现电子标签的读写与通信;通过使用电波,可非接触进行数据读写和一次性读取多个数据,且如果有电波传播范围的话,即使距离数米也能进行通信。作为替换一维条码和 QR Code 二维码的新自动识别技术,RFID 以其读取速度快、伪造难度大等优点被用于众多领域。

(二) RFID 的特点

与传统条码识别技术相比,RFID 有以下特点:

1)扫描速度快。传统条码扫描识别频率受限,一次只能扫描一个条码并且读取距离近,还需要对准扫描才可以成功;RFID 读写器可同时辨识读取数个 RFID 标签,并可以识别高速运动的标签,提高工作效率。

2)数据容量大。RFID 容量比条码的容量大很多,在信息化时代可以满足信息流量不断增大和信息处理速度不断提高的要求。

3)抗污染能力和耐久性强。传统条码的载体是纸张,因此容易受到污染。条码一旦受到污染或折损,将会影响信息的准确识别。RFID 使用芯片存储信息,无论外观如何受损或折弯,只要保证内部芯片和天线完整,依然可以读取完整数据。

4)可重复使用。在使用方面,传统条码印刷后就不能更改。RFID 的使用次数没有上限,对芯片中的数据进行增减、批改等操作不会限制,这利于信息的快速更新。

5)外形方面小型化。RFID 读取过程完全不会受到形状大小的影响,在应用于不同的产品时，能够变得小型化和多样化。

6）强安全性。传统条码制作简单容易，信息保密性差，容易被仿冒，因此在广泛使用条码的零售行业出现诸多假冒伪劣产品，并且屡禁不止。RFID 由于承载的是电子式信息，外界获取数据需要密码，所以存入数据能够受到更好的保护。

（三）RFID 系统的组成

RFID 系统主要由标签（Tag）、读写器（Reader）、天线（Antenna）和应用系统（Application System）4 个部分组成，如图 8-6 所示。一般由读写器收集到的数据信息传送到后台系统进行处理。

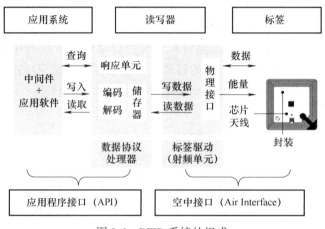

图 8-6　RFID 系统的组成

1）标签。它由耦合元件及芯片组成，每个标签都具有唯一的电子编码，附着在物体上标识目标对象；每个标签都有一个全球唯一的 ID 号码——UID（用户身份证明），其在制作标签芯片时存放在 ROM 中，无法修改，其对物联网的发展有着很重要的影响。

2）读写器。它是读取或写入标签信息的设备，可设计为手持式或固定式等多种工作方式。它对标签进行识别、读取和写入操作，一般情况下会将收集到的数据信息传送到后台系统，由后台系统处理数据信息。

3）天线。它用来在标签和读写器之间传递射频信号。射频电路中的天线是联系读写器和标签的桥梁。读写器发送的射频信号能量通过天线以电磁波的形式辐射到空间。当标签的天线进入该空间时，接收电磁波能量，但只能接收其很小的一部分。

4）应用系统。它是针对不同行业的特定需求开发的应用软件系统，它可以有效地控制读写器对标签信息的读写，并且对收到的目标信息进行集中读取和处理。

（四）RFID 在物流中的应用

现代物流是以物流企业为主体，以第三方物流配送服务为主要形式，由物流和信息流相结合的，涉及供应链全过程的现代物流系统。在信息化潮流下，随着技术、商务、交通运输和管理的现代化，现代物流配送也将在运输网络合理化和销售网络系统化的基础上，实现整个物流系统管理的电子化及信息化、配送各环节作业的自动化和智能化，从而进入以网络技术和电子商务为代表的物流配送新时期。此外，现代物流表现为企业生产与运输一体化的供应链管理与服务，其中货物仓储成本、运输成本、时间及货物在途的状态控制是整个供应链管理过程中的重要环节。若将 RFID 与现代的物流管理相结合，将会极大地提升物流管理各个环节的智能化水平和服务水平，这势必成为 21 世纪现代物流发展不可逆转的趋势。

1. RFID 在仓储环节中的应用

仓储管理是对仓库及仓库内的物资所进行的管理，其核心在于包括进出库在内的仓库作业、移库和盘库在内的库存控制作业。而随着整个生产制造环境的改变，产品周期越来越短，多样少量的生产方式开始兴起，来自市场端的需求对仓储管理提出了更高的要求。

在企业仓储管理作业环节，RFID 广泛地运用于存取货物与库存盘点，将存货和取货等操作实现自动化。RFID 仓储系统流程如图 8-7 所示。将 RFID 与供应链计划系统制定的收货、取货、装运等相结合，不仅增强了作业的准确性和快捷性，使服务质量提高，降低了成本，使劳动力和库存空间得到了节省，同时也减少了整个物流过程中由于商品误置、送错、偷窃、损害和库存、出货错误等造成的损耗，提高了物流管理的透明度和库存周转率，提高了企业内的物流效率。

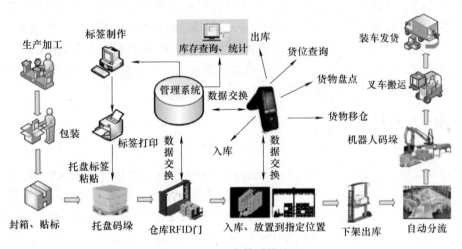

图 8-7　RFID 仓储系统流程

RFID 能够改进零售商的库存管理，实现适时补货，对运输与库存进行有效跟踪，提高效率，减少出错。同时，智能标签能对某些时效性强的商品是否在有效期限内进行监控；商店还能利用 RFID 在付款台实现自动扫描和计费。RFID 标签在供应链终端的销售环节，特别是在超市中，免除了跟踪过程中的人工干预，并能够使生成的业务数据达到 100% 准确率。

例如，运输货车将货物送到仓库站台后，无论是整个集装箱还是整托货物在入库经过仓库大门时，仓库大门上的 RFID 读写器对货物进行扫描，读取整集装箱或者整托盘的货物信息，如该托盘上有 24 个箱子，每个箱子有 24 瓶饮料。在上架时，系统会指引员工到合适的库位进行摆放，并利用 RFID 手持读写器进行货物与储存位置绑定，数据实时回传到后台，自动增加库存，完成入库，节省了大量人力物力，提高了物流作业的整体效率。

2. RFID 在运输环节中的应用

运输环节是物流过程中最难监控的环节，长期以来一直是物流追踪的难点。首先，运输前确认所有待运货物包装箱上和车辆上均贴有 RFID 标签，运输线的一些检查点上安装 RFID

接收转发装置或者使用移动式 RFID 手持读写器，则可读取车辆内 RFID 标签中的货物信息。然后，通过手机等无线通信终端，将车辆和货物的实时信息传送至物流信息监控中心。物流信息监控中心就可掌握在运货物的实时信息，实现实时物流追踪，连同接收地的位置信息上传至通信卫星，再由卫星传送给运输调度中心，送入数据库中，即可完成对运输全过程的追踪。

例如，物流公司运输一批物资，在运输货车上安装一个 RFID 标签，在车辆进入自动道闸后，自动到站上方设置的 RFID 读写器就能得到此货车上有 100 箱共 10000 件男士运动服的信息，并将货物信息、车辆信息、货物位置信息通过通信卫星反馈至运输调度中心，以便于实时跟踪，及时解决存在的问题。

3. RFID 在配送环节中的应用

在配送环节的拣货、流通加工和包装等作业过程中，通过分布在配送中心内的 RFID 读写器实现对货物实时追踪。在配货时，货物被直接送上装有 RFID 读写器的传送带后，配送中心按照各个门店或客户所需要的商品种类与数量进行配货，不需要人工调整商品摆放朝向。货物装车后，在配送运输途中，借助 GPS 或者沿途设置的 RFID 监测点，即可准确地了解货物的位置与完备性，从而准确预知货物运达时间，实现对货物配送运输的实时监控，确保货物能够准时、完好地送到客户手中。总之，采用 RFID 能大大提高拣选与分发过程的效率与准确率，并能降低人工和配送成本。

三、电子数据交换

（一）EDI 的定义

电子数据交换（Electronic Data Interchange，EDI）是指按照同一规定的一套通用标准格式，将标准的经济信息通过通信网络传输在贸易伙伴的电子计算机系统之间进行数据交换和自动处理。由于使用 EDI 能有效地减少直到最终消除贸易过程中的纸面单证，因而 EDI 也被俗称为"无纸交易"。它是一种利用计算机进行商务处理的新方法。EDI 是将贸易、运输、保险、银行和海关等行业的信息，用一种国际公认的标准格式，通过计算机通信网络使各有关部门、公司与企业之间进行数据交换与处理，并完成以贸易为中心的全部业务过程。

（二）EDI 的优点

1）降低了纸张的消费。
2）减少了大量重复劳动，提高了工作效率。
3）使贸易双方能够以更迅速、有效的方式进行贸易，大大简化了订货过程或存货过程，使双方能及时地充分利用各自的人力和物力资源。
4）可以改善贸易双方的关系，厂商可以准确地估计日后商品的需求量，货运代理商可以简化大量的出口文书工作，商业用户可以提高存货的效率，从而提高竞争能力。

（三）EDI 在物流中的应用

下面将通过一个典型的运输行业 EDI 交易，展示 EDI 在物流中的应用。

1）当零售商向供应商发送采购订单时，供应商会通过 EDI 向运输承运人发送报价请求。之后，承运人会向供应商发送包含报价的快速响应。
2）一旦供应商确认采购订单并明确了运输细节，它就会向承运人发送标书，提供详细的提货和交货信息。

3）托运人处理标书，并回复确认或拒绝向供应商提供货物的提货和交货日期信息。

4）承运人从供应商处取货后，会发送运输承运人状态信息，允许供应商向客户发送"提前装运通知"。一旦交货完成，承运人的系统就会生成货运详情单和发票，并将其发送给供应商。在收到这些信息后，EDI 系统会将其与采购订单和报价单中提供的信息进行匹配，并在一切检查完毕后自动开具发票。

在物流中使用 EDI 对运输管理和仓储管理具有如下好处。

1）实现了物流作业的集约化。需求方为了降低成本和库存，只在必要的时间，按必要的数量采购必要的商品，这就使物流运输出现多频率、小批量配送的趋势。物流 EDI 系统掌握了更多及时的信息，使配送更加集约化。

2）为仓储环节减少库存，甚至为实现"零库存"创造了条件。仓储环节最大的负担就是库存较多，建立 EDI 系统后，各供应商按照采购要求通过运输工具送到物流仓储部，为实现"零库存"创造条件。

四、全球定位系统

（一）GPS 概述

全球定位系统（Global Positioning System，GPS）是一种以人造地球卫星为基础的高精度无线电导航的定位系统，它在全球任何地方以及近地空间都能够提供准确的地理位置、车行速度及精确的时间信息。GPS 自问世以来，就以其高精度、全天候、全球覆盖、方便灵活吸引了众多用户。目前，全球拥有的定位系统有始建于 1973 年的美国 GPS、始建于 1978 年的俄罗斯 GLONASS、始建于 2002 年的欧洲 Galileo 和始建于 1994 年的中国北斗卫星导航系统。

（二）GPS 的组成

GPS 包括三大部分：空间部分、地面控制部分和用户设备部分，如图 8-8 所示。

1. 空间部分

GPS 的空间部分是由 24 颗工作卫星组成的，它位于距地表 20200km 的上空，均匀地分布在 6 个轨道面上（每个轨道面 4 颗），轨道倾角为 55°。此外，还有 4 颗有源备份卫星在轨运行。卫星的分布使得在全球任何地方、任何时间都可观测到 4 颗以上的卫星，并能保持良好定位解算精度的几何图像。这就保证了在全球任何地方、任何恶劣

图 8-8　GPS 的组成

的气候条件下，都能为用户提供 24h 连续的全球导航能力。

2. 地面控制部分

地面控制部分由 1 个主控站、5 个全球监测站和 3 个地面注入站组成。监测站主要用于接收卫星观测数据，包括电离层和气象数据，经过初步处理后，传送到主控站。主控站从各监测站收集跟踪数据，计算出卫星的轨道和时钟参数，然后将结果送到 3 个地面注入站。地面注入站在每颗卫星运行至上空时，把这些导航数据及主控站指令注入卫星。这种注入对每颗 GPS 卫星每天一次，并在卫星离开注入站作用范围之前进行最后的注入。

3. 用户设备部分

用户设备主要由 GPS 接收机、硬件和数据处理软件、微处理机及终端设备组成，如图 8-9 所示。其主要任务是捕获、跟踪并锁定卫星信号，当接收机捕获到跟踪的卫星信号后，就可测量出接收天线至卫星的伪距离和距离的变化率，解调出卫星轨道参数等数据。根据这些数据，接收机中的微处理计算机就可按定位解算方法进行定位计算，计算出用户所在地理位置的经纬度、高度、速度、时间等信息。

图 8-9　GPS 用户设备

（三）GPS 在物流中的应用

GPS 已经成为物流管理中调度货物、定位监控、跟踪防盗、交通安全等管理的有效技术手段，有着广阔的应用前景。

1. 车辆导航定位

GPS 可以提供详细的导航信息，运输车辆驾驶人在不熟悉的道路上，在交通复杂的情况下，可以全程使用 GPS 导航服务，从而避免在行驶路线上出现错误。此外，GPS 可以实时跟踪车辆，记录车辆的驾驶情况并保存车辆的实时位置信息。因此物流企业就可以清楚地了解和掌握运输车辆的实时运行、行驶路线的选择以及运输任务的完成情况。

2. 物流指挥与监控

GPS 可以实现道路规划和路线优化，预规划车辆的行驶路线、行驶区域等，并将这些信息记录在数据库中，供以后查询、分析和使用，有效统一指挥和调度。此外，GPS 可将运输车辆信息、车辆运行状态信息、驾驶人信息和其他信息提供给调度部门做决策，提高车辆的使用效率，减少空驶的距离和时间，充分利用车辆的运输能力，降低物流企业的成本，提高企业竞争力。

3. 物流服务跟踪与查询

GPS 跟踪功能可以详细直观地获取运输车辆的相关信息，包括运输车辆的地理位置、行驶方向、行驶速度等，还可以在数据库中记录车辆的路线、出发时间和运输任务完成情况。可以利用信息管理系统掌握运输车辆的时间信息，如果在车辆运行过程中发现问题，指挥中心可以在第一时间发现并及时处理，确保人员、货物、车辆的安全，确保货物能够准时到达。

4. 物流运输过程中的紧急援助

运输车辆若遭遇紧急情况，如交通事故、意外情况等，车辆驾驶人可以通过 GPS 设备向应急援助中心发出信息，应急救援中心可以利用信息管理系统，分析事件的严重程度和相关车辆的位置，然后及时有效地进行处理。

基于 GPS 的运输管理监控系统，物流企业和客户能实时准确地掌握车辆的运行情况，对车辆进行监督和调度管理，降低空驶率，同时为驾驶人提供交通和服务信息，保障车辆安全、按时到达目的地，必将带来物流效率和物流服务水平的提高。

（四）知名的全球定位系统

1. 美国 GPS

GPS 是一个全球性、全天候、全天时、高精度的导航定位和时间传递系统。作为军民两用系统，GPS 提供两个等级的服务。近年来，美国政府为了加强其在全球导航市场的竞争力，撤销了对 GPS 的 SA 干扰技术，标准定位服务定位精度双频工作时实际可提高到 20m，授时精度可提高到 40ns，以此抑制其他国家建立与其平行的系统，并提倡以 GPS 和美国政府的增强系统作为国际使用的标准。

2. 俄罗斯 GLONASS

俄罗斯 GLONASS 最早开发于苏联时期。1993 年，俄罗斯开始独自建立本国的全球卫星导航系统，GLONASS 至少需要 18 颗卫星才可以为俄罗斯全境提供定位和导航服务，如果要提供全球服务，则需要 24 颗卫星在轨工作，另外有 6 颗卫星在轨备用。

3. 欧洲 Galileo

Galileo 可以发送实时的高精度定位信息，同时能够保证在许多特殊情况下提供服务，如果失败也能在几秒内通知用户。与美国的 GPS 相比，Galileo 更先进，也更可靠。美国的 GPS 向别国提供的卫星信号只能发现地面约 10m 长的物体，而 Galileo 的卫星则能发现 1m 长的目标。

4. 中国北斗卫星导航系统

北斗卫星导航系统可在全球范围内全天候、全天时为各类用户提供高精度、高可靠的定位、导航、授时服务，并兼具短报文通信能力。北斗卫星导航系统的建设目标是建成独立自主、开放兼容、技术先进、稳定可靠及覆盖全球的卫星导航系统。北斗卫星导航系统提供开放服务（Open Service）和授权服务（Authorization Service）两种服务，其中开放服务是向全球用户免费提供定位、测速和授时服务，定位精度 10m，测速精度 0.2m/s，授时精度 50ns。2021 年 6 月 23 日，中国北斗卫星导航系统完成了全球组网，摆脱了对国外导航系统的依赖，显著地提升了国家时空信息服务能力，满足国家安全和国民经济需求。

第三节 物流信息系统

一、物流信息系统概述

在物流管理中，人们要寻找最经济、最有效的方法来克服生产和消费之间的时间距离和空间距离，就必须传递和处理各种与物流相关的情报，这种情报就是物流信息。它与物流过程中的订货、收货、库存管理、发货、配送及回收等职能有机地联系在一起，使整个物流活动顺利进行。

随着市场竞争加剧和物流供应链管理的不断发展，各种物流信息更加复杂化，各企业迫切要求物流信息化，而计算机网络技术的发展又给物流信息化提供了技术上的支持。因此，基于以上背景，各企业大力开发物流信息系统。

物流信息系统指的是企业的物流管理包括第三方物流的信息管理系统，系统涉及仓储作业管理、运输及配送管理、财务管理、人力资源管理等内容，通过使用计算机技术、通信技术、网络技术等手段，建立物流信息化管理，以提高物流信息的处理和传递速度，使物流活动的效率和快速反应能力得到提高，提供更人性化的服务，完善实时物流跟踪，以减少物流成本。

二、物流信息系统的构成

物流信息系统是指由人员、设备和程序组成的,以充分利用信息资源、实施物流业务、控制物流过程、支持物流决策为手段,以降低经营成本、提高企业效益和效率,为物流管理者执行计划、实施、控制等职能提供信息的系统。物流信息系统包括物资管理系统、仓储管理系统、运输管理系统、配送管理系统、财务管理系统、客户服务管理系统、人力资源管理系统等,如图8-10所示。下面主要介绍物资管理系统、仓储管理系统、运输管理系统、配送管理系统和客户服务管理系统。

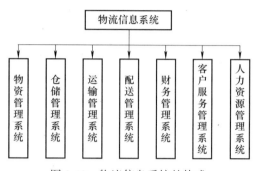

图8-10 物流信息系统的构成

(一) 物资管理系统

物资管理系统(Material Management System)的覆盖面相当广泛,包括实现采购计划、物资采购合同、合同执行情况跟踪、物资结算和统计等功能。

物资管理系统主要由采购计划管理、采购合同管理、物资出入库管理和物资统计4个部分组成。

1. 采购计划管理

采购计划管理的主要任务是根据生产和销售情况,制定物资采购计划,采购合适数量、规格的物资供生产和销售的需要,主要功能有编制计划、审核计划、调整计划,可随时进行查询、统计及报表的打印。

2. 采购合同管理

采购合同管理的主要任务是根据采购计划选择供应商,然后签订并管理采购合同,其主要功能有合同生成、合同录入、合同评审、合同执行及报表打印。对于合同执行中的应付款、已付款、合同执行率、合同争议解决等情况,可以一目了然。

3. 物资出入库管理

物资的入库过程是指经过相应的物资验收后入库并记录在入库单的过程。物资的出库是指物资使用部门根据需求计划进行物资领料申请,经过物资部门核对后进行发料并将这一过程记录到出库单的过程。对于入库过程,相应的财务管理部门应该定期对入库单及出库单进行检查,并发放相应的财务凭证,保证物资管理与财务管理的紧密结合。此外,库存管理还应该考虑物资的调拨、盘点业务。物资管理系统的主要目的就是实现对各种物资账单的有效管理。

4. 物资统计

物资统计的主要任务是,根据物资出入库管理实现对物资出入库、在库的统计,根据市场需求进行预测,结合物资统计情况确定物资采购的最佳时机,并通过物资统计为财务做好结算管理提供有力数据支持。

(二) 仓储管理系统

仓储管理系统(Warehouse Management System,WMS)是为了提高仓储作业、仓储管理能力和效率，对仓库实施全面的系统化管理的计算机信息系统。其通过入库业务、出库业务、仓库调拨、库存调拨、在库管理、库内盘点等功能的实现，有效控制并跟踪仓库业务的物流和成本管理全过程，完善企业仓储信息管理。

仓储管理系统主要包括物资基本信息管理、入库管理、在库管理、调拨管理、出库管理功能。

1. 物资基本信息管理

物资基本信息管理主要是对仓库信息、物资信息、人员信息、客户信息、仓储设备和合同信息的管理。

2. 入库管理

入库管理主要包括对入库物资的信息的管理，如物资的名称、规格、包装形式等；对物资数量的管理，如箱数、件数；对物资储位的管理；对物资验收的管理，如对照入库通知单的数量、规格与实际入库物资进行比较分析，防止少货、窜货、多货等情况的发生。

3. 在库管理

在库管理主要包括在库物资盘点、物资定位查询、警报提醒，如产品临近保质期、库存已有一定时间、订单超过24h未处理、收货12h内未上架等。

4. 调拨管理

调拨管理主要包括物资调拨手续的处理，可以自动生成调拨单号，实现物资在库内的任意调拨。

5. 出库管理

出库管理主要包括销售订单出库、拣货计划、出库退货、库间调拨等不同类型的出库订单的录入和维护。

（三）运输管理系统

运输管理系统（Transportation Management System，TMS）是基于运输作业流程的管理系统，通过对基本信息、运输单据、运输过程管理、财务管理、信息查询等功能的设计与实现，对物流过程中人、财、车、货、单等各个环节进行协同管理，助力物流企业实现信息化建设，降低企业运营成本，提升企业工作效率。

1. 基本信息

基本信息主要包括运输企业的客户信息、车辆信息、人员信息和货物信息。通过运输管理系统，便于企业随时掌握各种基本信息，合理调度、优化运力。

2. 运输单据

根据货物的种类、规格、起运地和到达地生成运输任务，运输企业会生成运输任务交接单，打印装箱单、运单等。

3. 运输过程管理

运输过程管理包括车辆调度作业、运输车辆跟踪、运输货物跟踪，生成各种统计报表，记录每一单的运费。

4. 财务管理

财务管理包括运输企业进行运输费用结算，生成计算报表，实现对应收账款、应付账款统计的功能。

5. 信息查询

通过运输管理系统可以查询到运输企业的基本信息、单据信息、财务费用信息、货物在途管理、车辆在途管理等信息。

(四) 配送管理系统

配送管理系统（Distribution Management System，DMS）是物流配送信息化的核心，主要目的是向各配送点提供配送信息，根据订货查询库存及配送能力，发出配送指令、结算指令和发货通知，及时汇总并反馈配送信息，主要有备货、储存、订单处理、分拣与配货、配装、配送运输、送达服务和回程环节。

1. 备货

备货是配送的集货功能，根据配送订单的要求准备进行配送的货物，包括用户需求测定、筹集货源、订货、进货及结算交接等。

2. 储存

储存是按照配送要求形成的对配送的资源保证。配送中的储存有储备及暂存两种形态。

3. 订单处理

订单处理是指配送企业从接受用户订货或配送要求开始到货物运交客户的整个过程中有关订单信息的处理工作。

4. 分拣与配货

分拣与配货是送货的准备性支持工作。从集装单元的确定到保管区的形式和布置等，都要有利于拣选作业效率的提高，有利于拣选作业的机械化和自动化。

5. 配装

在单个用户配送数量不能达到车辆的有效载运负荷时，可以通过集中不同用户的配送货物进行搭配装载，以充分利用运能、运力。

6. 配送运输

配送运输是一种较短距离、较小规模、较高频率的运输形式，要根据配送订单的要求和实际配送货物的体积与重量进行综合权衡，以选择运输车辆和驾驶人。

7. 送达服务

根据客户的需求，实现运到货物的移交，有效、方便地交付客户并办理相关签收，有时也会办理结算手续。

8. 回程

在进行稳定的计划配送时，回程车可将包装物、废弃物、残次品运回并集中处理，或将用户的产品运回配送中心，作为配送中心的配送货源，以便提高车辆利用率。

(五) 客户服务管理系统

物流中的客户服务是物流企业与客户交互的一个完整过程，是物流企业进行采购、发货、仓储和运输的依据。客户服务管理系统（Customer Service Management System）是以客户为中心，将物流企业先进的管理理念用现代信息技术手段在网络服务平台上实现应用的管理系统，从而提高物流企业的服务水平，包括网上下单、货物跟踪、合同变更和网上支付。

1. 网上下单

随着移动互联网的快速发展，客户可以采取在互联网上下单，将需求信息通过物流平台发送给物流企业，同时物流企业可以通过互联网展示其空闲物流资源，向供应商发出订货请求。

2. 货物跟踪

客户可以通过物流企业的网络或平台做到实施跟踪货物状态。

3. 合同变更

客户可以通过网络及时更改合同的内容，物流企业可以根据客户修改后的合同及时调整采购、仓储和运输计划。

4. 网上支付

客户可以在网上查询仓储、运输等物流费用，物流企业可以与客户沟通进行网上结算支付。

【本章小结】

本章介绍了物流信息的定义和特征；详细讲解了条码（BC）技术、射频识别（RFID）技术、电子数据交换（EDI）、全球定位系统（GPS）等物流信息技术，并对物流信息系统的构成进行了详细介绍。

技 能 训 练

一、单项选择题

1. GB/T 18354—2021《物流术语》对条码的定义为：由一组规则排列的条、空组成的（　　）。

    A. 符号　　　　　　　B. 图片　　　　　　　C. 数据　　　　　　　D. 信息

2. 条码是由反射率相差很大的（　　）排成的平行线图案。

    A. 黑条和红条　　　　B. 白条和红条　　　　C. 红条和蓝条　　　　D. 黑条和白条

3. 国际上通用的和公认的物流条码中，一般企业最常用的是（　　）。

    A. UPC　　　　　　　B. EAN-128　　　　　C. EAN-13　　　　　　D. EAN-8

4. RFID系统主要由标签、（　　）、天线和应用系统4个部分组成。

    A. 接收器　　　　　　B. 读写器　　　　　　C. 电子元件　　　　　D. 扫描仪

5. 全球定位系统的简称是（　　）。

    A. GIS　　　　　　　 B. GPS　　　　　　　 C. POS　　　　　　　 D. EDI

6. 被俗称为"无纸交易"的物流信息技术是（　　）。

    A. GIS　　　　　　　 B. EDI　　　　　　　 C. RFID　　　　　　　D. GIS

7. 二维码是用某种特定的几何图形按一定规律在平面分布的、记录数据符号信息的（　　）。

    A. 数据　　　　　　　B. EDI　　　　　　　 C. 代码　　　　　　　D. 文件

8. 物流信息系统是指由人员、设备和（　　）组成的系统。

    A. 程序　　　　　　　B. 数据　　　　　　　C. 图像　　　　　　　D. 信息

9. （　　）是为了提高仓储作业、仓储管理能力和效率，对仓库实施全面的系统化管理的计算机信息系统。

    A. 仓储管理系统　　　B. 运输管理系统　　　C. 配送管理系统　　　D. 物资管理系统

10. 物流整个运作流程，从揽货后录入信息开始，经过运输、通关、分拣等工序到最后送达客户手中，(　　)在每个节点都能够发挥重要作用。

A. EDI　　　　　　B. GPS　　　　　　C. GIS　　　　　　D. RFID

二、多项选择题

1. 物流信息的特征具体表现为(　　)。

A. 标准化　　　　　B. 广泛性　　　　　C. 时效性

D. 多样性　　　　　E. 简单性

2. 物流信息技术包括(　　)等。

A. BC　　　　　　　B. RFID　　　　　　C. GPS

D. ECR　　　　　　E. EDI

3. 常用二维条码有(　　)。

A. PDF417　　　　　B. PDF427　　　　　C. Code 49

D. QR Code　　　　　E. MaxiCode

4. 与传统条码识别技术相比，RFID具备的特点是(　　)。

A. 扫描速度快　　　B. 数据容量大　　　C. 只能一次性使用

D. 强安全性　　　　E. 抗污染能力强

5. 全球现有的定位系统有(　　)。

A. 美国GPS　　　　　　　　　　B. 俄罗斯GLONASS

C. 欧洲Galileo　　　　　　　　　D. 中国北斗卫星导航系统

6. 运输管理系统包括(　　)。

A. 基本信息　　　　B. 运输单据　　　　C. 运输过程管理

D. 财务管理　　　　E. 信息查询

7. GPS包括三大部分，分别为(　　)。

A. 空间部分　　　　B. 地面控制部分　　C. 用户设备部分　　D. 数据管理部分

8. 仓储管理系统包括(　　)。

A. 物资基本信息管理　B. 入库管理　　　　C. 在库管理

D. 出库管理　　　　E. 调拨管理

三、判断题

1. 信息是指音讯、消息、通信系统传输和处理的对象。　　　　　　　　　　　(　　)
2. 一般一维条码有UPC、EAN、39码、25码、128码、93码、库德巴码等。　(　　)
3. EAN-13由包括前置码2位数字及国别码2~3位数字的13位数字构成。　　(　　)
4. 国际EAN编码委员会分配给我国的系统代码是690~699。　　　　　　　　(　　)
5. 常用的二维条码主要有PDF417、QR Code、Code 49、EAN8、MaxiCode等。(　　)
6. QR Code与其他二维码相比，有识读速度快、数据密度小、占用空间小的优势。

(　　)

7. GPS自问世以来，就以其高精度、全天候、全球覆盖、方便灵活吸引了众多用户。

(　　)

8. 2021年6月23日，中国北斗卫星导航系统完成了全球组网。　　　　　　(　　)

9. 物流信息系统的构成包括物资管理系统、仓储管理系统、运输管理系统、配送管理系统、财务管理系统、客户服务管理系统、人力资源管理系统等。　　　　　　(　　)

10. 运输管理系统是基于运输、配送作业流程的管理系统。（　　）

四、简答题

1. 物流信息的定义是什么？
2. 二维条码的定义是什么？
3. 与传统条码识别技术相比，RFID 的特点是什么？
4. 简述 EDI 的优点。
5. 列出图 8-11 所示条码包含的信息。

图 8-11　条码

五、综合分析题

【案例 1】GPS 在物流行业的应用

中央广播电视总台《新闻晚高峰》报道，我国公路运输空载率高达 40%，较高的空驶率成为运输效率低的一个重要表现。

我国货运结构以公路运输为主。2020 年，我国公路运输占比达到 73.8%。国家统计局数据显示，2021 年，全社会累计完成货运量 521 亿 t，其中公路累计完成货运量 391.4 亿 t，占全年总货运量的 75%。

有研究指出，卡车作为高耗能运输工具，平均每年汽油消耗比例占全国近 65%。加上车辆空载率达 40% 以上，车辆停车配货的间隔时间平均长达约 72h，运输效率低下不仅造成了资源的极大浪费和无效的尾气排放，也不利于交通运输行业实现碳减排。

给物流货车安装 GPS 定位器后，可以从平台上看到自己用户名下所有车辆的分布情况，了解到所有车辆在各区域分布的具体位置、行驶情况。通过对该功能的使用，可以查到在某个地域内哪些车辆可供使用，也可以了解公司所有在途运输车货的分布情况，以及可供使用的车辆依据。在物流中可及时进行调度和配载，降低车辆空驶率，可对承运货物的车辆进行全程跟踪以保证其安全性，也可实时掌握车货的所在位置，提前完成对应工作的安排，加强对驾驶人的管理，彻底解决私拉乱运问题。

思考：

1. 为什么 GPS 受到物流公司的青睐？
2. 分析 GPS 具有哪些优点？
3. GPS 主要的应用范围有哪些？

【案例 2】2022 北京冬奥会中 RFID 的应用

1. 冬奥版行李条

值得一提的是冬奥版行李条也嵌入了 RFID 芯片，支持行李全流程跟踪功能。冬奥版行李条的全面启用也标志着国航在 T3 国内出港航班实现了 RFID 功能全覆盖。旅客可在"中国国航" APP 中的"行李及状态查询"页面查询行李的运输状态。

国航冬奥版行李条还在现有行李条的基础上进行设计、调整格式，添加了国航凤凰标识与冬奥会、冬残奥会会徽组合图标，旨在传播奥林匹克理念、助力北京2022年冬奥会和冬残奥会，与普通的行李条有很多不同之处。

2. RFID洗涤保障服务

冬残奥会的洗涤保障服务是以酒店、医院等公用纺织品洗涤为核心，集布草租赁、洗涤服务、物流配送等为一体的大型智能化服务体系。为了圆满完成冬奥洗涤保障工作，引入了超高频RFID，使洗衣管理变得智能化，该技术应用于布草采购、收集、洗涤、分拣及配送全过程，助力客户把好清洗过程质量控制关、出品检验关，保障输出的纺织品100%合格。

3. 实时掌握运动员比赛用时

进入21世纪后，越来越多的更先进的数字化技术被引入奥运会。在2022年冬奥会中，RFID在整个比赛过程中得到了广泛的应用。在冬残奥会速度滑冰的比赛中，运动员都要佩戴一个有RFID电子标签的小芯片，以便跟踪他们的进度，且不会阻碍他们的比赛结果。

4. 奥运食品安全

在冬奥会期间，为了保障运动员和众多工作人员的饮食安全问题，组织人员需要严密监控包括运送在内的食品供应的每一个环节。在这个过程中，利用RFID对生产、处理和运输进行监控便成为不二之选。在冬奥会期间，所有食物全部都配备了RFID标签，实现全程监控溯源。按照奥运食品安全标准对出厂产品实行逐批检验；建立奥运食品物流配送中心，实行专车专用、封闭运输、全程监控。在这些过程中，RFID的无接触式识别能力发挥了至关重要的作用。

回望北京冬奥会，RFID既保障了赛事的安全进行，又使我国在RFID领域积累了大量宝贵的实践经验。通过冬奥会的实际应用和检验，RFID达到了预期的目标和期望，成为RFID市场发展的助推器。

思考：

1. 北京冬奥会上，RFID起到了什么作用？

2. 与传统条码识别技术相比，RFID有哪些优点？

3. 请结合RFID对冬奥会期间食品安全的保障，回答RFID在物流仓储环节中是如何发挥作用的？

第九章 物流作业工具——物流装备与技术

【学习目标及要求】

（一）知识目标

1. 了解物流装备与技术的具体情况与发展趋势，以及现代物流装备与技术的特点。
2. 理解物流装备与技术在现代物流中的地位与作用。
3. 熟悉物流装备与技术的构成、现代物流装备与技术的含义。
4. 了解储存设施、集装单元化器具的类型和用途。
5. 领悟物流装备与技术合理配置的原则。

（二）技能要求

掌握物流装备与技术选择与配置的步骤，同时具备设备点检、设备优化配置以使其合理化的能力。

【物流术语】

1. 托盘、集装箱（Pallet，Container）。
2. 导航系统（Navigation System）。
3. 技术革新（Technological Innovation）。
4. 智能物流装备（Intelligent Logistics Equipment）。
5. 集装单元化（Containerization）。

【知识梳理】

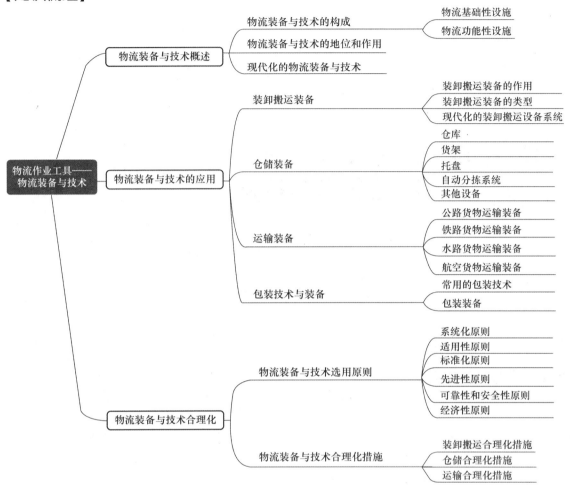

【导读案例】

我国物流装备业发展报告

近年来，我国快递物流行业发展迅猛，具有支撑作用的物流技术装备业也强力增长。2020年，物流技术装备业依然保持逆势增长，整体增长速度在18%左右，其中以自动化分拣系统、叉车产品、物流搬运移动机器人等细分领域市场需求增长最快，行业技术创新点更多，带动托盘、货架、自动化立体库实现了逆势增长。

1. 自动仓储系统

从技术与产品创新角度看，人工智能（AI）技术在物流业的应用越来越广泛，使仓储行业进入前所未有的智能化阶段，为智能数据分析、智能仓储分配、AMR智能调度、AGV智能调度、3D视觉智能识别、机械臂非标拆码垛等各类系统提供了智能基础。

5G技术为仓储系统中的各类数据流提供了一条革命性的高速通道。5G技术目前在自动仓储系统中，主要用于柔性自动化设备（AGV、环行RGV、密集库子母车、四向车等调度）通信，以及站台、扫描枪、电子标签等之间的服务器通信等。

2. 自动分拣设备

近年来，我国的自动分拣设备市场继续保持着高速增长态势。目前，市场上主流的智能分拣解决方案主要有交叉带式、摆臂式、摆轮式、翻盘式、滑块式及新兴的 AGV 式智能分拣解决方案，各种自动分拣解决方案根据其布局、参数等特性适用于不同场景。2020 年以来，自动分拣产品技术朝着智能化、无人化方向发展，企业均积极推动科技创新，加快产品优化和设备迭代，相继开发出快递包裹高速集散的单件分离系统、大件摆轮柔性分拣技术设备、交叉带自动供包集包系统、"末端单件分离+六面扫+分拣"等新技术装备，推动行业发展与创新。

3. 叉车

目前，叉车行业整体呈现出一些新的特点。一是在总销售量中，内燃叉车全球总销售量的占比继续下降。二是电动步行式仓储叉车在总销售量中的比重继续提高，2020 年第四季度的单月销量已经超过内燃叉车，成为机动工业车辆销量第一的车型。三是新能源锂电池叉车在 2020 年销售量为 161254 台，同比增长 115.76%，这显示出电动新能源叉车的市场接受度越来越高。四是竞争力优势更加重要，仅靠单一优势已不足以支撑持续增长，需要整个产业链的配合与提升。

4. 托盘

2020 年，托盘行业整体逆势增长，全年呈上升趋势。托盘年产量、保有量不断提升；带托运输、循环共用快速发展；新材料、新产品、新技术、新设备等不断涌现。托盘应用市场范围逐步扩大，托盘在整个供应链中的地位得到快速提升。

在托盘品类结构方面，2020 年木托盘产量逐渐降低，塑料托盘产量逐年提升。木托盘产量和塑料托盘产量约占托盘总产量的 80% 左右，还有部分纸托盘、金属托盘、新材料托盘等。

5. 货架

2020 年，我国货架市场全年实现了正增长。据专家预计，当年货架市场规模相比上一年增长至少 15%，属于发展大年，展现出顽强的适应性。

作为货架领域的重头产品，电商类货架在 2019 年触底后，于 2020 年强势反弹。自动化高位货架保持高速发展态势，且规模体量有逐渐增大的趋势，属于市场主流。同时，传统的横梁式、搁板式货架仍然得到了很好的发展，其适应性强，是非自动化的最优选择之一。

从地区看，越是发达的地区，对仓储货架的需求就越旺盛。多年来，长三角、珠三角是国内货架需求最旺盛的地区，且处于遥遥领先的地位。从行业需求方面看，各行各业几乎都有更好的发展，在医药、化工和商业物流领域发展迅猛，其强势的行业地位得到进一步巩固。此外，服装纺织、机械制造及食品饮料等行业对货架的需求也呈现较大增长态势。

6. 搬运机器人

审视整个移动机器人产业的发展过程可以发现，从 2015 年到 2019 年是行业高速发展期。在 2020 年，由业内企业共同制定了行业标准，引导行业步入一个以规则和理性为基础的健康发展格局之中。

思考：

1. 近年来我国物流行业迅猛发展，2020 年物流技术装备业态势如何？
2. 简述本案例中涉及的主要物流装备与技术有哪些。

"工欲善其事，必先利其器"，高度发达的物流装备与技术是现代物流系统的特征之一，它对提高物流能力与效率、降低物流成本、保证服务质量等方面都有着重要的影响。2009年，国务院颁布了《物流业调整和振兴规划》，提出了物流业发展的十大主要任务和九大重点工程，第一次将物流业的发展提升到了国家战略高度。

电子商务的快速发展对现代物流提出了新的要求，物联网、大数据、云计算等新概念和技术也支撑了物流行业的发展。相关企业正加大在自动化物流设备方面的资金和技术投入，通过构建物流自动化系统来提升物流服务的精准度，现代物流设施设备为物流业的发展提供了硬件保证，是现代物流发展的基石。

第一节　物流装备与技术概述

一、物流装备与技术的构成

（一）物流基础性设施

这类设施具有公共设施性质，多由政府投资建设。物流基础性设施主要包括物流网络中的枢纽，例如各种交通枢纽和国家物资储备基地；物流网络结构中的线，如公路、铁路、水上航道、航空线路和管道等；物流基础信息平台，具有提供物流基础信息服务、政府和行业管理决策支持等功能。

（二）物流功能性设施

物流功能性设施多为第三方物流企业所拥有，是完成物流功能性服务的根本保障。物流功能性设施主要包括存放货物的节点，例如各种仓库；组织货物输送的节点，例如货运中心、配送中心、流通加工中心等；物流载体，例如各类货物运载工具。详细来说，物流装备按照功能性可以大致分为以下几类，如图9-1所示。

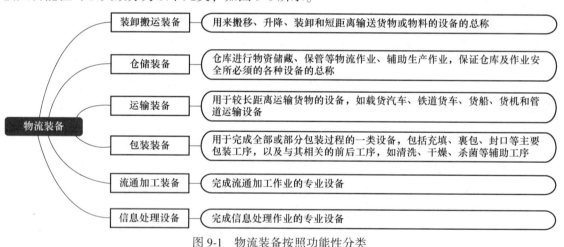

图9-1　物流装备按照功能性分类

二、物流装备与技术的地位和作用

物流装备与技术是物流系统的重要组成部分，影响着物流活动的各个环节，在物流活动中处于重要地位。

1. 物流装备与技术是提高物流生产力的决定性因素

物流技术是推动科技进步、加快物流现代化的重要环节，也是内涵式提高物流总体效率的根本途径。研制开发新物流技术，为现代物流的发展做出了积极的贡献。实践证明，物流技术的创新发展和应用，不仅是推动物流业发展的重要动力，而且是提高物流生产力的决定性因素。

2. 物流装备与技术是反映物流系统水平的主要标志

物流技术与现实物流活动紧密相连，在整个物流过程中伴随着包装、运输、装卸、存储等功能作业环节及其他辅助作业，这些作业的高效完成需要不同的物流装备与技术。因此，其水平的高低直接关系到物流活动各项功能的完善和有效实现，决定着物流系统的技术含量。物流装备与技术的应用和普及程度如何，直接影响着整体物流技术水平。一个完善的物流系统离不开现代先进水平的物流技术的应用，因此物流装备与技术是物流生产力发展水平与物流现代化程度的重要标志。

3. 物流装备与技术是物流系统的重要资源

现代物流装备与技术既是技术密集型的生产工具，又是资金密集型的社会财富。现代物流技术装备的购置投资相当可观，同时，为了维持系统正常运转、发挥设备效能，还需要不断地投入大量的资金。

三、现代化的物流装备与技术

企业自动化物流系统是信息化的物流系统，它的目标和作用是增强快速反应能力，增强创新能力和竞争能力，提高效益和质量。

企业自动化物流系统主要包括自动化仓库系统、自动输送系统、自动化作业系统、自动控制系统、摄像监控及远程服务诊断系统等。它可使各种物料或货物最合理、最经济、最有效地流动，并使物流、信息流、商流在计算机的集成控制管理下，实现物流的自动化、智能化、快捷化、网络化和信息化。它是众多高技术的集成工程，涉及的领域有巷道堆垛机等物流设备技术、条码技术、模拟仿真、图像识别、网络通信、数据库系统、数据采集、实时监控、无线通信、激光定位、激光引导、电磁引导、惯性导航、机器人技术等。自动化物流系统广泛应用于生产、流通，以及国民经济的各个领域。部分自动化物流装备如图9-2所示。

a) 堆垛机

b) 自动化立体库

c) 美团无人配送机

d) AGV机器人

图9-2 部分自动化物流装备

第二节 物流装备与技术的应用

一、装卸搬运装备

装卸搬运是物流系统中最基本的功能要素之一,存在于货物运输、存储、包装、流通加工和配送等过程中,贯穿于物流作业的始末。装卸搬运工作的好坏,直接影响到物流系统的效率、效益和效用。

(一) 装卸搬运装备的作用

物流过程从某种意义上,也可以视为不断装卸搬运的过程,因为物流的每一环节都是以装卸搬运为起点和终点的。物流的现代化,很大程度上取决于装卸搬运的机械化和自动化。物流装卸搬运装备的主要作用如下:

1) 提高装卸效率,节约劳动力,降低装卸工人的劳动强度。
2) 减少作业时间,缩短车、船周转速度,加快货物的送达和发出。
3) 提高装卸质量,保证货物的完整和运输安全,减少货损、货差、工伤及各类事故的发生。
4) 降低物料搬运作业成本。
5) 提高货位利用率,加速货位周转,减少货物堆码的场地面积。

(二) 装卸搬运装备的类型

装卸搬运装备是用来装卸搬运、升降,以及短距离输送货物或物料的设备。装卸搬运装备的应用是实现装卸搬运机械化、自动化的物质技术基础,是实现装卸搬运合理化、效率化和省力化的重要手段。装卸搬运装备按照作业性质可以分为装卸机械、搬运机械及装卸搬运机械三类。本节主要学习装卸搬运装备中常用的起重装备、输送装备等类型,如图9-3所示。

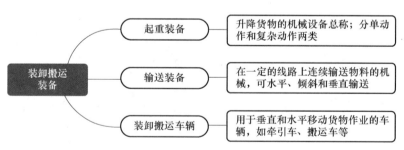

图9-3 常见的装卸搬运装备类型

1. 起重装备

起重装备是指用于垂直升降或垂直升降并水平移动重物的机电设备,利用起重机械将货物从一个地方运送到另一个地方。起重装备可分为单动作和复杂动作两类。常见的单动作起重装备主要有千斤顶、绞车和升降机;复杂动作起重装备一般有桥式起重机、旋转起重机等,如图9-4所示。

一般来说,起重装备在工作时,取料、运移和卸载是依次进行的,各相应机构的工作是间歇性的。起重装备主要用于搬运成件物品，配备抓斗后可搬运煤炭、矿石、粮食之类的散状物料，配备盛桶后可吊运钢水等液态物料，也有些起重装备可用来载人。

a) 单动作起重装备（千斤顶）　　　　b) 复杂动作起重装备（吊钩桥式起重机）

图 9-4　常见的起重装备

2. 输送装备

输送机的历史悠久，我国古代的高转筒车和水转翻车是现代斗式提升机和刮板输送机的雏形。带式输送机是当前散状物料输送的主要方式。输送机械又称连续输送机械，是指在一定的线路上连续输送物料的物料搬运机械，又称流水线。输送线路一般是固定的，可水平、倾斜和垂直输送。按照结构形式可分为滚筒输送机、胶带输送机、螺旋输送机、斗式提升机等多种类型。

1) 滚筒输送机。滚筒输送机结构简单，可靠性高，使用、维护方便，如图 9-5a 所示。滚筒输送机适用于底部是平面的物品输送，主要由传动滚筒、机架、支架、驱动部等部分组成，具有输送量大、速度快、运转轻快、能够实现多品种共线分流输送的特点。滚筒输送机适用于各类箱、包、托盘等件货的输送，散料、小件物品或不规则的物品需要放在托盘上或周转箱内输送。

2) 胶带输送机。胶带输送机输送能力强，是组成有节奏的流水作业线所不可缺少的经济型物流输送设备，线体因地制宜选用直线、弯道、斜坡等线体形式均可，输送距离远，结构简单易于维护，能方便地实行程序化控制和自动化操作，如图 9-5b 所示。可运用输送带的连续或间歇运动来输送 100kg 以下的大件物品或粉状、颗粒状物品，其运行高速、平稳、噪声低，并可以上下坡传送。胶带输送机广泛应用于家电、电子、电器、机械、烟草、注塑、邮电、印刷、食品等各行各业物件的组装、检测、调试、包装及运输等。

a) 滚筒输送机　　　　　　　　　　b) 胶带输送机

图 9-5　滚筒输送机和胶带输送机

3）螺旋输送机。螺旋输送机俗称绞龙，适用于颗粒或粉状物料的水平输送、倾斜输送、垂直输送等形式。煤炭螺旋输送机如图 9-6a 所示。螺旋输送机输送物料温度小于 200℃，不适于输送易变质的、黏性的、易结块的物料。

4）斗式提升机。斗式提升机适用于低处往高处提升，供应物料通过振动台投入料斗后，机器自动连续运转向上运送。根据传送量可调节传送速度，并随需要选择提升高度，料斗为自行设计制造的 PP 无毒料斗，使这种斗式提升机使用更加广泛。

根据料斗运行速度的快慢，斗式提升机可分为离心式卸料、重力式卸料和混合式卸料三种。斗式提升机用来垂直提升经过破碎机的石灰石、煤、石膏、熟料、干黏土等块粒状物料，以及生料、水泥、煤粉等粉状物料，还有食品、医药、化学工业品、螺钉、螺母等产品的提升上料，可通过包装机的信号识别来控制机器的自动停起。粮食垂直上料机如图 9-6b 所示。

a) 煤炭螺旋输送机　　　　　　　　b) 粮食垂直上料机

图 9-6　煤炭螺旋输送机和粮食垂直上料机

（三）现代化的装卸搬运设备系统

装卸搬运设备系统包括半自动化系统和自动化系统。常用的半自动化设备主要有自动引导搬运车、自动分拣设备、机器人和活动货架。自动化系统与半自动化系统不同的是，它需要把前后相关作业连接起来，并实现自主作业，从收到货物、接受处理到出库装车，整个过程实现自动化。

二、仓储装备

仓储装备是指在仓库进行生产和辅助生产作业，以及保证仓库及作业安全所必需的各种机械设备的总称。

原始社会末期，当某个人或者某个部落获得食物自给自足时，会把多余的产品储藏起来，同时产生了专门储存产品的场所和条件，于是"窑穴"就出现了。西汉时建立的"常平仓"是我国历史上最早由国家经营的仓库。可见，我国古代人们的"仓"是指储藏粮食的场所；"库"则是指储存物品的场所。随着商品经济的飞速发展，现代意义上的仓库已不同于古代的仓库了。

（一）仓库

"仓"也称为仓库，为存放、保管、储存货物的建筑物和场地的总称，具有存放和保护货物的功能。"储"也称为储存，表示将储存对象收存以备使用，具有收存、保护、管理、贮藏货物并交付使用的作用。

广义的仓库由贮存物品的库房、运输传送设施（如吊车、电梯、滑梯等）、出入库房的输送管道和设备，以及消防设施、管理用房等组成。

仓库从不同的角度可以有不同的分类。例如，可以按仓库的用途分类、按保管货物的特性分类、按仓库的构造分类。本节主要按仓库的构造进行分类。仓库按照构造可以分为单层仓库、多层仓库、立体仓库、简仓和露天堆场5种类型。

（1）单层仓库　单层仓库一般高度为5~8m，如图9-7a所示。它是最常见，也是使用最广泛的一种仓库建筑类型。这种仓库只有一层，因此不需要设置楼梯。它的主要特点如下：

1）设计简单，所需投资较少。
2）在仓库内搬运、装卸货物比较方便。
3）各种附属设备（例如通风设备、供电等）的安装、使用和维护都比较方便。
4）仓库的地面承压能力较强。

（2）多层仓库　多层仓库一般占地面积较小，它一般建在人口稠密、土地使用价格较高的地区，如图9-7b所示。由于是多层结构，因此它一般使用垂直输送设备来搬运货物。多层仓库有以下几个特点：

1）多层仓库可适用于各种不同的使用要求。例如，可以将办公室和库房分处两层，在整个仓库布局方面比较灵活。
2）分层结构将库房和其他部门进行自然隔离，有利于库房的安全和防火。
3）多层仓库作业需要的垂直运输重物技术日趋成熟。
4）多层仓库一般建在靠近市区的地方，因为它的占地面积较小，建筑成本可以控制在一定范围内。所以，多层仓库一般用来储存城市日常用的高附加值的小型商品。

多层仓库的不足在于建筑和使用中的维护费用较多，商品的存放成本一般较高。

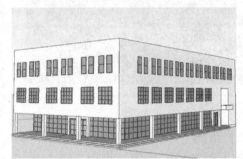

a) 单层仓库　　　　　　　　　　　　　b) 多层仓库

图9-7　单层仓库和多层仓库

（3）立体仓库　GB/T 18354—2021《物流术语》对立体仓库（Stereoscopic Warehouse）的定义是："采用高层货架，可借助机械化或自动化等手段立体储存物品的仓库。"

立体仓库如图9-8a所示，这样的仓库也称为高层货架仓库。其实它也是一种单层仓库，但同一般的单层仓库不同的是它利用高层货架来储存货物，而不是简单地将货物堆积在库房地面上。在立体仓库中，由于货架一般比较高，所以货物的存取需要采用与之配套的机械化、自动化设备。

(4) 筒仓 筒仓又可分为浅圆仓和立筒库两种。浅圆仓是指仓壁高度和仓内直径比小于 1.5 的圆筒式地上粮仓,如图 9-8b 所示。在我国粮食储备库中,浅圆仓直径大多为 25~30m,散粮装粮线高度为 12m,单仓容积为 6000~100000t。立筒库是指带有锥型底的钢筋混凝土筒仓、钢板仓筒,它的仓壁高度和仓内直径比大于 1.5,常用于存储散装小颗粒或粉末状的货物,如粮食、水泥和化肥等。

a) 立体仓库　　　　　　　　　　　　b) 浅圆仓

图 9-8　立体仓库和浅圆仓

(5) 露天堆场 露天堆场一般用于堆放生产原材料,或者没有防潮要求的货物,如图 9-9 所示。

图 9-9　露天堆场

(二) 货架

在仓储设备中,货架是指用支架、搁板或托盘组成的立体储存货物的设施。按照货架的功能可以将货架分为多类,其中使用比较广泛的有托盘式货架、悬臂式货架、阁楼式货架、旋转式货架和重力式货架等。

(1) 托盘式货架 托盘式货架可以避免托盘货物直接堆码时的挤压、损坏等现象,存取货方便,可实现机械化作业,便于计算机管理,拣货效率高,但储存密度低,需要较多的通道,如图 9-10 所示。

图 9-10　托盘式货架

（2）悬臂式货架　悬臂式货架适用于保管管材、型钢、塑钢等长大的物料，一般与具有长大物料侧向装卸功能的侧面叉车、巷道堆垛起重机等配套使用，如图9-11所示。

（3）阁楼式货架　阁楼式货架是全组合式结构，能有效增加空间利用率，用于仓库场地有限而存放物品种类较多的仓库，用于存放储存期较长的中小件货物，如图9-12所示。

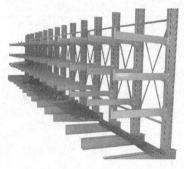

图9-11　悬臂式货架　　　　　　　　　图9-12　阁楼式货架

（4）旋转式货架　旋转式货架与固定式货架相比，可以节省占地面积30%～50%，如图9-13a所示。

（5）重力式货架　重力式货架每层的通道上都安装有一定坡度的带有轨道的导轨，入库的单元货物在重力作用下，由入库端流向出库端，如图9-13b所示。

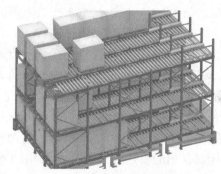

a) 旋转式货架　　　　　　　　　　b) 重力式货架

图9-13　旋转式货架和重力式货架

（三）托盘

托盘是使静态货物转变为动态货物的媒介物，是一种载货可活动平台。一些放在地面上失去灵活性的货物，装上托盘便能获得灵活性，在任何时候都处于可以转入运动的准备状态中。

（1）托盘货物的特点

1）托盘搬运采用机械操作，减少货物堆码作业次数，从而有利于提高运输效率、缩短货运时间、降低劳动强度。

2）以托盘为运输单位，一次性运量变大，如果每个托盘所装货物数量相等，既方便点数、理货、交接，又可以减少货损、货差事故。

不同材质托盘的特点见表9-1。

表 9-1 不同材质托盘的特点

托盘种类	特　　点	适用范围
木制托盘	出口须经熏蒸处理，并出具符合进口国要求的检验检疫证书（熏蒸/消毒证书、植物检疫证书）	使用广泛
钢制托盘	强度高，不易损坏和变形，维修工作量小	通用性较强
塑料托盘	强度高、受力大，使用寿命长（是木制托盘的5~7倍）；质轻、平整美观、整体性好、无钉无刺、耐酸碱、不腐烂、不助燃、易冲洗消毒和回收	适用于食品、水产品、制药、化学品、制衣、制鞋、电子电器、橡胶、化肥、饲料等
多层复合板托盘	用各类废弃物经高温高压压制而成，选用再生环保材料；具有高抗压承重性能；避免传统木制托盘的木结、虫蛀、色差、湿度高等缺点	适合各类货物运输，尤其是重货（化工、金属类等产品）成批运输
层压板托盘	废纸、草浆等杂物水解后压制而成，选用再生环保材料；抗压性、承重性接近木质托盘；外观精美、防水、防酸、防碱、无毒（无刺激气味），属于绿色环保材料	适合食品行业使用
纸制平托盘	全纸结构，适合整箱（集装箱）运输，质轻；绿色产品，符合环保要求	适用于空运货物

(2) 托盘的种类

1) 平板托盘。它是使用量最大的一种通用托盘。按叉车插入方式，平板托盘可分为单向叉入型、双向叉入型和四向叉入型。

2) 立柱式托盘。立柱式托盘在托盘上部的4个角有固定式或可卸式的立柱，有的柱与柱之间有连接的横梁，使柱子成门框型。

3) 箱式托盘。箱式托盘是指在托盘上面带有箱式容器的托盘。

4) 轮式托盘。轮式托盘是在立柱式、箱式托盘下部装有小型轮子。

托盘标准化是实现托盘联运的前提，也是实现物流机械和设施标准化的基础及产品包装标准化的依据。国际标准化组织（ISO）公布的托盘标准共有6种。我国多采用1200mm×1000mm系列和1100mm×1100mm系列，这两种尺寸约占生产总量的50%以上。

(3) 托盘常用的堆码方式　托盘常用的堆码方式有重叠式堆码、纵横交错式堆码、旋转交错式堆码、正反交错式堆码等。

1) 重叠式堆码。重叠式堆码即各层码放方式相同，上下对应，层与层之间不交错堆码，如图9-14所示。

优点：操作简单，工人操作速度快，包装物4个角和边重叠垂直，承压能力强。

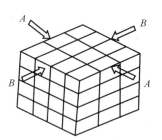

图9-14　重叠式堆码

缺点：层与层之间缺少咬合，稳定性差，易发生塌垛的情况。

适用范围：底面积较大的货品，适合自动装盘操作。

2) 纵横交错式堆码。纵横交错式堆码即相邻两层货品的摆放旋转90°，一层为横向放置，另一层为纵向放置，层次之间交错堆码，如图9-15所示。

优点：操作相对简单，层次之间有一定的咬合效果，稳定性比重叠式堆码好。

缺点：咬合强度不够，稳定性不够好。

适用范围：比较适合自动装盘堆码操作。

3)旋转交错式堆码。旋转交错式堆码即第一层相邻的两个包装体互为90°,两层之间的堆码相差180°,如图9-16所示。

优点:相邻两层之间咬合交叉,托盘货品稳定性较高,不容易塌垛。

缺点:堆码难度大,中间形成空穴,降低托盘承载力。

适用范围:通常适用于硬质长箱等物资的堆码。

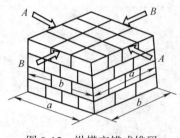
图9-15 纵横交错式堆码

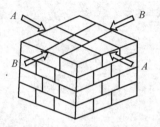
图9-16 旋转交错式堆码

4)正反交错式堆码。正反交错式堆码即同一层中,不同列货品以90°垂直码放,相邻两层货物码放形式旋转180°,如图9-17所示。

优点:不同层间咬合强度高,相邻层次之间不重叠,稳定性较高。

缺点:操作较麻烦,人工操作速度慢。

适用范围:适用于需要大容量存储的场合和需要高速读写的场合。

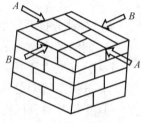
图9-17 正反交错式堆码

(四) 自动分拣系统

分拣是指为进行输送、配送,把很多货物按不同品种、不同地点和单位分配到所设置的场地的一种物料搬运过程,也是一种将物品从集中到分散的处理过程。近几年来,随着经济的发展,商品向"短小轻薄"发展,流通趋于多品种、小批量、即时制,各类配送中心、物流中心的分拣任务十分艰巨。因此,自动分拣系统成为一项重要的物流设施,也成为现代物流系统运行的重要技术基础之一。

(1)自动分拣系统的特点

1)能连续、大批量地分拣货物。由于采用大生产中使用的流水线自动作业方式,自动分拣系统不受气候、时间、人的体力等的限制,可以连续运行。同时,自动分拣系统单位时间分拣件数多,其分拣能力是连续运行100h以上,每小时可分拣7000件包装商品;如果人工分拣则每小时平均分拣150件左右。此外,分拣人员也难以在这种劳动强度下连续工作8h以上。

2)分拣误差率极低。自动分拣系统的分拣误差率主要取决于所输入分拣信息的准确性。这又取决于分拣信息的输入机制。如果采用人工键盘或语音识别方式输入,则误差率在3%以上;如果采用条码扫描输入,误差率则非常小。因此,目前自动分拣系统主要采用条码技术来识别货物。

3)分拣作业基本实现无人化。建立自动分拣系统的目的之一就是减少人员的使用,减轻员工的劳动强度,提高人员的使用效率。因此,自动分拣系统能最大限度地减少人员的使用。

(2)自动分拣系统的基本构成和技术要求

1)自动分拣系统的基本构成。自动分拣设备如图9-18所示。自动分拣系统包括:

① 前处理设备，是指在分拣机之前向分拣机输送分拣物的进给台及其他辅助性运输机和作业台等。

② 分拣机，是分拣系统的核心设备。

③ 后处理设备，是指设置在分拣机后面的分拣溜槽及其他辅助设备。

④ 控制装置及计算机管理。

图 9-18　自动分拣设备

2) 自动分拣系统的技术要求。

① 能够迅速准确地分拣物品，且分拣误差率低。

② 分拣能力要强，现代大型分拣系统分拣口数目可达数百个。

③ 分拣系统对分拣物品的大小、形状、质量、包装形式及材质等因素的适应范围要宽。

④ 工作时对分拣物品的冲击和振动要小，安全保护措施齐全，被分拣物品不能造成损坏。

⑤ 分拣作业中操作人员输入分拣命令简单方便，人工辅助动作简单、省力。

⑥ 自动控制和计算机管理的功能完善，性能安全可靠。

（五）其他设备

除以上介绍的用于保护仓储商品质量的存储设备和技术外，仓储活动中还应有以下几类设备：

1) 装卸搬运设备，如液压式操作车（地牛）、堆垛机、集装箱叉车等，用于商品出入库、库内堆码及翻垛作业，如图 9-19 所示。

a) 液压式操作车　　　　b) 堆垛机　　　　c) 集装箱叉车

图 9-19　仓库内常用的装卸搬运装备

2) 计量设备，如重量计量的磅秤、个数计量的自动计数设备等。

3) 养护设备，如空气调节器、红外线装置等，用于在库养护，防止货物变质、失效的一些技术装备。

4）消防设备，消防无小事，常见的消防设备有报警器、灭火器、灭火毯等。

三、运输装备

运输在物流中的独特地位对运输装备提出了更高的要求，要求运输装备具有高速化、智能化、通用化、大型化和安全可靠的特性，以提高运输的作业效率，降低运输成本，并使运输装备达到最优化利用。根据运输方式的不同，运输装备可分为载货汽车、铁道货车、货船、空运设备和管道设备等。

（一）公路货物运输装备

（1）载货汽车　载货汽车分为重型货车、中型货车、轻型货车和微型货车，如图9-20所示。其中重型货车多用于经常性的大批量货物运输，如大型建筑工地、矿山等区域。轻型货车和微型货车主要用于规模不大、批量很小的货物运输，通常用于城市运输。中型货车适用范围较广，既可以在城市承担短途运输任务，又可以承担中长途运输，为载货汽车中的主力车型。

a) 重型货车GA>14t　　　　b) 中型货车6t<GA≤14t

c) 轻型货车1.8t<GA≤6t　　　d) 微型货车GA≤1.8t

图9-20　载货汽车

（2）专用汽车　专用汽车分为厢式车、罐式车、冷藏保温车、平板车、高栏板车等，如图9-21所示。

1）厢式车：在物流领域，由于厢式车结构简单，利用率高，适应性强，是应用前景最广泛的一种车型。其小巧灵便，无论大街小巷均可长驱直入，真正实现"门到门"的运输方式。

2）罐式车：是指装有罐状容器，密封性强的汽车，一般用于运送易挥发、易燃、危险品和粉状物料等，常见的是运输油料和天然气的车辆。

3）冷藏保温车：是指装有冷冻或保温设备的厢式车，通过制冷装置为货物提供最适宜的温度和湿度，用来满足对温度和湿度有特殊要求的货物运输需要。

4）平板车：是指无顶也无侧箱板的汽车，主要运输钢材和集装箱货物。

5）高栏板车：是指车厢底架凹陷或车厢特别高，以增大车厢容积的汽车，常见的是运输牲畜的汽车，如运输牛羊。

a) 厢式车　　　　　　　　　　b) 罐式车

c) 冷藏保温车　　　　　　　　d) 高栏板车

图 9-21　专用汽车

（3）牵引车和挂车　牵引车就是车头和车厢之间是用工具牵引的大型货车或半挂车，也就是该车车头可以脱离原来的车厢而牵引其他车厢，而车厢也可以脱离原车头被其他车头所牵引。前面有驱动能力的车头叫牵引车，后面没有牵引驱动能力的车叫挂车，如图 9-22 所示。常见的挂车是全挂和半挂车。

a) 牵引车　　　　　　　　　　b) 挂车

图 9-22　牵引车和挂车

(二) 铁路货物运输装备

（1）铁路机车　铁路货物运输中提供动能的装置为铁路机车，其发展大致上经历了三个时代。

1）蒸汽时代。以蒸汽为原动力的机车，我国于 1989 年停止生产，逐步淘汰。其优点是结构简单，制造成本低，使用年限长，驾驶维修技术较易掌握，对燃料要求不高。其缺点是热效率低，煤炭消耗量大，容易污染环境，机车乘务员劳动条件差。

2）内燃机时代。内燃机车的优点是热效率高，依次加入燃料可长时间持续工作；便于多机牵引，机车乘务员劳动条件较好。内燃机车的缺点是机车构造复杂，制造、维修和运营费用较高；对环境有较大污染。

3）电力时代。从铁路沿线的接触网获取电能，产生牵引动力的机车，是非自带能源机车。其优点是热效率高，启动快，速度高，善于爬坡；运能大，运营费用低；不污染环境，劳动条件好；便于多机牵引。其缺点是基建投资巨大。

（2）铁路车辆

1）棚车。棚车又分为通用型棚车和专用型棚车，如图9-23所示。通用型棚车即标准的有顶货车，侧面有拉门，用于装运怕日晒、雨淋、雪漫的货物，如粮食、日用品、贵重仪器设备等。专用型棚车即专门改装的棚车，用于装运特种商品，如汽车配件等。

图9-23 棚车

2）漏斗车。漏斗车货车地板斜向有一个或几个可开关的底门，便于卸出散装物料，用于装运矿石、煤炭等颗粒货物，如图9-24所示。有盖漏斗车主要用于装运需要防风雨的散粒货物，如粮食等。

图9-24 漏斗车

3）平板车。平板车是无侧墙、端墙和车顶的货车，如图9-25所示。平板车主要用于驮背运输，即公路和铁路联合的运输方式，货运汽车或集装箱直接开上火车车皮运输，到达目的地再从车皮上开下。

4）敞车。敞车是没有车顶，只有平整地板和固定侧墙的货车，主要用于装运长大货物，如图9-26所示。

5）罐车。罐车车体为圆筒型，罐体上设有装卸口，专门用于运送液体和气态货物，常见的是运输液

图9-25 平板车

化石油气、汽油、硫酸、酒精等，如图9-27所示。

图9-26 敞车

图9-27 罐车

（三）水路货物运输装备

（1）船舶 水路运输常用的船舶可划分为7类。

1）干货船。干货船是指以运载干燥货物为主，也可装运桶装液体货物的货船，如图9-28所示，包括杂货船、散货船、多用途船三大类。杂货船是以运载成包、成捆、成桶等杂货为主，也可装运某些散装货的干货船。散货船是专运散装货的干货船，如运输谷物、矿砂、煤炭等大宗散货等。多用途船是可运载集装箱、木材、矿砂、谷物或其他杂货等各种货物的干货船。

2）液货船。液货船是运载散装液态货物的货船的统称，如图9-29所示，可运输石油、水、植物油、酒、氨水，以及其他化学液体和液化气体，主要包括原油船、成品油船、液体化学品船、液化石油气船、液化天然气船等。液货船所装货物有的易燃、易爆，有的在船舶破损后对环境污染大，有的化学品毒性极强。因此，对于此类船舶首先考虑的是运输的安全可靠性。

图9-28 干货船

图9-29 液货船

3）冷藏船。冷藏船是运送保鲜蔬菜和易腐货物的货船，如图9-30所示。它大多以定期班轮方式营运，航速可达20～22km/h。为防止运输货物被压坏，冷藏船常常设置多层甲板，且具有良好的阻热和保湿功能。依冷藏形式的不同，冷藏船又分为冷藏舱船和冷藏集装箱船。前者的货舱做成冷藏舱，舱壁有良好的隔热功能，货物以托盘或篓筐形式置于舱内。后者的货物装于集装箱中，集装箱有两

图9-30 冷藏船

种，一种为内藏式冷藏箱，自带冷冻机；另一种为离合式冷藏箱，不带冷冻机，通过船上的冷冻机将低温冷空气注入集装箱内。

4）集装箱船。集装箱船是为提高运输效率而发展起来的一种专门运输集装箱的货船，如图9-31所示。集装箱船的特点是船型较瘦，单层连续甲板，功率大，航速快，稳定性要求高；货舱开口大（可占船宽的70%~80%），尺寸规格化，平均吨位大。

图9-31　集装箱船

5）滚装船。滚装船是一种运载装货车辆或以滚动方式在水平方向装卸的货船，如图9-32所示。它一改传统的垂直装卸工艺为水平装卸工艺，通过"滚上"或"滚下"来提升装卸速度，降低船舶在港停留时间。在我国沿海岛屿、陆岛之间及长江两岸，滚装船使用较普遍，但多为汽车渡船兼顾旅客运输。

图9-32　滚装船

6）载驳船。载驳船不受港口水深限制和码头拥挤影响，有利于江海联运，如图9-33所示。但是，其优势要在货源组织、运输计划、驳船集散、子母船配套及空驳回收等方面进行严密的组织管理才能显示出来，否则将会有停航之虑。

7）驳船。驳船是本身无动力或只设简单的推进装置，依靠拖船或推船带动或由载驳船运输的平底船，如图9-34所示。

图9-33　载驳船　　　　　　　　　图9-34　驳船

（2）港口　港口是具有水陆联运设备及条件，以供船舶安全进出和停泊的运输枢纽。港口是水陆交通的集结点和枢纽处，是工农业产品和外贸进出口物资的集散地，也是船舶停泊、装卸货物、上下旅客、补充给养的场所。现代化的集装箱港口如图9-35所示。

图9-35　现代化的集装箱港口

在我国，沿海港口建设重点围绕煤炭、集装箱、进口铁矿石、粮食、陆岛滚装、深水出海航道等运输系统进行，特别加强了集装箱运输系统的建设。我国在大连、天津、青岛、上海、宁波、唐山和深圳等多个港口建设了一批深水集装箱码头，为我国集装箱枢纽港的形成奠定了基础。煤炭运输系统建设进一步加强，新建成一批煤炭装卸船码头。同时，改建、扩建了一批进口原油、铁矿石码头。一些大港口年总吞吐量超过亿吨，如上海港、深圳港、青岛港、天津港、广州港、唐山港、宁波港等。

（四）航空货物运输装备

在具有航空线路和飞机场的条件下，航空运输利用飞机作为运输工具进行货物运输。航空运输在我国运输业中主要承担长途客运任务。伴随着物流的快速发展，航空运输在货运方面将会扮演重要角色。航空运输具有快速、机动的特点，是国际贸易中的贵重物品、鲜活货物和精密仪器运输不可或缺的。航空货物运输装备主要是飞机、集装箱和集装网等，如图9-36所示。

a) 安225货机　　　　　　　　　b) 南航货机

c) 航空专用AKE集装箱

图9-36　航空货物运输装备

（1）飞机　飞机是航空运输最主要的机械设备，按不同方式可以把飞机划分成不同类别。

1）按飞机的用途不同划分。按飞机的用途划分，有国家航空飞机和民用航空飞机之分。国家航空飞机是指军队、警察和海关等使用的飞机。民用航空飞机主要是指民用飞机和直升机。

2）按飞机的运输对象不同划分。根据飞机的运输对象不同，可以分为客机、货机和客货两用机。客机主要运送旅客。货机专门运送各类货物，现役的货机多数是由客机改装而来的。客机在运送旅客时，行李一般装在飞机的深舱。目前为止，航空运输仍以客运为主，客运航班密度高、收益大，所以大多数航空公司采用客机运送货物。不足的是，由于舱位少，每次运送的货物数量十分有限。全货机运量大，可以弥补客机的不足，但经营成本高，只限在某些货源充足的航线使用。客货两用机可以同时运送旅客和货物，并可根据需要调整运输安排，是最具灵活性的一种机型。

（2）航空集装箱运输设备　在当今世界航空运输中，集装箱的应用已经十分广泛。我国四类以上的机场均配有集装箱设备。航空运输中的集装箱设备主要是指为提高飞机运输效率而采用的托盘、货网和集装箱等成组装载设备。为了使用这些设备，飞机的货舱和甲板都设置了与之配套的固定系统。

1）航空集装箱设备。国际航空运输协会（IATA）对航空运输中使用的集装箱采用了"成组器"（ULD）这一术语，表示它是成组装载用的一种工具。成组器可以分为航空用成组器和非航空用成组器两种。

① 托盘。托盘又称集装板，是指具有平滑底面的一块货板。它能用货网、编织带把货物在托盘上捆绑固定起来，并能方便地在机舱内进行固定。

② 货网。货网又称网套或网罩，由编织带编织而成，主要用于固定托盘上的货物。货网与托盘之间利用货物上的金属环连接。根据托盘的尺寸，货网也有相应的规格尺寸。

③ 固定结构圆顶。固定结构圆顶是一种与航空用托盘连接的，不用货网就可以固定货物的罩壳。托盘固定在罩壳上，与罩壳连成一体。

④ 非固定结构圆顶。非固定结构圆顶是一种用玻璃钢、金属制造的，设有箱底，能与航空用托盘和货网相连的罩壳。

⑤ 主货舱用航空集装箱。主货舱用航空集装箱又称上部货舱用集装箱。由于飞机的机身是圆筒状的，其货舱分上部货舱和下部货舱，航空集装箱的形状要求与货舱形状相匹配。

⑥ 下部货舱用集装箱。下部货舱用集装箱是指装在飞机下部货舱的集装箱，如图9-36c所示。

2）航空集装箱搬运与装卸设备。航空集装箱搬运与装卸设备主要有托盘拖车、集装箱拖车、升降平台、传送车等。

① 拖车。拖车是机场经常使用的短距离搬运车辆。一般情况下，拖车采用蓄电池或电动机作为动力驱动，或采用内燃机牵引车牵引。

② 升降平台。升降平台是用于拖车及集装箱卡车的过渡设备，为货物快速输送、转移提供了保障，提升了物流工作的能力和效率。它可以使集装箱做横向、纵向、旋转及升降运动。

③ 传送车。传送车适用于飞机所运载的行李及散货的快速装卸。

四、包装技术与装备

(一) 常用的包装技术

从包装技术上来看,物流包装技术包括容器设计和标记技术的外包装技术,以及防震、防锈、防潮(水)、防虫等技术的内包装技术。

(1) 防震包装技术 防震包装设计的主题是确定防震材料的种类和厚度。在设计时,还应该同时考虑成本问题,选择不同的材料、设计不同的衬垫形状都会影响成本。防震包装技术按外形可分为无定形缓冲材料和定形缓冲材料两类;按材质可分为纤维类、动物纤维类、矿物纤维类和防震装置类,如图9-37所示。

常见的几种主要防震材料有泡沫塑料、气垫薄膜和兽毛填充橡胶防震材料。

(2) 防锈包装技术 防锈包装的首选技术是使用防锈剂。防锈剂有防锈油和气化性防锈剂两类。各种防锈油是在矿物油中加入防锈漆添加剂后制成的。气化性防锈剂是一种常温下就能挥发的物质,挥发出的气体附着在金属表面,从而防止生锈。

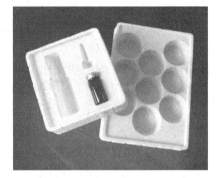

图9-37 防震包装技术

(3) 防潮(水)包装技术 物品在流通过程中,因空气中的潮气侵蚀会变质、潮解、锈蚀、霉变。为防止上述现象发生的包装技术就是防潮包装技术。防水包装技术是防止水侵入包装物内部而采取的包装技术,可分为耐浸水包装和耐雨水、飞沫的耐散水包装两类。

防潮包装主要有以下两种方法:

1) 用透湿度低的材料包装:在防潮、防水材料中,有在纸等纤维材料上进行防潮加工的纸系材料,还有塑料薄膜及铝箔等。

2) 控制包装容器内的湿气:主要使用干燥剂,有化学干燥和物理干燥两类,用于包装的主要是物理干燥,最常见的是硅胶。

此外,还可以采用密封包装、使用涂布抗湿材料、采用真空、充气、泡罩等包装技术。

(4) 收缩包装技术与拉伸包装技术 收缩包装技术是用收缩薄膜将欲包装物品包裹,然后对收缩薄膜进行有关处理(如适当加热处理,使薄膜收紧且紧贴于物品)的包装技术。其作用如下:

1) 有利于销售,使内装物品形体突出,形象鲜明,质感好。

2) 有利于提高装卸搬运效率。如果使用收缩包装技术把物品固定于托盘上,不仅有利于提高物流效率,而且方便保管与使用。

拉伸包装技术是用机械装置在常温下将弹性薄膜拉伸后,将待包装件紧裹的一种包装技术,也可提高物流效率,方便仓储与使用。

(5) 真空包装技术与充气包装技术 真空包装技术是在容器封口之前抽成真空,使密封后的容器内基本没有空气的一种包装技术。其目的是避免或减少脂肪氧化,抑制某些霉菌和细菌的生长。全自动真空包装机如图9-38所示。充气包装技术,也是所谓气体置换包装,是采用不活泼气体(氮气、二氧化碳气体等)置换包装容器中空气的一种包装技术。其目的是通过改变密封容器中气体的组成成分,降低氧气的浓度从而抑制微生物的活动,达到防霉、防腐和保鲜的目的。

（6）现代集合包装技术　集合包装技术是20世纪50年代发展起来的新型包装技术，是现代运输包装的新发展，在当代商品包装运输中占有重要的地位。所谓集合包装，是指将一定数量的产品或包装件组合在一起，形成一个合适的运输单元，以便于装卸、储存和运输，又称组合包装或集装单元。集合包装的出现是对传统包装运输方式的重大改革，在运输包装中占有越来越重要的地位。它之所以受到重视，是因为它有许多与众不同的优点。例如，采用集合包装能促使装卸和包装合理化，方便运输及保

图 9-38　全自动真空包装机

管，便于管理，可有效利用运输工具和保管场地的空间，大大改善环境。

集合包装主要以集装箱为主，可以将装满货物的托盘和集装容器、集装货捆在一起装进大型的集装箱内，以便搬运、装卸和运输。

（二）包装装备

包装装备是指完成全部或部分包装过程的一类机器。包装过程包括充填、裹包、封口等主要包装工序，以及与其相关的前后工序，如清洗、干燥、杀菌、计量、标记、紧固、多件集合、集装组装、拆卸及其他辅助工序等。

包装装备的分类方法很多，按包装装备的功能，可将其分为充填机械、灌装机械、裹包机械、封口机械和贴标机械等。

（1）充填机械　充填机械即将精确数量的包装品装入各种容器内的机械。按计量方式不同可分为容积式充填机、称重式充填机、计数式充填机；按充填物的物理状态可分为粉状物料充填机、颗粒物料充填机、块状物料充填机、膏状物料充填机等。果汁全自动充填机如图 9-39 所示。

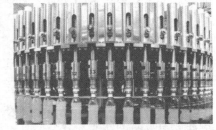

图 9-39　果汁全自动充填机

（2）灌装机械　灌装机械是指将液体产品预定的量充填到包装容器内的机械，可分为直线式灌装机和旋转式灌装机。

（3）裹包机械　裹包机械是指用挠性材料全部或局部裹包产品的机械。按照裹包方式可分为全裹式裹包机、半裹式裹包机、缠绕式裹包机、拉伸式裹包机、贴体包装机、收缩包装机。缠绕膜包装机和全自动热收缩包装机如图 9-40 所示。

a) 缠绕膜包装机

b) 全自动热收缩包装机

图 9-40　缠绕膜包装机和全自动热收缩包装机

(4) 封口机械　封口机械是指将容器的开口部分封闭起来的机械。按其封口方式可分为无封口材料的封口机和有封口材料的封口机。

(5) 贴标机械　贴标机械是指在产品或者包装件上加贴标签的机械。

第三节　物流装备与技术合理化

一、物流装备与技术选用原则

选择物流装备，原则上要选技术上先进、经济上合理、生产作业上安全适用、无污染或污染小的装备。

(一) 系统化原则

运用系统分析的观点和方法，从物流系统的总目标出发进行物流技术装备的选择与配置。要综合改善各物流环节的机能，提高资源的利用率，实现合理投资，使物流技术装备与整个物流系统相适应，不仅要注意物流技术装备单机的选择，更要实现整个系统各环节的衔接和物流技术装备的合理匹配，实现集成化和配套使用。

(二) 适用性原则

适用性主要是适应性和实用性。物流企业在选择运输设备时，要充分考虑物流作业的实际需要，所选设备要符合货物的特性和货运量的大小，能够在不同的作业条件下灵活方便地操作。实用性涉及恰当选择设备功能的问题。物流设备并不是功能越多越好，因为在实际作业中，并不需要太多的功能。如果设备不能被充分利用，则造成资源和资金的浪费。同样，设备功能太少也会导致物流企业的低效率。因此要根据实际情况，正确选择设备功能。

在配置和选择物流技术装备时，应充分注意与物流作业的实际需要和发展规划相适应，应符合物流中货物的特征和物流量的需要，适应不同的工作条件和多种作业性能要求，操作使用灵活方便。一般情况下，对于作业量很大，启动频繁、重复、节拍短促而有规律的作业，特别是重大货物，适宜采用机械化系统。对于要求作业效率高、精度高，或影响工人的健康、有危险的作业场合，适宜采用自动化系统。物流技术装备的配置要适应具体物流运作系统的实际，实现物流作业过程的实用性。防止设备闲置浪费，保证充分利用，做到科学合理配置。

(三) 标准化原则

在物流系统中，采用标准化物流技术及其装备、器具，可以降低装备和器具的购置和管理费用，提高物流作业的机械化水平，提高物流系统效率和经济效益。特别是选用标准化集装单元器具，有利于搬运、装卸、存储作业的统一化和设施设备的充分利用。

(四) 先进性原则

这里的先进性主要是指设备技术的先进性，主要体现在自动化程度、环境保护、操作条件等方面。但是先进性必须服务于适用性，尤其是要有实用性，以取得经济效益的最大化。

配置和选择的物流机械设备应能反映当前科学技术的先进成果，应在主要技术性能、自动化程度、结构优化、环境保护、操作条件、现代新技术的应用等方面，具有技术上的先进性，并在时效性方面满足技术发展的要求，要防止选择技术落后或已被淘汰的设备。物流机械设备的先进性是实现物流现代化的基础，但先进性一定要以物流作业适用性为前提，以获取最大经济效益为目的,绝不能不顾现实条件和脱离物流作业实际需要而片面追求技术上的先进性。

(五) 可靠性和安全性原则

可靠性和安全性原则日益成为选择设备、衡量设备好坏的主要因素。可靠性是指物流设备在规定的使用时间和条件下,完成规定功能的能力。它反映了物流设备功能在时间上的稳定性和保持性,它与物流设备的经济性密切相关,设备的可靠性高就可以减少或避免因发生故障而造成的停机损失和维修费用支出。但可靠性并非越高越好,要全面衡量可靠性所需的费用开支与不可靠所造成的费用损失,从而确定设备的最佳可靠度。

安全性是指物流设备在使用过程中保证人身和货物安全,以及环境免遭危害的能力。它主要包括设备的自动控制性能、自动保护性能,以及对错误操作的防护和警示装置等。安全性要求设备在使用过程中保证人身及货物的安全,并且尽可能地不危害到环境,符合环保要求,噪声少,污染小。

(六) 经济性原则

这不仅是指物流技术装备的购置费用要低,而且其使用费用也要低,产出要高。任何先进的物流机械设备的使用都受经济条件的制约,经济性是衡量机械设备技术可行性的重要标志和依据之一。在配置设备时,一方面要进行设备的寿命周期成本分析,另一方面也要进行设备产出衡量,只有选择经济性能好、技术先进的设备,才能取得良好的经济效益。有时候,先进性和低成本会发生冲突,这就需要物流企业在充分考虑适用性的基础上进行权衡,以做出合理选择。

二、物流装备与技术合理化措施

(一) 装卸搬运合理化措施

装卸搬运合理化是通过装卸搬运机械化、现代化的手段,改变装卸搬运活动,从而提高物流活动总体效能的措施。装卸搬运合理化的主要目标是节省时间、节约劳动力和装卸费用,其具体措施在第三章第三节中有详细介绍,此处不再赘述。

(二) 仓储合理化措施

仓储合理化就是用最经济的办法实现仓储的功能。商品储备必须有一定的量才能在一定时期内满足需要,这是仓储合理化的前提或本质。如果不能保证储存功能的实现,其他问题便无从谈起了。但是,仓储的不合理又往往表现在对储存功能实现的过分强调,造成过分投入储存力量和其他储存劳动。所以,合理仓储的实质是在保证储存功能实现的前提下尽量减少投入,充分考虑投入产出的关系问题。仓储合理化的具体措施在第五章第三节中有详细介绍,此处不再赘述。

(三) 运输合理化措施

长期以来,我国劳动者在生产实践中探索和创立了不少运输合理化的方法,在一定时期内、一定条件下取得了显著成果。

(1) 提高运输工具实载率　充分利用运输工具的额定能力,减少车、船空驶和不满载行驶的时间,减少浪费,从而求得运输的合理化。

在铁路运输中,采用整车运输、合装整车、整车分卸及整车零卸等具体措施,都是提高实载率的有效措施。

（2）减少动力投入，增加运输能力　这种合理化的要点是少投入、多产出，走高效益之路。运输的投入主要是能耗和基础设施的建设。在设施建设已定型和完成的情况下，尽量减少能源投入，是少投入的核心。做到了这一点就能大大节约运费，降低单位货物的运输成本，达到合理化的目的。

国内外在这方面的有效措施如下：

1）在铁路机车能力允许的情况下，多加挂车皮。我国在客运紧张时，也采取加长列车、多挂车皮办法，在不增加机车的情况下增加运输量。

2）水运拖排和拖带法。竹、木等物资的运输，利用竹、木本身的浮力，不用运输工具载运，采取拖带法运输，可减少运输工具本身的动力消耗从而求得合理；将无动力驳船编成一定队形（一般是"纵列"），用拖轮拖带行驶，能够比船舶载乘运输运量更大，以此求得合理化。

3）顶推法。顶推法是我国内河货运采取的一种有效方法，即将内河驳船编成一定队形，由机动船顶推前进的航行方法。其优点是航行阻力小，顶推量大，速度较快，运输成本很低。

4）汽车挂车。汽车挂车的原理和船舶拖带、火车加挂基本相同，都是在充分利用动力能力的基础上，增加运输能力。

【本章小结】

物流装备与技术作为现代物流系统的重要支撑，是物流现代化的基础。快速、高效、自动化的物流装备与技术是提高物流效率、降低物流成本和保证物流服务质量的决定性因素。本章从物流装备与技术的构成开始，从装卸搬运、仓储、运输、包装等物流的具体功能出发，讲述了目前使用较为广泛的装备与技术，并讲解了物流装备与技术选用原则，以及实现物流装备与技术合理化的有效措施。

技 能 训 练

一、单项选择题

1. 以下运输方式中既是运输工具，又是运输线路的是（　　）。
   A. 公路运输　　　　B. 铁路运输　　　　C. 管道运输　　　　D. 航空运输
2. 以下不属于装卸搬运装备的是（　　）。
   A. 输送装备　　　　B. 起重装备　　　　C. 管道运输　　　　D. 装卸搬运车辆
3. 用于专门装运以载货车辆为货物单元的船舶是（　　）。
   A. 滚装船　　　　　B. 载驳船　　　　　C. 子母船　　　　　D. 油轮
4. 在装运防雨防潮、防止丢失和散失等较贵重的物品时，应选用的铁路机车应为（　　）。
   A. 敞车　　　　　　B. 棚车　　　　　　C. 漏斗车　　　　　D. 特种车
5. 使用量最大的托盘是（　　）。
   A. 轮式托盘　　　　B. 柱式托盘　　　　C. 箱式托盘　　　　D. 平托盘
6. 臂架类起重机的起重量随（　　）而变化，而桥式类起重机的起重量受（　　）制约。
   A. 幅度、幅度　　　B. 跨度、跨度　　　C. 幅度、跨度　　　D. 跨度、幅度

7. 下列不属于包装保护操作方法的是( )。
A. 防锈保护　　　　　B. 真空绝热保护　　C. 防破损保护　　　D. 防震保护
8. 下列不属于仓库中常用设备的是( )。
A. 货架　　　　　　　B. 托盘　　　　　　C. 叉车　　　　　　D. 龙门吊
9. 以下属于自动化立体库主要的机械设备的是( )。
A. 托盘　　　　　　　B. 吊车　　　　　　C. 巷道堆垛起重机　D. 平板车
10. 关于牵引车和挂车说法正确的是( )。
A. 都是有动力的车　　　　　　　　　　　B. 都是无动力的车
C. 只有挂车有动力　　　　　　　　　　　D. 只有牵引车有动力

二、多项选择题

1. 现代化的物流装备与技术是众多高技术的集成工程，主要包括( )。
A. 自动化仓库系统　　　　　　　　　　　B. 自动分拣设备
C. 射频识别技术　　　　　　　　　　　　D. 物流信息数据采集与分析系统
2. 物料搬运装备的主要作用有( )等。
A. 提高装卸效率，节约劳动力，减轻装卸工人的劳动强度
B. 减少作业时间，缩短车船周转速度，加快货物的送达和发出
C. 提高装卸质量，保证货物完整和运输安全，减少货损、货差、工伤及各类事故的发生
D. 提高装卸搬运总成本
3. 托盘常用的堆码方式有( )。
A. 重叠式堆码　　　　B. 正反交错式　　　C. 纵横交错式　　　D. 旋转交错式
4. 螺旋输送机不适于输送以下( )货物。
A. 温度高于200℃　　B. 易结块　　　　　C. 黏性强　　　　　D. 易变质
5. 从物流装备与技术利用的角度考虑，运输合理化措施有( )。
A. 提高运输工具实载率　　　　　　　　　B. 提高装卸搬运的灵活性
C. 适当集中库存　　　　　　　　　　　　D. 减少动力投入，增加运输能力

三、判断题

1. 装卸搬运技术正朝着系列化、标准化、绿色化、舒适化、精细化方向发展。( )
2. 自动化立体仓库也是一种单层仓库。( )
3. AGV机器人是一种自动化物流技术装备。( )
4. 托盘式货架便于计算机管理，拣货效率高，需要的通道少。( )
5. 由于立体仓库中货架一般比较高，所以货物的存取需要采用与之配套的机械化、自动化设备。( )
6. 托盘标准化是实现托盘联运的前提，也是实现物流机械和设施标准化的基础。( )
7. 实施包装操作机械化不利于提高剂量的准确性和包装水平。( )
8. 自动导向搬运车的英文缩写是PLC。( )
9. 物流现代化的标志是集装单元化。( )
10. 实践证明，先进的物流技术和先进的物流管理能力推动现代物流迅猛发展，二者缺一不可。( )

四、简答题

1. 物流装备与技术在物流系统中的地位与作用如何？
2. 物流装备与技术作为物流系统的物质基础，主要由哪几部分组成？
3. 如果要将远洋轮上的1万t粮食卸下并运到2km远的仓库中暂存，请根据所学知识选择合适的运输机械完成这一输送任务，并说明理由。
4. 什么是集装箱？常用的标准箱型有哪几种？
5. 简述仓库中常用的货架种类，以及各自的特点和用途。

五、综合分析题

【案例1】零售配送革命的领袖——沃尔玛

沃尔玛被称为零售配送革命的领袖。其独特的配送体系大大降低了成本，加速了存货周转，成为"天天低价"的有力支持。这套"不停留送货"的供货系统共包括三个部分：

（1）高效率的配送中心　沃尔玛的供应商根据各分店的订单将货品送至沃尔玛的配送中心，配送中心则负责完成对商品的筛选、包装和分拣工作。沃尔玛的配送中心具有高度现代化的机械设施，送至此处的商品85%采用机械处理，这就大大减少了人工的费用。同时，由于购进商品数量庞大，使自动化机械设备得以充分利用，规模优势充分显现。

（2）高效的运输系统　沃尔玛的机动运输车队是其供货系统中另一个无可比拟的优势。1996年，沃尔玛就已经拥有了30个配送中心、2000多辆运货卡车，可以保证货物从仓库到任何一家商店的时间不超过48h，相对于其他同行业商店平均每两周补货一次，沃尔玛可保证分店货架平均每周补两次。快速送货使沃尔玛各分店即使只维持极少存货也能保持正常销售，从而大大节省了存储空间和费用。由于这套快捷运输系统的有效运作，沃尔玛85%的商品通过自己的配送中心运输，其结果是沃尔玛的销售成本因此低于同行业平均销售成本2%~3%，成为全年低价策略的坚实基础。

（3）先进的卫星通信网络　沃尔玛斥巨资建立的卫星通信网络系统使其供货系统更趋完美。这套系统的应用使配送中心、供应商及每一分店的每一销售点都能形成连线作业，在短短数小时内便可完成"填妥订单→各分店订单汇总→送出订单"的整个流程，大大提高了经营的高效性和准确性。

思考：

1. 沃尔玛的"不停留送货"供货系统包括哪些内容？
2. 为什么沃尔玛的"不停留送货"能减少库存，成为"天天低价"的有力支持？

【案例2】智慧物流背景下的物流技术

我国的物流技术在过去十多年中处于快速发展时期。一方面得益于市场的需求，如食品、烟草、医药、冷链及电子商务等；另一方面，也得益于科学技术的快速发展，尤其是自动化技术、计算机信息技术和互联网技术的发展。当然，一个充分竞争的市场也是推动我国物流技术领先的重要因素。

从物流技术的总体来看，过去的研究重点在于码垛与输送、存储、拣选和分拣、配送等环节，不难预见在今后很长一段时间，它们仍然是研究和应用的重点。

1. 存储环节

各种形式的存储系统已经全面应用，如自动化存储、密集存储等。自动化立体库技术在过去十多年中逐步完善，已经成为一项应用十分普遍且非常成熟的技术。与此对应的是，自动化立体库的规模越来越大，如鞋服行业、电商行业、家居行业、新能源行业等都出现了特大型的自动化立体库，这是前所未有的。

密集存储技术发展已经有很多年，多种密集存储技术的应用相对比较成熟，例如重力式密集存储、双深度密集存储、穿梭车密集存储等。该存储理念未来还有很大的发展空间。

2. 拣选和分拣环节

高效的拣选技术得到了长足发展。传统的拣选技术，如纸单拣选、电子标签拣选、RF拣选等虽然还是主流，但这些拣选技术都面临着效率和准确性较低的问题。所以，新的拣选技术应运而生，如"货到人"拣选技术已经在很多领域应用，未来的发展不可限量。

快速分拣系统已经成为流行的解决方案。我国海量的快递包裹是引发自动快速分拣技术大规模应用的根本原因。据统计，2023年全国的包裹量超过1300亿件，并且今后相当长一段时期内还会继续增长，这是一个非常大的需求。但问题是，国产的快速分拣设备还不能满足市场要求。

3. 配送环节

"最后一公里"是物流配送的热点问题，现在也已经有多种解决方案，其中智能快递框系统的应用是一个成功的案例。

在配送环节，无人机配送找到了新的着力点，即在特殊环境下解决配送问题，如山顶、孤岛、高层建筑等，尤其是在应急情况下（例如地震发生时公路受阻），无人机会有广泛的用途。

目前，有些电商企业热捧的无人配送概念还没有找到正确的应用场景，未来可能会有另外一种意想不到的突破，大家可以拭目以待。配送过程的透明化管理成为重点，这一点随着互联网技术的发展已经不成问题。

总体来说，过去十多年物流行业所重视的热点问题，今后仍然是研究应用的重点。然而，随着物流技术的不断发展，一些过去没有被重视的物流环节或将被重视起来，从而弥补物流过程的"短板"。

思考：
1. 案例中所分享的物流技术有哪些？分别采用什么物流装备？
2. 你认为未来物流仓储技术的发展方向如何？

第十章 物流的保障——物流法律法规

【学习目标及要求】

(一) 知识目标

1. 掌握物流法律法规的概念及特征，了解我国物流法律法规的现状与发展。
2. 熟悉物流领域中所涉及的法律法规。
3. 能看懂各个物流环节中涉及的合同，并根据合同处理相应业务。
4. 会查阅同物流相关的法律法规，对物流信息进行简单的分析处理。

(二) 技能要求

能够运用物流法律法规分析相关的案例，处理物流日常法律事务。

【物流术语】

1. 法律法规 (Laws & Regulations)。
2. 合同管理 (Contract Management)。
3. 法律责任 (Legal Responsibility)。
4. 货物保险 (Cargo Insurance)。

第十章 物流的保障——物流法律法规

【知识梳理】

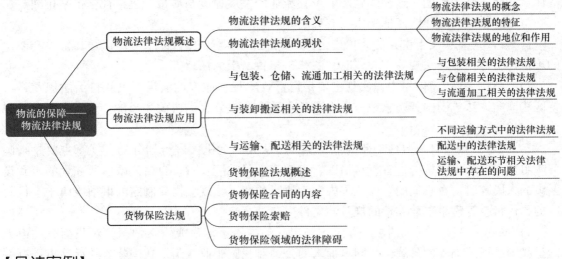

【导读案例】

谁来承担责任

某货运代理公司受货主委托，安排一批茶叶海运出口。该公司在提取了船公司提供的集装箱并装箱后，将整箱货交给船公司。同时，货主自行办理了货物运输保险。收货人在目的港拆箱提货时发现集装箱内异味浓重，经查明，该集装箱前一航次所载货物为精萘，致使茶叶受精萘污染。

思考：
1. 茶叶受污染事故是谁的责任？为什么？
2. 最终应由谁对茶叶受污染事故承担赔偿责任？
3. 茶叶托运时应注意什么？

我国引入"物流"一词始于改革开放后，由于科技的进步和市场经济的迅猛发展，促使物流行业发展迅速。与国外相比，我国物流行业起步较晚，因此我国物流业法律法规制度还不太完善。经济全球化推动了我国经济的发展，我国物流行业也需要与世界贸易接轨，才能适应现代经济的发展。物流方面的法律法规制度需要合理且科学才能更好地推动物流业的发展，增强我国物流企业的实力，进而推动我国经济的迅猛发展。因此，物流法律法规的完善显得更加重要。

第一节 物流法律法规概述

一、物流法律法规的含义

（一）物流法律法规的概念

物流法律法规是指适量调整与物流活动有关的社会关系的法律规范的总称。健全完善的

扫码看视频

法律体系是推动物流业健康稳定发展的前提。我国法律体系中还存在内容不全面、立法滞后、法律实践性不强等问题，这些问题影响了物流业的发展速度与质量，也给社会带来挑战。

与物流相关的法律法规框架主要有以下内容：

1）法律。从狭义上讲，法律仅指全国人民代表大会（以下简称人大）及其常委会制定的规范性文件。在与法规等一起谈时，法律是指狭义上的法律。

2）法规。在法律体系中，法规主要是指行政法规、地方性法规、民族自治法规及经济特区法规等。法规即国务院、地方人大及其常委会、民族自治机关和经济特区人大制定的规范性文件。

3）规章。规章是行政性法律规范文件，是从其制定机关进行划分的。规章主要是指国务院组成部门及直属机构，省、自治区、直辖市人民政府及省、自治区政府所在地的市和设区市的人民政府，在它们的职权范围内，为执行法律、法规，需要制定的事项或属于本行政区的具体行政管理事项而制定的规范性文件。

4）国际公约。国际公约由国际组织制定，各国签字加入成为缔约国。对我国有约束力的是我国已正式加入的公约，我国未加入的公约对我国企业或组织在国际上的活动也具有一定的影响。

5）国际惯例。国际惯例是指经过长期的国际实践形成的习惯性规范。成文的国际惯例由某些国际组织或商业团队制定，各方可自由加以引用，自愿受其约束，属于非强制性规范。

6）国际标准和国家标准。前者由国际组织制定，本身没有强制力，但国际公约常将一些国际标准作为公约附件，从而使其对缔约国构成约束。后者是由国家相关部门组织制定、批准和发布的，包括强制标准和推荐标准两种。其中有些强制标准属于国家技术法规，其他标准本身并不具有强制性，但因标准的某些条文由法律赋予强制力而具有技术法规的性质。

（二）物流法律法规的特征

1）广泛性。物流法律法规的广泛性是指物流活动的各个领域均存在有关的法律、法规或公约，主体种类众多。在物流的流通环节中参与人数众多，不同专业、不同环节的物流从业人员彼此分工，有采购商、批发商、承运人、仓储配送的经营商、包装加工的承揽商、信息服务商等，他们的活动既受社会经济活动一般准则的制约，又受行业法规和惯例的制约，这就决定了物流法律法规的广泛性。与此同时，国家为促进物流业的发展及规范物流市场秩序，颁布了涉及多项物流功能相互关系的综合性政策、法律、法规。

2）技术性。物流法律法规的技术性是指整个物流活动过程都需要运用现代管理技术和现代信息技术，所以物流活动自始至终都体现较高的技术含量。由于物流活动是由采购、运输、仓储、装卸、搬运、包装、流通加工和销售等多个技术性较强的物流环节组成的，而物流法律法规作为调整物流活动、规范物流市场的法律规范，必然涉及从事物流活动的专业用语、技术标准、设备标准及操作规程等，因而具有较强的技术性特征。

3）多样性。物流法律法规的多样性是指物流法律法规在形式上表现为各种法律、法规和公约。法律法规有许多表现形式，有最高国家权力机关制定的宪法、法律，有地方国家权力机关制定的地方法规，有国务院发布的行政法规，也有各级政府和各级部门制定的规章、办法，还有有关的技术标准、技术法规和行业惯例。这些不同的法律法规的表现形式使物流法律制度的层次、效力有所不同。此外，当物流活动在世界范围内进行时，既涉及多个国家的国内法，又受到国际公约的制约，并应遵守相应的国际惯例。现实中，各种物流法律法规具有较为复杂的相互关系。通常，全国人大及其常委会制定的法律具有较高效力和强制性，部门规章起到补充和帮助法律实施的作用，当与国家法律有冲突时，相关的规定将是无效的，而应以法律为准。各类标准和技术法规则根据其是否具有强制性而在使用中有不同效力。正因为如此，物流相关的法律、法规、公约在使用时可能会产生不一致的情况。有的在形式和内容上都相互独立；有的在形式上相互独立，内容上却互有交叉。

4）现代性。随着我国物流产业的快速发展，物流行业的法律也在不断完善。其通过汇总物流市场交易过程中产生的法律难点，有目的地解决现实物流活动中常见的法律问题，并参考同一时期其他部门法的相关规定，具有强烈的现代性特征。

5）综合性。物流法律法规的综合性是指各种和物流相关的法律、法规存在的相互协调、相互配合的关系。现代物流是综合物流，是将多种功能组合起来的一项经济活动，涵盖了从采购原材料到半成品、产成品的生产，直至最后产品通过流通环节到达消费者手上的全过程。同时，还包括物品的回收和废弃物的处理过程，涉及采购、运输、仓储、装卸、搬运、包装、流通加工、配送、信息处理的诸多环节。物流法律法规应当对这些环节中产生的关系进行调整，因此物流法律法规自然也具有综合性的特征。

6）国际性。随着世界经济一体化的推进，各国之间的联系越来越紧密。但是，由于各国运输设备等基础设施的改善和建设，以及高科技物质的发展，物流活动是有国界的。为了有效推进国际物流向更高水平发展，世界各国必须坚持现行标准，切实推进国际物流向更高水平发展。基于托盘、集装箱、装卸设备、车辆和架子系统的国际标准化使用，加强相互合作的深度。明确国际通用物流技术装备标准，制定相关的国际物流技术标准公约，逐步推进物流相关法律国际化。

（三）物流法律法规的地位和作用

市场经济是法治经济，政府对经济的管理行为均应纳入法制轨道。在我国全面建设社会主义现代化国家的新征程上，关于物流法律法规体系的建设具有重要意义。对物流企业和物流从业人员来说，各项法律规定可以有效维护经济秩序，促进物流行业的有序竞争，保障物流企业与各环节从业人员的合法利益。

1）保护物流活动当事人的合法权利。物流相关法律首先是保护物流活动当事人的合法权利，这是法律的基本目的。确保物流法律法规执行的良好环境有利于建立公平、公正的竞争秩序，以使物流业能够得到合理、健康的发展。同时，物流的各个环节都有法规加以保障，如若出现损失则按物流合同进行处理，保证受害人得到公平公正的对待。有市场就有竞争，法律应保护正当的竞争行为，惩处为获取不正当利益而使用不法手段的经营者，切实构建一个公平、有序的良好市场环境，推动物流业向健康的方向发展。

2）促进物流业的健康发展。物流业的发展目标是协调性、统一性和标准化，为实现这样的目标需要加强物流活动的各个环节，政府在其中充当着至关重要的角色。因此，应当充分发挥政府部门的引导监督作用，在减少公权力干预市场的前提下，通过政策支持等手段推动物流业高质量发展，并通过物流法律法规规范其相关行为。例如，通过对不同地区的政策投入、对物流产业的税收减免等，都能极大地促进我国物流企业的快速健康发展。

3）增强我国市场经济的活力。物流法律法规对正常经济交往中形成的物流法律关系和物流法律行为予以确认和规范，目的是发展经济、维护秩序，向立法者期待的方向进行引导。在社会不断发展中，物流法律法规对先进的物流关系因素加以扶持，对落后因素进行改造，可能加速经济的变革或发展进程。因此，建立完善的物流法律体系，对于增强市场活力、促进经济健康发展具有重要作用。

二、物流法律法规的现状

虽然我国现代物流业起步比其他国家晚，但改革开放后，随着科技、经济、社会等不断发展，我国物流业奋起直追，紧跟发达国家步伐。但由于物流业最初的运营模式、物流活动复杂等原因，物流业立法并不充分，物流法律法规散落在近百部法律、法规、规章制度中，缺乏统一的法律规范。具体来说，我国物流法律法规存在以下问题：

1. 物流法律法规不够完善

我国当前的物流法律体系依然不够完善，在经济发展模式与增长的理念都发生巨大变化的今天，随着我国交通基础设施的完善，以及科技的飞速发展和电商的兴起，行业在迅猛发展，而物流法律内容仍留有空白，某些领域还未受到法律规范。自改革开放后，我国与世界的融合度更深，物流业也开始与国际接轨。这一系列变化都表明物流业需要新的法律制度来规范与引导。同时，因为现代物流是综合程度较高的行业之一，原有的仓储、运输等物流活动单独制定法律已不合时宜，不利于我国现代物流企业的发展与竞争。在各行各业都高度注重社会化分工与社会大生产的当下，现代物流的发展趋势就是综合化与一体化。但是，在一体化进程中，由于立法范围不明确，导致了法律法规缺乏系统性，这在一定程度上制约了物流业及社会的发展。

2. 物流法律体系中，法律效力较低

目前，很多具有操作性的法律法规多由各部委、地方制定并颁布，这些法律法规的现实约束性、规范性不强，法律效力不高，有时无法解决现实问题。物流法律体系中真正具有法律威严的制度与规范不同，大部分都是一些通知、办法与条例等，因而无法起到一定的震慑与约束作用。除此之外，物流法律体系中的一些条例、规定还与国际惯例不符，因此不仅无法为实践工作提供有效参考，而且可能为一些工作带来困扰，法律的时效性不强。

3. 法律法规之间的协调性差

物流业有很强的综合性，一项物流业务可能会涉及诸多环节，因此物流业的法律法规要有很强的适应性与协调性。但实际上，现有涉及物流业的各规定、规范之间相互分散、独立，严重影响了相关物流业务与司法案件的开展。物流法律体系中的部分立法涉及商务、市场监管、交通等多部门，这些部门之间协调性不高，导致法律的制定与执行困难。就物流业来说，法律法规之间的协调性不强，从业者就缺少从业参考标准与规范，会在从业过程中面临更大涉法、违法风险。就整个社会来讲，法律制度的欠缺不利于维护社会秩序，同时也会阻碍物流业及相关行业的发展。

2020年8月，我国《5G智慧物流创新示范白皮书》发布，就物流安防、智慧物流等提出了建议，为物流行业智能化发展提供了决策参考。

第二节　物流法律法规应用

目前，我国还没有出台一部系统的物流法，现行物流相关的法律法规涉及物流活动的各个环节、各个方面，由法律、法规、部门规章等组成，具有不同的效力。我国现有的物流法律法规可以从三个效力层次来具体分类：

1）基本法律，如《中华人民共和国民法总则》《中华人民共和国民法典》《中华人民共和国环境保护法》等。

2）行政法规，如《国内水路运输管理条例》《危险化学品安全管理条例》《中华人民共和国道路运输条例》等。

3）部门规章，如《道路危险货物运输管理规定》《商业运输管理办法》《出口商品包装通则》等。

我国于1986年出台了《中华人民共和国邮政法》（以下简称《邮政法》），并于2009年进行了修订，于2012年和2015年进行了两次修正。但随着社会的发展进步，邮政一家独大的局面已经不复存在，多个大型民营物流公司不断发展壮大。同时随着物流业盈利能力的显现，社会中出现了许多小型物流企业，主要经营短途运输，其以加盟或挂靠等多种形式与邮政或其他大型物流服务公司同时存在于现有物流市场中。因此，虽然《邮政法》能解决一部分物流业内所存在的问题，但是不能解决全部问题。此外，虽然国家出台了《物流术语》，明确了大部分物流术语，从根本上解决了大部分因术语界定不清晰所产生的相关法律问题，但仍不能从根本上解决当前立法滞后的现状。

我国现行物流行业的法律法规涉及采购、运输、仓储、包装、配送、搬运、流通加工和信息处理等各个方面。其中广泛使用的法律最主要的是《中华人民共和国民法典》。适用于物流活动某一环节的法律规范主要有下列几类：

一、与包装、仓储、流通加工相关的法律法规

这部分法律、法规、公约缺乏独立性，即虽有许多相关的具体规定，但却具有非针对性的特点。其中主要以贸易、运输方面的法规、公约所涉及的相应要求为基础。

扫码看视频

（一）与包装相关的法律法规

包装法律法规是指一切与包装有关的法律法规的总称。与包装相关的法律法规散见于各类有关的法规中，如《中华人民共和国民法典》《中华人民共和国专利法》《中华人民共和国食品包装法》等，除此之外，在印刷、出版方面的法律中也有部分关于包装规范的内容。

（1）强制性　所谓强制性，是指在包装过程中必须按照相应法律规范的要求进行，不得随意变更。在包装法律规范中，大量包装标准规范属于强制性法律规范，如《中华人民共和国食品安全法》、GB/T 9174—2008《一般货物运输包装通用技术条件》的规定，GB 12463—2009《危险货物运输包装通用技术条件》的规定，以及关于危险货物包装标志的《危险化学品安全管理条例》等。对于这些标准规范，人人都必须遵守。包装法律法规的强制性还体现在《中华人民共和国民法典》的规定中，对于一些特殊物品的包装不得由当事人任意约定，而是要强制适用一定标准，以达到保证安全的最低要求。

（2）标准性　由于物品在物流过程中要经受各种环境的影响或危害，所以包装必须符合一定的承载性能和保护性能。中国食品和包装机械工业协会为此制定了包装标准体系，主要包括以下四大类：

1）包装相关标准，主要包括集装箱、托盘、运输、储存条件的有关标准。

2）综合基础包装标准，包括标准化工作准则、包装标志、包装术语、包装尺寸、运输包装件基本实验方法、包装管理等方面的标准。

3）包装专业基础标准，包括包装材料、包装容器和包装机械标准。

4）产品包装标准，涉及建材、机械、轻工、电子、仪表仪器、电工、食品、农畜水产、化工、医疗器械、中药材、西药、邮政和军工14大类，每一大类产品中又有许多种类的具体标准。

（3）技术性　包装法律法规中包含大量以自然科学为基础而建立的技术性规范。包装具有保护物品不受损害的功能，特别是高、精、尖产品和医药产品，采取何种技术和方法进行包装对商品本身有重要的影响，因此国家颁布的有关包装法律法规都有很强的技术性。

在包装方面，具体执行是按照现有相关标准的要求进行的。此外，还有GB/T 191—2008《包装储运图示标志》，GB/T 41854—2022《包装　产品包装用的一维条码和二维条码》，GB/T 41242—2022《电子商务物流可循环包装管理规范》等。

（二）与仓储相关的法律法规

仓储法律法规是调整物品在仓库储存和保管中发生的各种活动的法律规范的总称。1981年年底通过的《中华人民共和国经济合同法》（现已废止）以专条的形式确立了仓储合同的法律地位，标志着我国仓储业开始向合同制管理转轨。1985年国务院批准发布了《仓储保管合同实施细则》（现已废止），该细则的实施极大地推动了仓储业的发展。1987年2月发布了《化学危险物品安全管理条例》（现已废止），同年6月商业部发布了《国际粮油仓库管理办法（修订）》（现已废止）。1988年10月又发布了《商业仓库管理办法》。这些立法构成了《中华人民共和国合同法》（现已废止）实施前我国仓储法律制度的框架。1999年3月15日，第九届全国人大第二次会议通过了《中华人民共和国合同法》。2020年5月28日，第十三届全国人大第三次会议表决通过了《中华人民共和国民法典》，自2021年1月1日起施行，其中第二十二章专章规定了仓储合同，这标志着我国仓储合同立法逐步走向成熟和完善。

（1）仓储合同　仓储合同是保管人储存存货人交付的仓储物，存货人支付仓储费的合同。合同当事人是保管人和存货人，保管的货物被称为仓储物，保管人因保管获得的报酬是仓储费。这里的仓储是狭义上的，仅限于货物保管意义上的仓储，即不包括广义上仓储经营人可能提供的流通加工、配送、拼装、包装等服务。当然，当事人在狭义的仓储合同基础上完全可以将有关的其他服务条款纳入其中。

（2）仓单　仓单是指保管人在收到仓储物时向存货人签发的表示收到一定数量的仓储物的有价证券。据《中华人民共和国民法典》第九百零八条规定，"存货人交付仓储物的，保管人应当出具仓单、入库单等凭证"，所以仓单的签发要以仓储合同的有效成立和存货人交付仓储物为条件。不符合这两个条件，保管人有权不签发仓单；但当符合这两个条件时，签发仓单是保管人的一种义务，该义务的履行无须以存货人的请求为条件。

仓单是仓储合同的一种证明文件，不能代替合同。在实际仓储合同订立过程中，当事人既可以采用书面形式，也可以采用口头形式。仓单具有可分割性。仓单的可分割性是指仓单持有人将仓单下的货物转让给不同的受让人，或者将部分仓单价值用于质押时，要求保管人将原来的仓单转化成几份仓单的行为。《中华人民共和国民法典》没有规定仓单的可分割性，但理论上是持肯定态度的。在实践中，仓单质押业务也在物资储运行业开展了多年。仓单质押作为一种新型的服务项目，为仓储企业拓展服务空间、开展多种经营提供了广阔的舞台，特别是在传统仓储企业向现代物流企业转型的过程中，仓单质押作为一种新型的业务应该得到广泛应用。

(三) 与流通加工相关的法律法规

流通加工处理主要基于《中华人民共和国民法典》的规定。物流企业作为承揽人和定做人所承担的责任不同。

(1) 物流企业作为承揽人的责任

1) 违约责任。物流企业承揽人根据物流服务合同的要求进行流通加工，物流服务合同中规定了物流企业承揽人应履行的义务，当其违反了合同中的约定时，就应当承担违约责任。其承担的违约责任应该根据物流服务合同的具体内容确定。

2) 产品责任。若加工物本身的缺陷给物流需求方或第三人的人身、财产造成损失的，物流企业承揽人应当承担产品责任。依据《中华人民共和国民法典》和《中华人民共和国产品质量法》的有关规定，这种产品责任是一种侵权责任。

(2) 物流企业作为定作人的责任

1) 提供的原材料不符合合同要求的责任。物流企业没有在合同的约定时间内提供原材料及技术资料，或者提供的原材料、技术资料不符合合同的规定，应该承担违约责任，并且承担由此给加工承揽人带来的损失。

2) 不领取或逾期领取定作物的责任。加工承揽人按照合同的约定完成定作物后，物流企业应该在合同约定的时间内领取加工物，如果无故推迟领取，应该承担违约责任，并且承担由此给加工承揽人造成的额外费用和其他损失。

3) 中途变更加工要求的责任。在加工承揽合同的履行过程中，物流企业单方面改变合同的内容，变更标的的内容，增加定作物的数量、质量、规格、设计等，同样是一种违约行为，对此应该承担违约责任，并对由此给加工承揽方所带来的其他损失负赔偿责任。

二、与装卸搬运相关的法律法规

装卸是指利用工具上下运输货物的操作；搬运是指同一场所内进行的移动货物的作业。两者都是在仓储、运输和其他物流活动开展的前后进行的作业活动。因此，装卸搬运也少有具有针对性的法律、法规，多数与运输、仓储等适用的法律、法规相关，如《中华人民共和国海商法》《中华人民共和国铁路法》《中华人民共和国民用航空法》《中华人民共和国民法典》《铁路货物运输管理规则》等。

较有针对性的法规、标准或公约有《铁路装卸作业安全技术管理规则》《铁路装卸作业标准》《汽车危险货物运输、装卸作业规程》《联合国国际贸易运输港站经营人赔偿责任公约》《集装箱汽车运输规则》和《国内水路集装箱货物运输规则》等。

三、与运输、配送相关的法律法规

与其他环节相比较，物流法律框架中运输部分的法律、法规和公约体系最完整，线条也最清晰，而且规定也比较详细。

(一) 不同运输方式中的法律法规

运输是传统物流最重要的组成部分，有关运输的法律、法规比较健全，体系也很庞大，本节主要将运输法规中涉及货物运输和交接方面的内容列入物流法规的框架。

1）铁路运输。与铁路运输相关的法律法规主要有 1991 年 5 月 1 日实施，并于 2015 年 4 月 24 日第二次修正的《中华人民共和国铁路法》（以下简称《铁路法》）；1999 年 9 月 18 日开始实施的《铁路合同管理办法》；2000 年 11 月 1 日起实施的《铁路货物运输管理规则》等；交通运输部 2022 年 9 月审议通过，2022 年 12 月起施行的《铁路危险货物运输安全监督管理规定》等。

2）公路运输。与公路运输相关的法律法规主要有 1997 年 7 月 3 日通过并于 2017 年 11 月 4 日第五次修正的《中华人民共和国公路法》（以下简称《公路法》）；国务院 2011 年 3 月 7 日发布，2011 年 7 月 1 日开始在全国范围内实施的《公路安全保护条例》，该条例以《公路法》为依据加以制定，制定的目标在于对公路给予必要的保护，以此为公路的完整、安全以及通畅提供保障；2016 年 1 月 14 日通过，并于 2023 年 4 月 14 日修订的《道路运输车辆技术管理规定》；交通运输部 2019 年 7 月审议通过，2020 年 1 月起施行的《危险货物道路运输安全管理办法》等。

3）水路运输。与水路运输相关的法律法规主要有 1992 年 11 月 7 日审议通过，1993 年 7 月 1 日开始实施的《中华人民共和国海商法》；1995 年 6 月实施的《中华人民共和国国际货物运输代理业管理规定》，以及 2003 年修订的《中华人民共和国国际货物运输代理业管理规定实施细则》；1996 年 6 月起施行的《国内水路集装箱货物运输规则》；1996 年 12 月起实施的《水路危险货物运输规则》；2002 年 1 月施行，并于 2023 年 7 月修订的《中华人民共和国国际海运条例》，以及 2019 年修订的《中华人民共和国国际海运条例实施细则》等。

4）航空运输。与航空运输相关的法律法规主要有 2021 年 4 月 29 日修改的《中华人民共和国民用航空法》；中国民用航空总局 1996 年 2 月局务会议通过，当年 3 月起施行的《中国民用航空货物国内运输规则》，以及 2000 年 4 月局务会议通过，同年 8 月起施行的《中国民用航空货物国际运输规则》等。

5）多式联运。与多式联运相关的法律法规主要有《国际集装箱多式联运管理规则》。相关的国际公约有《海牙规则》《维斯比规则》《汉堡规则》《铁路货物运输国际公约》《国际道路货物运输合同公约》《华沙公约》《海牙议定书》等。

（二）配送中的法律法规

配送中的法律法规主要有中华人民共和国交通运输部于 2022 年 9 月发布，并于 2022 年 12 月起实施的《无人机物流配送运行要求》；国家市场监督管理总局与国家标准化管理委员会于 2022 年 3 月发布，并于 2022 年 10 月起实施的《绿色仓储与配送要求及评估》等。

（三）运输、配送环节相关法律法规中存在的问题

目前，我国物流发展的整体水平还不够高，许多物流公司是由过去的运输企业转型而来的，这种转型往往不是真正意义上的转变，只是简单的更名。大量物流运输企业依然习惯于旧有的物流法规，在面对物流活动中的大量实际问题时显得束手无策。面对我国物流业的快速发展，再用旧时的措施有些力不从心，有些问题是需要法律对其特殊规定的，通过企业自身以及市场的自发调解无法解决。事实上，一些新的物流公司换汤不换药，而从中国物流产业的整体发展来看，已经建立了许多专业的综合性物流公司，为客户提供了更加个性化的优质服务，这些公司的发展情况与现代物流类似。随着综合物流经营者的出现，给行业带来新的挑战。

（1）逾期交付　承运人在运输货物之前都要和托运人签订运输合同，就所运输的货品

送达的时间会在物流承运合同中有明确规定，当承运人没有按照合同规定的时间将货品送达时，就会构成逾期交付。在我国的物流法规中对逾期交付的行为做出了界定，同时列出了免责事项。与此同时，为了降低物流企业的责任风险，在运输之前，物流服务的双方应当就合同条款做好沟通与协商，以最大限度地降低在运输过程当中产生的成本与风险问题。

（2）误交付　误交付是指承运人将货物错误地交给了合同之外的第三者，导致合同规定的收货人收不到货物的情况。针对这种情况，《中华人民共和国民法典》明确规定，托运人与承运人之间在运输前对收货方的联系方式要加以明确，同时承运人将货品送抵目的地后应及时通知收货人取货。对于双方在合同之中约定的事项应严格遵守并按约定承担责任。

（3）货物的毁损灭失　货物的运输都要经过一段远距离和长时间，货物在长距离的运输过程中，会不可避免地出现灭失、毁损等情况。受所承运商品的属性影响，一些商品可能会发生损坏，商品的特性不同对其进行的安全保障也不同。有的商品容易腐烂变质，有的商品具有腐蚀性、易爆炸，在运输的过程中要采取对应的保障措施。

总体而言，现阶段我国的物流行业法律法规有所完善，不仅包括上述罗列出的法律法规，还包括众多本章未罗列的各类地方法规等。然而，如此众多的法律规定有时并未完全发挥应有的作用，关键在于现有的法律法规无法系统化、体系化，物流活动各环节的法律规范各自为政、相互脱节。另外，多数物流专项立法是国务院及各部委颁布的"条例""通知"和地方颁布的地方性法规等，行业法律法规具有法律少、行政法规及部门规章多、地方性法规多的特点；从上述物流法律规范来看，很多不同法规的立法目的是一样的，其内容差别不大，大量的重复立法并不能推动物流行业规范发展；国务院颁布一个行政法规后，各地积极响应开展各种相关物流立法工作，然而立法内容多是以上级颁发的内容为依据，而未能很好地结合自身实际情况，自然无法达到调整物流行业行为的目的。

近年来，我国物流行业旧法废止和新法颁布的频率较高，这正是我国物流行业立法积极性的体现，但是立法不仅应该根据物流行业的实时发展及时制定法律，还应当着重考虑制定物流法律规范的目的和条款内容的可操作性等各个方面的情况。

第三节　货物保险法规

一、货物保险法规概述

货物保险法规是指与货物保险相关的法律规范，主要包括《中华人民共和国民法典》的"保险合同"部分、《中华人民共和国海商法》等。

扫码看视频

二、货物保险合同的内容

货物保险合同是指保险人按照约定，对被保险人遭受事故造成保险标的损失和产生的责任负责赔偿，由被保险人支付保险费的合同。保险合同包括以下内容：

1. 保险人

保险人是指收取保险费并在保险事故发生后依照合同约定支付保险赔金的人。在我国，保险人必须是由有关机构批准设立的保险公司。

2. 被保险人

被保险人是指以其财产或利益向保险人投保,并在保险事故发生后可以取得约定保险赔偿金的人。被保险人不同于投保人。投保人是向保险人缴纳保险费并与之签订保险合同的人。投保人可以是被保险人本人,也可以是其代理人或代表。

3. 保险标的

保险标的是指作为保险对象的财产、利益或责任。

4. 保险利益

保险利益是指被保险人对财产或利益或责任所具有的经济上的利害关系。这种利害关系有两种含义:一是保险事故的发生会使被保险人失去某种经济利益;二是保险事故的发生会使被保险人承担某种经济责任。所以,保险利益不一定是投保时就存在的,但必须是保险事故发生后事实上存在的。

5. 保险事故

保险事故是指保险合同约定的保险责任范围内的事故。

6. 保险价值

保险价值是指保险标的的实际价值。

7. 保险金额

保险金额是指保险人根据保险单对保险标的所受损失给予赔偿的最高数额。保险金额一般由双方当事人约定,但约定的保险金额不得超过保险价值,否则超过部分无效。保险金额可以低于保险价值,这种情况通常称为不足额保险。

8. 保险责任期间

保险责任期间是指保险人对发生的事故负损失赔偿责任的时间段。在实践中,对保险责任期间一般通过两种方法加以确定:一是以具体日历年、月、日区间来确定;二是以某事件的发生或消灭来确定。保险人为了有效地限制责任,往往把上述两种方法结合起来使用。

三、货物保险索赔

在索赔工作中,被保险人应做好下列工作。

1. 损失通知

当被保险人获悉或发现被保险的货物已遭损失时,应立即通知保险公司或保险单上载明的保险公司在当地的检验、理赔代理人,并申请检验。

2. 向承运人等有关方面提出索赔

被保险人或其代理人在提货时发现被保险的货物整件短少或有明显残损痕迹,除向保险公司报损外,还应立即向承运人或有关部门索取货损货差证明。

3. 采取合理的施救、整理措施

当被保险货物受损后,被保险人应迅速对受损货物采取必要合理的施救、整理措施,防止损失的扩大。被保险人收到保险公司发出的有关采取防止或者减少损失的合理措施的特别通知的,应按照保险公司的通知要求处理。

4. 备妥索赔单证

被保险货物的损失经过检验并办妥向承运人等第三者责任方的追偿手续后,应立即向保险公司或其代理人提出赔偿要求。在提出索赔时,除应提供检验报告外,通常还须提供其他的单证,包括保险单或保险凭证正本;运输单据,包括海运单、海运提单等;发票;装箱单或重量单;向承运人等第三者责任方请求赔偿的函电及其他必要的单证或文件;货损货差证明;海事报告摘录;索赔金额及计算依据,以及有关费用的项目和用途的索赔清单。

四、货物保险领域的法律障碍

保险具有一定的转移风险、适当化解危机的正面作用。对于物流这种需要长距离运输的现代服务更需要进行投保。我国在《中华人民共和国保险法》中有明确的规定,对于财产保险方面的制度也比较清晰。对于整个物流活动来说,就是使物流服务对象通过保险的方式降低物流在各个环节可能出现的风险。

1. 承保范围过窄

值得注意的是,这里所说的承保范围过窄包括时间和空间范围过窄,以及保险事故过窄。时间和空间范围过窄主要是指现有保险产品与现代物流系统性、完整性及精准送达不相适应。保险事故过窄主要是指完全排除了第三方物流企业依法应当承担的侵权责任,对违约责任规定的不明确;物流责任保险条款中保险公司承担责任的条款只有两条,即只对两种责任进行承保,而除外责任却多达二十几条,也就是说绝大多数的情形是不予承保的。

承保的范围非常有限,物流经营人真正想转移的风险没有被写进条款中。在物流活动的过程中,第三方物流企业因为物流活动自身固有的特性,在很多情况下需要承担违约责任和侵权责任。从现有的物流责任保险条款的具体内容来看,保险公司显然没有考虑物流企业所面临的窘境,因为如果保险公司是以分散风险为己任的话,保险公司就不会将物流企业依法应当承担的侵权责任排除在承保范围之外。从目前条款的内容来看,一些保险产品都没有为物流企业分散风险发挥实质性的作用。第三方物流责任保险制度不仅应当对承保的保险事故做出详细的界定,对于承保的保险期间也应当做出相应的规定。这里的期间不同于通常意义上的含义,应当既包括起止时间,又包括起点和终点的空间范围,尤其是现代物流相较于传统物流而言,对时间和空间的要求更为严格,运送范围不再局限于 A 仓库至 B 仓库。例如,淘宝上的卖家,在一些重要的节假日时,买家通常都会对运送的时间和地址提出非常详尽的要求,要求必须在节假日前送至某地,否则就会产生违约责任。因此,第三方物流责任保险制度对于保险期间的规定应当充分考虑到现代物流的发展趋势,对于保险期间的规定要结合实际情况。在实践中,正是由于法律上的不完善导致在司法审判中产生了很多疑难问题。

2. 保险费计算模式不合理

根据《中华人民共和国保险法》中关于物流保险费的规定,保险人即物流服务委托人在物流保险合同约定的保险期内,以被保险人即物流公司可能产生的营业额为依据收取保费。物流责任保险条款作为责任险中的一个组成部分,关于上述保费的计算方式与责任险中关于保费计算方式的规定相违背,因为物流公司的实际营业额与物流公司是否履行合同义务没有直接关系。

公平性、充分性、合理性、灵活性、稳定性及促进防损原则是保险公司在厘定费率时必须遵循的重要原则。物流公司的规模大小、营业收入与所承担的责任风险之间没有必然的联系。换句说话,一些规模较大且营业额较高的物流公司可能不存在大的风险,因为这些大规模的物流公司无论是在企业管理、配送技术和经验上,还是在员工职业素养等方面,都比小型的物流公司有优势。那些小型物流公司因其自身发展的局限性和经验不足,可能面临的风险会更大。

【本章小结】

本章介绍了物流法律法规的概念、特征、地位和作用，以及我国物流法律法规的现状；详细介绍了我国现有的与包装、仓储、流通加工、装卸搬运、运输、配送相关的物流法律法规；讲解了货物保险法规的概念、货物保险合同的内容、货物保险索赔及货物保险领域的法律障碍等内容。

技 能 训 练

一、单项选择题

1. 货运代理人代表的是( )。
   A. 承运人　　　　B. 货主　　　　C. 收货人　　　　D. 承保人
2. 多式联运经营人为( )。
   A. 合同承运人　　B. 委托人　　　C. 货主　　　　D. 收货人
3. 把整架飞机或飞机的部分舱位承租给另一方经营，称作( )。
   A. 承运人　　　　B. 托运人　　　C. 包机人　　　D. 货运代理人
4. 铁路承运人在接收货物时，通常向托运人签发的是( )。
   A. 运输计划　　　B. 货物运单　　C. 运输合同　　D. 保险合同
5. 物流企业使用自己的铁路自备车辆进行运输，此时扮演的角色是( )。
   A. 承运人　　　　B. 货运代理人　C. 收货人　　　D. 托运人
6. 《中华人民共和国铁路法》于( )开始实施。
   A. 1992 年　　　 B. 1991 年　　 C. 1990 年　　 D. 1995 年
7. 在包装过程中，必须按照相应的法律规范要求进行，不得随意变更包装法律规范的( )。
   A. 标准性　　　　B. 技术性　　　C. 强制性　　　D. 分散性
8. 下列情况所导致的后果，承运人可不负赔偿责任的是( )。
   A. 不可抗力　　　B. 灭失　　　　C. 短少　　　　D. 变质

二、多项选择题

1. 投保人可以是( )。
   A. 被保险人本人　　　　　　　　B. 保险代理人的代表
   C. 保险代理人　　　　　　　　　D. 保险人
2. 运单是具有法律约束力的文件，其约束关系涉及的是( )。
   A. 承运人　　　　B. 托运人　　　C. 收货人　　　D. 代理人
3. 国际货物多式联运有三个较有影响的国际公约，分别是( )。
   A. 《海商法》　　　　　　　　　　B. 1980 年《联合国国际货物多式联运公约》
   C. 1973 年《联合运输单证统一规则》　D. 1991 年《多式联运单证规则》
4. 物流法律关系的渊源包括( )。
   A. 法律　　　　　B. 行政法规　　C. 宪法　　　　D. 技术标准
5. 在海上货物运输保险中，保险公司承担的损失就是由于海上风险与外来风险所造成的货物损坏或者灭失，简称海损。海损一般包括（　　）。

A. 实际全损　　　B. 单独海损　　　C. 共同海损　　　D. 推定全损

三、判断题

1. 国际货运代理人本质上属于货物运输关系的代理人，既代表货方，保护货方利益，又协调承运人进行承运工作。（　　）
2. 如果委托人为处理委托事务而预付给代理人的费用，在完成委托事务时仍有剩余的，代理人不必退还委托人。（　　）
3. 我国物流法规对逾期交付的行为做出了界定，同时列出了免责事项。（　　）
4. 误交付是指托运人将货物错误地交给了合同之外的第三者，导致合同规定的收货人收不到货物的情况。（　　）
5. 在流通加工环节中，物流企业可能通过加工承揽合同履行其物流服务合同的加工义务，即物流企业通过与承揽人签订分合同的形式将其加工义务分包出去。（　　）
6. 在一个完整的道路货物运输合同中，往往要涉及承运人、托运人和收货人三方当事人，但在实践中，托运人和收货人实际上是同一个人。（　　）
7. 由于物流这一产业正处于发展阶段，会面临很多不同的可能性，且物流涉及很多产业，所以很难订立一部专门的物流法。（　　）
8. 物流法律法规具有多样性、广泛性、综合性、独立立法困难几个特点。（　　）
9. 配送是物流的一个缩影，是现代物流的重要组成部分，物流企业参与配送的形式不同，其法律要求和法律地位却相同。（　　）
10. 海洋货物运输保险不包括平安险、水渍险、意外险和一切险。（　　）

四、简答题

1. 什么是物流法律法规？
2. 简述托运和承运的一般程序。
3. 什么是货运代理人？
4. 什么是仓储保管合同？有哪些基本特征？
5. 在提出索赔时，一定要备妥哪些单证？

五、综合分析题

【案例1】 汽车零件仓储

某汽车装配厂从国外进口一批汽车零件，准备在国内组装、销售。2020年3月5日，该厂与某仓储公司签订了一份仓储合同。在合同中约定，仓储公司提供仓库保管汽车配件，期限为10个月，从2020年4月15日起到2021年2月15日止，保管仓储费为10万元；还约定任何一方有违约行为，要承担违约责任，违约金为合同总金额的20%。另外，汽车装配厂预交给仓储公司定金2000元。在合同签订后，仓储公司开始为履行合同做准备，清理了合同中约定的仓库，并且从此拒绝其他仓储要求。2020年3月27日，仓储公司通知汽车装配厂已经清理好仓库，可以开始送货入库，但汽车装配厂表示已找到价格更加优惠的仓库，如果仓储公司能降低仓储费，就送货进行仓储。仓储公司不同意，汽车装配厂明确表示不需要对方的仓库。2020年4月2日，仓储公司再次要求汽车装配厂履行合同，汽车装配厂再次拒绝。

2020年4月5日，仓储公司向法院起诉，要求汽车装配厂承担违约责任，支付违约金。

汽车装配厂答辩称合同未履行，因而不存在违约问题。

思考：

1. 仓储合同是否生效？
2. 仓储公司的要求是否合理？应如何判决？

【案例2】香烟运输

甲将走私的10件香烟重新打包并遮盖后，前往物流公司办理发货手续。在填写托运单时，他在货物品名栏中填为食品干货。烟草执法部门接到举报，截住承运车辆，经过检查，扣留了该公司运输的走私香烟。

思考：

1. 本案例中提到的走私香烟是否属于可承运的范围？
2. 此案例中的损失应由谁承担？

【案例3】注意保险合同中的"擦边球"

2020年，杭州居民张某在中国人民财产保险股份有限公司投保了两份定期国内公路货物运输保险。保险合同约定，保险期限自2020年10月29日零时至2021年10月28日24时止，保险金额每份1万元，保险费每份260元。2020年12月5日，张某为某物流公司运输24t大蒜时，货车因线路老化起火，一车大蒜化为灰烬并造成货物损失3.8万余元。事后，张某向保险公司索赔2万元，却遭到保险公司的拒绝。2021年8月20日，张某起诉至当地法院，要求中国人民财产保险股份有限公司支付保险赔偿款2万元。保险公司认为，按照保险合同的约定，保险人按照《国内公路货物运输定额保险条款》的约定承担保险责任。《国内公路货物运输定额保险条款》第三条规定，蔬菜、水果、活牲畜、禽鱼类和其他动物不在保险货物范围内，大蒜属于蔬菜，所以不能赔偿。张某则认为，大蒜和花椒、大料一样只是调味品，而不是蔬菜，所以应当赔偿。

思考：

1. 通过阅读材料，你有什么感想？作为一名物流相关专业的学生，你认为在今后的工作中应该具备哪些职业素养？
2. 本案应如何处理？

第十一章　物流的发展方向

【学习目标及要求】

（一）知识目标

1. 掌握绿色物流、第三方物流、现代智慧物流的概念。
2. 了解绿色物流生产、运输、储存、流通加工、装卸管理。
3. 掌握逆向物流的概念、特点、发展趋势。
4. 认知第三方物流的基本概念、特点、价值创造及利益来源。

（二）技能要求

1. 能搜集和管理绿色物流信息，制作简单的绿色包装方案。
2. 会简单运作、管理第三方物流业务流程。
3. 能够搜集整理智慧物流发展状况。

【物流术语】

1. 绿色物流（Green Logistics）。
2. 逆向物流（Reverse Logistics）。
3. 第三方物流（Third Party Logistics）。
4. 智慧物流（Smart Logistics）。

【知识梳理】

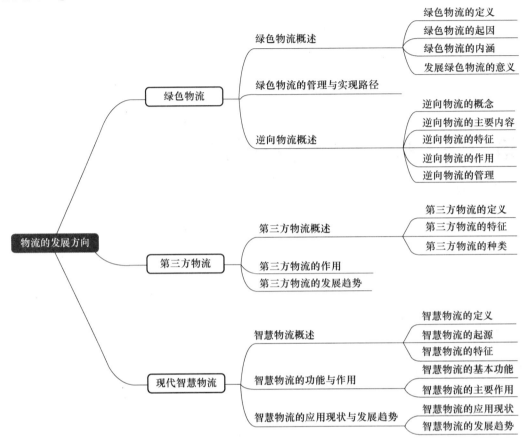

【导读案例】

物流公司绿色物流应用案例

现在物流业对于整个国民经济发展的支撑作用越来越明显。2020 年，我国社会物流总额超过 300 万亿元，近五年来我国的物流总额、物流总值、物流总费用都已经迈入世界第一，正在不断迈向物流强国。

首先从全国快递量上看，2009 年全年 19 亿件，但是 2020 年这个数字已经攀升到 800 亿件。从 2000 年到 2020 年，快递包装从 2.26 万 t 增长到 1576.8 万 t。与此同时也产生了大量垃圾。仅 2019 年，全国快递业共消耗快递运单逾 500 亿个、包装箱约 143 亿个、编织袋约 53 亿条、塑料袋约 245 亿个、胶带约 430 亿 m、封套约 57 亿个。但是快递业务从整个物流行业来看还只是冰山一角，或者只是一个缩影。物流包含了很多环节，包装、仓储、装卸、搬运等环节都由运输串联起来，在这个过程当中有多少是不环保、不绿色的呢？因此，绿色物流的发展迫在眉睫。

作为物流行业的领军企业，顺丰在 2021 年 6 月发布《顺丰控股碳目标白皮书 2021》，基于过去的减碳成果制定了更具雄心的碳减排目标与战略规划。对于碳排放目标，顺丰提出拟在 2021 年基础上，在 2025 年实现自身碳效率提升 27%，每个快件包裹的碳足迹降低

36%，至2030年，上述两个数据将分别提升至55%和70%，以此打造气候友好型快递。

2021—2030年期间，顺丰拟通过调整用能结构、升级运输及业务模式、深入应用科技手段，以及林业碳汇和碳交易等其他途径来实现减碳目标。具体来说，顺丰拟通过用能结构调整实现68%的减碳目标。未来，顺丰将采取可再生能源解决方案，在合适的产业园投建光伏，并逐步加大新能源物流车的应用，转变能源使用类型，降低业务运营碳排放。同时，顺丰将构建碳排放管理平台，运用人工智能、大数据、物联网等领先科技实现低碳智慧化运营，通过减碳科技的应用，减少12%的碳排放。

在实践过程中，顺丰在包装、运输、转运等环节已经取得一定的减排效果。以包装环节为例，截至2021年上半年，顺丰电子运单基本实现全覆盖，"瘦身"胶带封装比例达到99.88%，电商快件不再进行二次包装率达到99.37%。

此外，顺丰还打造了全新的循环包装及载具运营管理平台，为客户提供整体循环包装解决方案，升级包装碳排放评价算法与系统，循环箱累计循环2180万次。依托绿色包装技术实验室，研发胶袋、胶带、缓冲材料等，以减量、降解技术产品方案。2021年上半年累计节省原材料约1.8万t，减少碳排放约3.5万t。

在运输、转运等环节，顺丰采用线路优化、投放新能源车辆、光伏设备、节能设施等举措致力于减少碳排放。同时，顺丰通过推进多式联运、利用货运航空枢纽改善航线、绿色低碳包装、智慧化企业管理、绿色供应链解决方案等，提升运营效率和减少碳排放，通过运输及业务模式升级实现了减少11%的碳排放的目标。

思考：
1. 讨论绿色物流的具体内容包括哪些方面？
2. 简述本案例中，顺丰在绿色物流实践中采取了哪些做法？

第一节　绿　色　物　流

随着经济的快速发展，物流量也持续增加，粗放的物流模式对环境的影响日益突出，由此带来的生态环境问题也日趋严重，进而影响人们的身体健康，影响经济的可持续发展。绿色环保已成为衡量企业竞争力的重要因素之一，物流业作为新时代经济发展的重要一环，在发展的同时也要保护环境，绿色物流应运而生。在科技辅助下，现代物流依托技术和成果将物流产业进行分工，之后再进行绿色运输、绿色包装、资源节约等，就可以推动绿色物流的高质量发展。

一、绿色物流概述

（一）绿色物流的定义

扫码看视频

GB/T 18354—2021《物流术语》对绿色物流（Green Logistics）定义如下："通过充分利用物流资源、采用先进的物流技术，合理规划和实施运输、储存、装卸、搬运、包装、流通加工、配送、信息处理等物流活动，降低物流活动对环境影响的过程。"

（二）绿色物流的起因

1. 人类环境保护意识的觉醒

随着世界经济的不断发展，人类的生存环境在不断恶化，制约着经济的可持续发展，引起了人类对当前生态环境保护的关注。于是，绿色消费运动在世界各国兴起。消费者不仅关心自身的安全和健康，还关心地球环境的改善，拒绝接受不利于环境保护的产品、服务及相应的消费方式，进而促进了绿色物流的发展。与此同时，绿色和平运动在世界范围内展开，给各种各样危害环境的行为以沉重打击，对于激发人们的环保热情、推动绿色物流的发展，起到了极其重要的作用。

2. 各国政府和国际组织的倡导

绿色物流的发展与政府行为密切相关。凡是绿色物流发展较快的国家，都得益于政府的积极倡导。各国政府在推动绿色物流发展方面所起的作用主要表现在 3 个方面：一是追加投入以促进环保事业的发展；二是组织力量监督环保工作的开展；三是制定专门政策和法令来引导企业的环保行为。

3. 现代物流可持续发展的需要

绿色物流是现代物流可持续发展的必然。物流业作为现代新兴产业，有赖于社会化大生产的专业分工和经济的高速发展。物流要发展，一定要与绿色生产、绿色营销、绿色消费等绿色经济活动紧密衔接。人类的经济活动不能因物流而过分地消耗资源、破坏环境，以至于造成重复污染。此外，绿色物流还是企业最大限度降低经营成本的必由之路。一般认为，产品从生产到销售，制造加工时间仅占 10%，而几乎 90% 的时间为仓储、运输、装卸、分装、流通加工、信息处理等物流过程。因此，物流绿色化无疑为降低成本奠定了基础。

（三）绿色物流的内涵

绿色物流的内涵包括以下 5 个方面：

1. 集约资源

这是绿色物流的本质内容，也是物流业发展的主要指导思想之一。通过整合现有资源，优化资源配置，企业可以提高资源利用率，减少资源浪费。在物流业快速增长过程当中，应当与城市、社会发展寻求一种最大的和谐，以提高效率、减少资源占用、降低物流成本，使资源供给与持续发展相辅相成。

2. 绿色运输

运输过程中的燃油消耗和尾气排放，是物流活动造成环境污染的主要原因之一。因此，首先需要优化调整运输结构；其次要合理布局与规划运输线路，缩短运输距离，减少运输车辆在途时间；再次要提升绿色出行装备水平，大力发展清洁化运输装备，积极推动新能源和清洁能源车辆、船舶在运输服务领域的广泛应用；最后要加快创新货运组织模式，加快形成"集约、高效、绿色、智能"的城市货运配送服务体系。

3. 绿色仓储

绿色仓储首先要求仓库选址要合理，土地利用率要高，节能、节水、节材等方面措施明显，从而有效节约资源、降低能源消耗、减少污染排放，有利于节约运输成本，提高物流效率；仓储布局要科学，使仓库得以充分利用，实现仓储面积利用的最大化，减少仓储成本；仓储管理要科学化，要求有效保护商品，节约资源。

4. 绿色包装

包装是物流活动的一个重要环节，绿色包装可以提高包装材料的回收利用率，有效控制资源消耗，避免环境污染。

5. 废弃物物流

一些产生于生产和消费过程中的物质，由于已经变质、损坏或是使用寿命终结，进而失去了使用价值，也有在流通过程产生的废弃包装材料，这些材料在循环利用过程中，基本或完全丧失了使用价值，因此也无法再利用，成为废弃物。

废弃物物流是指在经济活动中失去原有价值的物品，根据实际需要对其进行搜集、分类、加工、包装、搬运、储存等，然后分送到专门处理场所后形成的物品流动活动。

（四）发展绿色物流的意义

随着物流业的快速发展和竞争的加剧，其对能源、燃料的消耗与日俱增，加重了空气污染和废弃物污染，对人民日益增长的美好生活需求产生了消极影响。因此，发展绿色物流对于环境保护和社会经济可持续发展具有重要意义。随着物流技术的提高，包括新能源车辆的出现及各种废弃物的实时处理技术的成熟，为全面发展绿色物流提供了有力支持。

1. 绿色物流适应了世界发展的潮流，是全球经济一体化的需要

随着全球经济一体化的发展，一些传统的关税壁垒等逐渐淡化，但环境壁垒却正逐渐兴起。为此，ISO14000成为众多企业进入国际市场的通行证。ISO14000的基本理念是预防污染和持续改进，它要求企业建立环境管理体系，使其经营活动、产品和服务的每一个环节对环境的不良影响降到最小。国外物流企业起步早，物流经营管理水平相对完善，这势必给国内物流企业带来巨大压力。我国加入WTO后，我国物流企业要想在国际市场上占有一席之地，发展绿色物流必然是理性选择。

2. 绿色物流是可持续发展的重要保障

绿色物流与绿色制造、绿色消费共同构成了一个节约资源、保护环境的绿色经济循环系统。绿色制造是制造领域的重要议题，主要是指以节约资源和减少污染的方式制造绿色产品，是一种生产行为。绿色消费是以消费者为主体的消费行为。三者之间是相互渗透、相互作用的。

3. 绿色物流是最大限度地降低经营成本的必由之路

产品从生产到销售，制造加工时间仅占10%，而几乎90%的时间为储运、装卸、分装、流通加工、信息处理等物流过程。因此，物流专业化无疑为降低成本奠定了基础。绿色物流不仅是一般物流成本的降低，更重视的是绿色化和由此带来的节能、高效、少污染。

4. 绿色物流有利于企业取得竞争新优势

日益严峻的环境问题和日趋严格的环保监管，使企业为了持续发展必须积极解决经济活动中的环境问题，改变危及企业生存和发展的生产方式，建立并完善绿色物流体系，通过绿色物流来追求高于竞争对手的相对竞争优势。

二、绿色物流的管理与实现路径

随着绿色物流的发展，对如何加强绿色物流管理、确保绿色物流的高质量实施提出了新的要求。当前，需要在绿色物流实施的各个环节注入先进的管理模式以解决存在的问题，进而在绿色供应商管理、绿色运输、绿色仓储、绿色装卸搬运和流通加工管理、绿色包装、废弃物管理六个方面进行有效管理。

1. 绿色供应商管理

实施绿色物流需从供应链的源头进行控制，即从产品的原材料抓起。原材料和零部件的采购是企业实施绿色物流的基础，原材料和零部件的绿色化直接决定了最终产品的环境特性。因此绿色供应商的选择对生产企业实施绿色物流非常重要，并且有必要增加供应商选择和评价的环境指标，即要对供应商的环境绩效进行考察。

2. 绿色运输

运输是物流活动中最主要的活动，但同时也是物流作业耗用资源、污染和破坏环境的重要因素。在运输过程中消耗大量能源，排放大量有害气体、产生噪声污染，在运输易燃易爆危险品、化学品等时可能引起爆炸、泄漏等事故，都会对环境造成很大的影响。绿色运输管理是指以节约能源、减少废气排放为特征的运输，如何有效提高绿色运输的管理水平则是行业的当务之急。

1）创新货运模式，实施联合一贯制运输。在我国，公路运输占货运总量的80%左右，是推动货运绿色发展的重点领域。根据国际经验，推动绿色货运发展需要将大型货车纳入进来，整合上下游产业链，大力推进多式联运、甩挂运输等先进的货运模式，以此推动绿色货运模式的创新。此外，完善与推进联合一贯制运输，以件杂货为对象，以单元装载系统为媒介，有效地巧妙组合各种运输工具，实现从发货方到收货方始终保持单元货物状态的系统化运输。

2）合理配置配送中心，优化配送方式。推行共同配送模式，使多个客户联合起来共同由一个第三方物流服务公司提供配送服务。共同配送即统一集货、统一送货，可以明显地减少货流，提高货物运输效率，减少空载率；有利于提高配送服务水平，使企业库存水平大大降低，降低物流成本。共同配送的本质是通过物流配送集约化和规模化降低作业成本，提高物流资源的利用效率。

在我国，物流企业通过借助现代信息化手段，实现在城市共同配送领域的不断创新。例如，有的企业通过同城配送的互联网平台，整合优质货运车辆，以公开竞价招投标的方式，为客户提供专业的同城共同配送解决方案；有的企业通过建立同城货运智能O2O平台，专注于减少中间环节，解决找车难与找车费用贵的问题；有的企业通过即时货运订单的手机应用程序，将货车驾驶人和需求用户连接，为客户提供更加快捷的共同配送服务。这些商业模式的创新极大地促进了绿色物流的发展。

3. 绿色仓储

仓储在物流系统中发挥着缓冲、调节和平衡的作用，是物流活动不可或缺的重要环节之一。因此，发展绿色物流需要完善绿色仓储。

1）仓库。仓储的主要设施是仓库。现代化的绿色仓库设置应当选址准确、布局合理。仓库的选址和布局直接决定了运输成本的高低，布局过于密集，会增加运输的次数，从而增加资源消耗；布局过于松散，则会降低运输的效率，增加空载率。此外，仓库建设前还应进行相应的环境影响评价，充分考虑仓库建设对所在地的环境影响。

2）仓储作业管理。在仓储作业管理上，要严格按照商品本身的特征和要求进行存放、装卸和搬运，以此来减少商品在储存和搬运过程中被破坏，节约资源。可以利用物联网技术追踪仓储物，提高保管效率，同时也可以利用大数据构建仓储信息管理系统，通过货品需求分析来减少堆积、降低成本。此外，还可以运用人工智能技术进行大作业量条件下的智能分拣和搬运，从而提高仓储运作效率。

3）仓储设备。使用绿色环保物流设备，实现绿色环保仓储作业，也是绿色物流发展的重要突破口之一。在绿色物流中心内，一些对人体无害、对环境影响小、产品结构简单且又不降低功能、可循环使用回收的物流设备得到越来越广泛的应用。

4）仓储模式创新。随着现代物流的发展，以物联网、云计算、大数据为基础，建设智慧物流体系，可以实现仓储资源的共享。利用互联网思维整合仓储资源，实现仓储互联网的"云仓储"管理和连锁化经营，实现仓储配送网络的优化，在资源节约和成本降低方面表现出了巨大潜力。

4. 绿色装卸搬运和流通加工管理

1）绿色装卸搬运。装卸搬运费用在物流成本中占有较大比重。在物流活动中，装卸搬运活动是不断出现和反复进行的，其出现的频率远高于其他物流活动。实施绿色装卸搬运在企业物流活动中有着非常重要的作用，可有效避免物品损坏、资源浪费，以及废弃物造成的环境污染。因此，企业在实际操作中要消除无效搬运，利用现代化、智能化装卸搬运机械，提高装载效率，提高搬运活性；注意货物集散场地的污染防护工作，保持物流活动的均衡流畅。

2）绿色流通加工管理。流通加工是为了提高物流速度和物品的利用率，在物品进入流通领域后按客户要求进行的加工活动，即在物品从生产者向消费者流动的过程中，为了促进销售、维护商品质量和提高物流效率，对物品进行一定程度的加工。绿色流通加工的途径主要包括两个方面：一方面是变消费者分散加工为专业集中加工，以规模作业方式提高资源利用效率，以减少环境污染；另一方面是集中处理消费品加工中产生的边角废料，以减少消费者分散加工所造成的废弃物污染。

5. 绿色包装

绿色包装是指对生态环境无污染，对人体健康无毒害，而且能回收或再生复用，可促进持续发展的包装。其特点是材料最省，废弃料最少且节约资源和能源；易于回收利用和再循环；包装材料可自然降解并且降解周期短；对人的身体和生态无害。

实施绿色包装应当做到以下几点：一是推进减量包装，包装在满足保护、方便销售等功能的条件下，应最大限度减少用量；二是推广循环使用包装，即对于实在不能减下来的包装，可通过包装物循环使用，大幅度减少包装物垃圾，如物流周转箱；三是对包装物的循环利用，可采用循环包装材料，如纸箱等，便于包装废弃物的回收再利用；四是包装材料对人体和生物应无毒无害，可环保降解。在此，一定要强调可环保降解，因为很多可降解材料在降解过程中可能并不环保，降解过程也会带来严重污染。

6. 废弃物管理

随着科技的发展和人民生活水平的提高，人们对物资消费的要求越来越高，消费数量越来越大，必然导致大量废弃物的产生。废弃物物流是将失去使用价值的物品，根据实际需要进行收集、分类、加工、包装、搬运、储存等，并分送到专门处理场所而形成的物流活动，是当对象物失去原有价值或再利用价值时，为保护环境而将其妥善处理的活动。

三、逆向物流概述

(一) 逆向物流的概念

GB/T 18354—2021《物流术语》对逆向物流（Reverse Logistics）的定义是："为恢复物品价值、循环利用或合理处置，对原材料、零部件、在制品及产成品从供应链下游节点向上游节点反向流动，或按特定的渠道或方式归集到指定地点所进行的物流活动。"

逆向物流最早被提出是在 1992 年，美国学者詹姆斯·R. 斯托克（James R. Stock）经过钻研，指出了逆向物流领域与商业和社会的相关性，在给美国物流管理协会的一份报告中提出逆向物流的定义，逆向物流这个词也由此进入人们的视野。

简单地说，逆向物流就是物品从供应链下游向上游的运动所引发的物流活动。产品、组件、原料、设备甚至完整技术上的系统都有可能在供应链中向相反的方向流动。随着市场竞争的加剧和政府加强环保立法，逆向物流已不再是供应链中令人忽视的角落。越来越多的企业意识到逆向物流已日渐成为企业之间竞争的一个有力"武器"，逆向物流也因此被提到了一个新的战略高度。

（二）逆向物流的主要内容

1) 逆向物流的对象。逆向物流的对象不是正常产品，而是有缺陷的产品或报废产品，这类产品虽然丧失了使用价值，但本身仍具有剩余价值。

2) 逆向物流的目的。逆向物流的最终目的是通过正确的处理方式重新获取废旧产品的使用价值，进而为企业带来一定的经济效益，但这个过程中要尽量避免对环境的损害。

3) 逆向物流的流动。逆向物流包括物流、资金流、信息流和商流的流动。

4) 逆向物流的构成。逆向物流包括回收逆向物流和废弃逆向物流两大类。

5) 逆向物流的活动。逆向物流活动包含回收、检测、分类、再加工、再销售和报废处理等环节。

（三）逆向物流的特征

逆向物流与正向物流相比，二者既有共同点，又有各自不同的特点。共同点在于都具有包装、装卸、运输、储存、加工等物流功能，但是逆向物流又具有其鲜明的特殊性。

1. 分散性

正向物流的所有因素是可以预见的，包括产生的地点、时间、质量和数量，但是逆向物流的这一切是难以预见的，是很难估量的，其可以产生在生产、流通和消费领域，涉及任何企业或是个人，发生在任何时间。这种多元性使逆向物流具有分散性，这是由于逆向物流发生的原因通常与产品的质量或数量的异常有关。

2. 不确定性

与正向物流中根据物品数量、作业时间、质量、形状、作业地点等因素来制定物流作业方案不同，逆向物流产生的时间、地点和数量很难事先准确预测，并且由于其发生的地点分散、无序、混乱，因此没办法集中一次性地向上游转移，不确定性很大。

3. 缓慢性

由于废旧物资的产生往往不能立即满足人们的某些需要，必须经过加工、改制等环节，甚至只能作为原料回收使用，这一系列环节的时间是较长的。同时，废旧物资的收集和整理也是一个比较复杂的过程。这一切都造就了废旧物资缓慢性这一特征。

4. 复杂性

回收的产品在进入逆向物流系统时往往难以归为产品，因为不同种类、不同情况的废旧物资常常是混杂在一起的。处理逆向物流的系统和方式复杂多样，而且处理逆向物流的相应技术具有较强的专业性。此外，不同性能、不同状态的产品混在一起，也会导致流程处理的复杂度增加。

5. 多变性

由于逆向物流的分散性及消费者对退货、产品召回等回收政策的滥用，有的企业很难控制产品的回收时间与空间，这就导致了多变性。

（四）逆向物流的作用

1. 提高潜在事故的透明度

逆向物流在促使企业不断完善品质管理方面具有重要的地位。ISO9001（2000版）将企业的品质管理活动概括为一个闭环式活动——计划、实施、检查、改进，逆向物流恰好处于检查和改进两个环节上，起承上启下的作用。企业在退货中暴露出的品质问题，将透过逆向物流资讯系统不断传递到管理层，提高潜在事故的透明度。管理者可以在事前不断地提升品质管理水平，以根除产品的不良隐患。

2. 提高顾客价值，增加竞争优势

在当今以顾客为中心的消费环境下，顾客是决定企业生存和发展的关键因素。众多企业通过逆向物流提高顾客对产品或服务的满意度，赢得顾客的信任，从而增加其竞争优势。特别是在当今电子商务时代，逆向物流是电子商务发展的重要瓶颈，逆向物流实施的好坏直接影响电子商务的发展。对于顾客来说，逆向物流能够确保不符合订单要求的产品及时退货，有利于消除顾客的后顾之忧，增加对企业的信任感及回头率，扩大企业的市场份额。

3. 降低物料成本

减少物料耗费，提高物料利用率是企业成本管理的重点，也是企业增效的重要手段。回收的物资经过统一检验后，对于可重复使用的产品和可再加工的零件进行再加工、拆卸、翻新等逆向物流活动后，可重新获得使用价值，可以作为生产原材料或直接进入销售渠道。由于废旧产品的回购价格低、来源充足，对这些产品回购加工可以大幅度降低企业的物料成本。

4. 改善环境行为，提升企业形象

随着人们生活水平和文化素质的提高，环境意识日益增强，消费观念也发生了较大转变，顾客对环境的期望值越来越高。另外，由于不可再生资源的稀缺及对环境污染日益加重，一些法律法规约束了企业的不法行为。当前，环境业绩已成为评价企业运营绩效的重要指标之一，实施逆向物流战略有助于保护环境，为社会可持续发展做出贡献，提升企业在公众中的形象。

（五）逆向物流的管理

1. 树立逆向物流先进理念

在以顾客为中心的销售理念和绿色发展的背景下，企业建立逆向物流系统是必不可少的措施。加强企业对逆向物流活动重视的目的主要有两点：一是将回收物品进行再次利用，降低企业成本，增加企业效益；二是对广大消费者负责，把不合格的产品召回，减轻消费者的负担，减少社会问题，提高企业的信用度，同时减少环境污染。所以，企业应当充分认识逆向物流的重要性，树立逆向物流先进理念，提高逆向物流业务水平。

2. 重视逆向物流通道建设

逆向物流是一项比较复杂的物流活动，它不仅需要专业人员运作，还需要相关部门支持。企业构建逆向物流通道，要制定有利于实施逆向物流的方案，给实施部门足够的权力以保障运行，并加大物流人才培养力度，为实施逆向物流提供人才支撑。

3. 推进逆向物流技术创新

由于目前逆向物流的成本高、再生资源的利用率低，许多废弃物因技术限制无法回收和处理而直接流入生态和社会系统中，加剧了对环境的污染。因此，应加大逆向物流领域相关技术的研发力度和技术创新：一是减少逆向流通的商品及包装物。产品在销售之前，通常是由销售包装和物流包装组成的。前者如包装笔记本计算机的泡沫塑料和纸箱；后者如食品的包装盒或手提袋。随着社会资源再利用理念的提升，对产品包装物的回收再利用成为企业降低成本、增加利润的一个重要手段。二是建立一些集中式回流物品中心。集中式回流物品中心是逆向物流高质量运营必需的设施基础。例如，对配送中心设有专门的退货集中地，将所有要进入逆向物流通道上的退货送至中心，中心对回流商品进行分类，对该商品是重新出售还是进行销毁做出决定，再选择最佳处理方法，将每件产品送到其应去的归属地。

4. 加强逆向物流信息系统管理

企业在逆向物流的决策过程中，常常会遇到一个比较棘手的问题，就是没有一套完善的信息系统，很难收集到逆向物流运作过程中的信息。因此，要做好逆向物流，必须进一步加强逆向物流信息系统管理。通过该系统，对进入逆向物流领域的产品进行及时有效的跟踪，实现从回流入口到最后处理的全过程的信息跟踪处理，缩短逆向物流处理周期，并且可以迅速地传递退货及回收产品信息，最终实现制造业与销售业之间的信息共享。

第二节　第三方物流

进入 21 世纪，随着计算机技术的发展与社会分工的进一步细化，推动管理技术和理念迅速更新，由此产生了供应链、区块链等一系列强调外部协调与合作的新型管理理念，既增加了物流活动的复杂性，又对物流活动提出了零库存、准时制、快速反应、有效的客户反应等更高的要求，这使得一般企业很难承担此类业务，由此产生了专业化物流服务的需求。第三方物流正是为满足这种需求应运而生的。它的出现一方面迎合了个性化需求时代企业之间专业合作（资源配置）不断变化的要求，另一方面实现了进出物流的整合，提高了物流服务质量，加强了对供应链的全面控制和协调，促进供应链不断趋于完善。

一、第三方物流概述

（一）第三方物流的定义

扫码看视频

GB/T 18354—2021《物流术语》对第三方物流（Third Party Logistics）的定义是："由独立于物流服务供需双方之外且以物流服务为主营业务的组织提供物流服务的模式。"

第三方物流，简称 3PL 或 TPL，也称为委托物流或合约物流，指的是一个具有实质性资产的企业向其他企业提供的物流相关服务，如运输、仓储、存货管理、订单管理、资讯整合及附加价值等服务，或与相关物流服务者合作，提供更完整服务的专业物流企业，是由供方与需方以外的物流企业提供专业物流服务的业务模式。

第三方物流的概念是 20 世纪 80 年代中期由美国率先提出的。在 1988 年美国物流管理委员会的一项顾客服务调查中，首次提到"第三方服务提供者"一词。目前，对于第三方物流的概念存在着多种理解和解释，这与观察问题的角度以及对物流概念本身的理解程度有关。但不管怎样理解和解释，第三方物流一定是有别于传统的物流管理和服务模式的。

在物流实际运作中,根据运作的主体不同,可将物流的运作模式分为第一方物流、第二方物流和第三方物流。其中第一方物流(1PL)是指卖方、生产者或者供应方组织的物流活动,主要业务是生产和供应商品,为了其自身生产和销售的需要而进行物流网络及设备的投资、经营与管理。第二方物流(2PL)是指买方、销售者或流通企业组织的物流活动,核心业务是采购、销售商品,为了销售业务需要而投资建设物流网络、物流设施,进行具体的物流业务运作和管理。第三方物流与传统物流的区别见表11-1。

表 11-1　第三方物流与传统物流的区别

项　　目	第三方物流	传统物流
服务功能	提供功能完备的全方位、一体化物流服务	仓储或运输单功能服务
物流成本	由于具有规模经济性、先进的管理方法和技术等,物流成本较低	资源利用率低,管理方式落后,物流成本较高
增值服务	可以提供订单处理、库存管理、流通加工等增值服务	较少提供增值服务
与客户关系	客户的战略同盟者,长期的契约关系	临时的买卖关系
运营风险	需要较大的投资,运营风险大	运营风险相对较低
利润来源	与客户一起在物流领域创造新价值	客户的成本性支出
信息共享程度	每个环节的物流信息都能透明地与其他环节进行交流与共享,共享程度高	信息的利用率低,没有共享有关的需求资源

(二) 第三方物流的特征

第三方物流是由专业物流服务企业的专业物流人员,应用电子信息技术,以数字网络为手段,提供系统、柔性的物流服务来适应不同物流需求者的不同需要的一种服务模式。随着市场竞争越来越激烈,对于非物流企业,第三方物流的专业程度是其理想的选择。第三方物流在发展过程中已经逐渐形成鲜明的特征,具体表现在以下6个方面:

1. 契约关系明显化

第三方物流是通过契约形式来规范物流经营者与物流消费者之间关系的。第三方物流根据契约规定的要求,来为物流消费者提供全方位一体化的服务,并对整个物流活动进行管理。所以,第三方物流个体之间及物流联盟之间的关系都呈现契约化的特征。

2. 服务功能专业化

专业化是物流提供方发展的基本要求,同时也是物流经营者的需要。第三方物流必须要提供专业化的物流服务,体现在物流方案的设计、物流操作过程、物流技术工具、物流活动的管理等方面。第三方物流企业与其说是一个专业物流公司,不如说是客户的一个专职物流部门,只是这个"物流部门"更具有专业优势和管理经验。

3. 服务内容精细化

物流消费者在物流服务项目上有各自的特殊性,第三方物流应该根据物流消费者在顾客需求特性、产品特征、企业形象、业务流程等方面的要求,提供精细化、个性化的物流服务和增值服务。第三方物流要在物流行业的竞争中取胜,也要持续强化所提供的物流服务的个性化和特色化,来培育本企业的核心竞争力,进而提高其市场竞争力。

4. 合作关系伙伴化

第三方物流企业与客户之间是战略同盟关系,这种同盟关系有一个显著特点,即第三方物流所追求的不是短期利益。从战略意义上看，第三方物流企业是一个投资者，它以这种身份为客户服务，同时第三方物流企业为客户提供的服务本身就是一种长期投资。与运输企业相比，第三方物流服务的利润来源不是来自运费、仓储费用等直接收入，也不是以生产经营企业的成本性支出为代价的，而是来自与生产经营企业一起在物流领域创造的新价值，为生产经营企业节约的物流成本越多，利润率就越高。

5. 管理系统科学化

第三方物流应具有全方位的物流服务功能，这是第三方物流存在和发展的基本要求。只有这样，第三方物流才能满足市场多样化的需求。

6. 信息资源共享化

信息技术的发展是第三方物流出现和发展的必要条件。信息技术的发展实现了信息资源的共享，促进了物流管理的科学性，提高了物流的效率和效益，为物流企业与物流需求方的顺利合作提供了条件，使企业之间的协调和合作有可能在短时间内迅速完成。

（三）第三方物流的种类

第三方物流按照企业来源构成、资本归属、服务功能、核心能力可以分为4大类。

1. 按照企业来源构成分类

按照企业来源构成分类，可以把第三方物流企业分为以下4类：

1）从传统仓储、运输、货运代理等企业基础上转型而来的第三方物流企业，这类物流企业占据较大的市场份额。

2）从工商企业原有物流服务职能剥离出来的第三方物流企业。传统工商企业对网络的控制方式是企业自建的物流系统，所有的物流资源属于企业拥有。

3）不同企业、部门之间物流资源互补式联营而来的第三方物流企业。

4）新创办的第三方物流企业。近年来，随着我国经济的发展，出现了大量新创立的现代物流企业。这些企业多为民营企业或中外合资公司。

2. 按照资本归属分类

按照第三方物流企业的资本归属分类，可以分为外资和中外合资、民营和国有第三方物流企业。

1）外资和中外合资第三方物流企业。随着我国的改革开放，国外物流公司开始进入我国。它们以独资或合资方式进入物流领域，逐渐向物流市场渗透。

2）民营第三方物流企业。我国物流企业多创立于20世纪90年代以后，是物流行业中最具朝气的第三方物流企业。它们的业务地域、服务和客户相对集中，效率相对较高，机制灵活，发展迅速。

3）国有第三方物流企业。我国多数物流企业是借助于原有物流资源发展而来的。近年来，也产生了一些新的国有第三方物流公司。

3. 按照服务功能分类

按照第三方物流企业的服务功能分类，可以分为运输型、仓储型和综合服务型第三方物流企业。

1）运输型第三方物流企业。运输型第三方物流企业是以从事货物运输服务为主，包含其他物流服务活动，具备一定规模的实体企业。

2）仓储型第三方物流企业。仓储型第三方物流企业是以从事区域性仓储型服务为主，包含其他物流服务活动，具备一定规模的实体企业。

3）综合服务型第三方物流企业。综合服务型第三方物流企业是指从事多种物流服务活动，可以根据客户的需求提供物流一体化服务，具备一定规模的实体企业。

4. 按照核心能力分类

按照第三方物流企业的核心能力分类，可以分为资产型和非资产型第三方物流企业。

1）资产型第三方物流企业。这类企业有自己的运输和仓储设施设备，包括车辆、仓库等，为各个行业的用户提供标准的运输或仓储服务，在现实中它们实际掌握物流企业的操作，如基于仓储服务的第三方物流企业、基于运输服务的第三方物流企业。

资产型第三方物流企业的主要优点是可以向物流消费者提供稳定的、可靠的物流服务；由于资产的可见性，这种物流企业的资信程度比较高，对物流消费者来说是有吸引力和可靠的。

资产型第三方物流企业的主要缺点是需要大量的投资去建立一套物流工程系统，同时维持和运营这一套系统需要大量资金和人力投入；虽然这套系统可以有效地提供高效率的确定服务，但是很难按照物流消费者的需求进行灵活的改变，往往会出现灵活性不足的问题。

2）非资产型第三方物流企业。这类企业是一种物流管理公司，其不拥有或租赁资产，而是以人才、信息和先进的物流管理系统作为向客户提供服务的手段，并以此作为自身的核心竞争力的第三方物流企业。在网络经济时代，这类第三方物流企业实际上是以知识为核心竞争力，通过网络信息技术的深入应用，以高素质的人才和管理力量，利用社会上的设施、装备等向客户提供优良的物流服务。

非资产型第三方物流企业的主要优点是其轻资产运作方式风险较低，可以通过有效地运用虚拟库存等手段，获得较低的成本，对于帮助生产企业降低物流成本具有一定的促进作用；在提供物流服务的过程中，可以最大限度地方便客户，为客户提供综合型物流服务，以降低运输成本、减少资金消耗、提升企业产品的市场竞争力。

非资产型第三方物流企业的主要缺点是由于固定资产投入较少，对于物流消费者的吸引力和可靠性不如资产型第三方物流企业；需要配备完善的物流技术设施设备及很好的物流信息技术支撑。

二、第三方物流的作用

在当今世界经济竞争日趋激烈和社会分工日益专业化的大背景下，第三方物流的服务功能专业化、服务内容精细化、信息资源共享化的特征具有明显的优越性，其作用具体表现在以下 6 个方面：

1. 有助于企业集中精力开展核心业务

由于任何企业的资源都是有限的，很难在业务上面面俱到。因此，企业在集中精力、专注主业的同时，有必要把非主业的物流外包给第三方物流公司，这有利于企业将有限的资金、资产进行合理配置，进而提升研发水平，开发新产品，扩大市场占有率，提高核心竞争力。

2. 运用新技术，实现资源优化配置

科学技术日新月异，专业的第三方物流供应商能不断地更新信息技术和设备，而普通的单个制造企业通常在短时间内难以更新自己的资源或技能；不同的零售商可能有不同的、不断变化的配送和信息技术需求，此时第三方物流公司能以一种快速、更具成本优势的方式满足这些需求，而这些服务通常都是制造企业一家难以做到的。同样，第三方物流供应商还可以满足企业的潜在顾客需求，从而使企业能够接洽到零售商。

3. 减少固定资产投资，加速资本周转

企业如果自建物流就需要投入大量的资金购买物流设备、建设仓库和信息网络等。这些资源对于缺乏资金的企业特别是中小企业是个沉重的负担。但如果使用第三方物流公司不仅可以减少设施的投资，解放仓库和运输工具方面的资金占用，更不需要在物流信息化方面投入大量资金，如此就能加速企业流动资金的周转。

4. 提供灵活多样的服务，为顾客创造更多的价值

假设一家企业是包装物供应商，而其客户需要迅速的货源补充，这就需要该企业有区域内仓库以便能够及时供应，无形之中就会增加该企业的固定资产投资。通过引入第三方物流的仓储服务，就可以满足客户需求，而不必因为建造新设施或因长期租赁而在经营灵活性上受到限制。如果这是一家最终产品供应商，利用第三方物流还可以向客户提供更多样的服务，为客户带来更多的附加值，使客户满意度提高。

5. 提升企业形象

第三方物流提供者与客户不是竞争对手，而是战略合作伙伴。现在，通过完善的信息网络使客户的供应链管理完全透明化，客户随时可通过互联网了解企业供应链情况。第三方物流提供者是物流专家，利用完备的设施和训练有素的员工对整个供应链实现控制，降低物流的复杂程度；通过遍布各地的运送网络和专业服务可以大大缩短交货期，帮助客户提升效率，从而树立企业的品牌形象。第三方物流提供者能做到以客户为导向，进而提供低成本、高效率的物流运输方案，为企业在竞争中取胜创造了有利条件。

6. 提高企业经营效率

首先，可以使企业专心致志地开展所熟悉的业务，将资源配置在核心业务上。其次，第三方物流企业作为专门从事物流服务的行家，具有丰富的专业知识和经验，有利于提高物流服务水平。最后，第三方物流企业是面向社会公众和企业提供物流服务的，可以站在比单一企业更高的角度、更大的范围看问题，以实现物流活动的合理化。因此，仅仅将物流系统范围局限在企业内部是远远不够的。通过建立企业之间跨行业的物流系统网络，将原材料生产企业、制品生产企业、批发零售企业等生产流通全过程上下游相关企业的物流活动有机结合起来，形成一个链状的商品供应系统，是构筑现代物流大系统的要求。第三方物流企业通过掌握的物流系统开发技术、信息技术能力，成为建立企业之间物流系统网络的组织者，能够完成个别企业特别是小企业无法完成的工作。

三、第三方物流的发展趋势

1. 行业规模效应明显，现代第三方物流空间巨大

物流行业规模化是大势所趋。物流行业是一种规模效应显著的行业，作为服务于商贸活动的中间产业，对商品流动的效率具有很高的要求，而当下物流企业的小规模、碎片化、粗放式发展，极大地限制了物流行业效率的提升。

空间上，传统物流交通运输方式由于受分段、分头管理模式的影响，长期处于相互分割、独立发展状态，大多数物流企业只能分段提供物流服务，全社会的物流过程被分割开来，造成分段运行、利益链加长、效率降低、物流成本大大增加。此外，物流网络缺乏规划，不利于形成社会化的物流系统和跨区域、跨行业的物流网络。

产业链上，传统物流模式大多从事简单的专项服务，其中的运输、仓储等功能是分割的、单一的。当物流活动分散在不同企业和不同部门时，各种物流要素很难充分发挥其应有的作用。例如仓储设施的闲置等。

现代物流模式通过对运输、仓储、包装、装卸搬运、流通加工、配送等基本功能，运用信息技术进行整合和一体化运作，以降低成本、提高效率。物流企业的规模化发展离不开综合性网络和服务的大型物流企业的参与，纵向能够加强企业对产业链的渗入，横向能够优化物流网络覆盖，进而整合更多社会资源，提高物流效率，在实现社会资源充分利用和行业效率最大化的同时，提高企业的营运能力。随着国内第三方物流公司的发展，物流行业规模化是大势所趋，行业整合必将加速。

现代第三方物流业务发展空间巨大。物流服务的本质是通过降低物流成本创造"第三利润源"。第三方物流的服务对象是众多的企业、个人，第三方物流服务商将众多分散的货物集中起来，通过信息技术系统处理大量的物流信息，统筹安排优化配送路线，有效降低车辆空载率。同时，货物仓储由静态管理变为动态管理，周转率加快，仓储设施使用效率大幅提高，物流服务的成本大大降低。随着业务规模的扩大，单件货物的物流成本呈逐渐下降趋势。因此，第三方物流服务具有规模经济效益递增的显著特征。

2. 一体化、多元化、协同化、全球化和信息化发展

（1）一体化　第三方物流的一体化趋势是以物流为纽带，将企业内部不同职能或不同企业连成一个整体，从而提高企业及供应链的效率和效益。它通过考虑整个物流过程和影响此过程的各种环境因素，对商品的实物流动进行整体规划和运行。一体化趋势在近年来已经表现明显，其一是各物流服务商都在尽力扩展地域规模与服务项目，以便为客户提供一体化服务；其二是出现了由物流商组织供应链管理的尝试。

（2）多元化　企业的生命力在于不断创新，第三方物流并不是一成不变的。一些灵活的物流服务商首先提供了超越传统运输和物流管理范畴的服务。这些服务既满足了企业开拓与发展的需要，又是第三方物流一体化运作的有益补充。

（3）协同化　作为组合部分的企业比单独运作的企业能取得更高的营利能力，这种能力来自协同。对个别企业而言，发展就意味着要在其所在的领域内创造出可持续的竞争优势。除此之外，企业战略管理的一个重要目标是通过精心地组建相互关联、相互促进的企业群来创造可持续的竞争优势。其目的不是向孤立的项目投资，而是发展结构合理的企业群，以便能够通过协同效应创造出远高于平均利润的收益，并为股东带来持久的价值。在第三方物流业中存在着向企业群发展的趋势，物流企业试图通过形成横向联盟增强团体竞争力。这一趋势除了得到协同理论的支持外，也是由物流企业的专业化现状所造成的。

（4）全球化　随着经济全球化的发展，国际贸易的持续增长，境外投资规模不断扩大，跨国公司的规模和活动范围也有所扩大，金融国际化程度不断加深，经济区域集团化及市场经济在全球经济中的主导地位进一步巩固。欧洲国家和日本、韩国等亚洲国家都在努力调整经济结构，促进高新技术产业的发展，提高企业和产品的竞争力。世界范围的结构调整活动可能形成一个新的高潮，使市场竞争更加激烈。所有这些都标志着世界经济全球化进程的加速。起着连接生产与消费作用的物流活动要想适应经济的发展，就必须向全球化方向发展。

物流全球化是经济国际化和国际贸易的重要组成部分和必需条件。它既是生产力发展和对外开放的必然结果，又是促进这两者发展的重要条件。

第三方物流全球化的必然性和必要性主要体现在以下两个方面。首先，跨国公司的扩张促进了第三方物流的全球化。跨国公司已经成为推动世界经济互相渗透、互相依存及贸易自由化的重要媒介。它们纷纷在海外建立生产和加工基地，并大规模地向世界各地渗透。这使全球消费者的需求变得日益接近，从而促进了全球同一市场的形成。为了在竞争中取得优势，生产者不断降低生产成本，从而使全球的生产资料市场趋向一体化。这种世界资源市场的集中性和产品市场的趋同性，使第三方物流走向全球化。其次，全球化是第三方物流自身发展和完善的必然要求。物流企业的现实发展目标在于不断扩大市场，巩固企业的竞争地位。在发展国内市场的同时，物流企业也在不遗余力地开发国际市场。

（5）信息化　物流过程是一个多环节（子系统）的复杂系统，物流系统中各个子系统通过物资实体的运动联系在一起，而很多相互衔接的工作是通过信息沟通完成的。为了使物流活动正常而有规律地进行，必须保证物流信息的畅通。物流信息化表现为物流信息的商品化、物流信息收集的数据库化和代码化、物流信息处理的电子化和计算机化，以及在此基础上达到的物流网络化。

第三节　现代智慧物流

随着电子商务的迅猛发展和交通方式的便捷，人们对物流服务有了更高的要求，尤其是配送的时效性。随着云计算、人工智能和大数据等信息处理技术的不断成熟，现代物流系统已经具备了信息化、数字化、网络化、集成化、智能化、自动化等先进技术特征。

智慧物流理念的适时提出顺应了历史潮流，符合现代物流业发展的自动化、网络化、可视化、实时化、跟踪与智能控制的发展新趋势，符合物联网发展的趋势。

一、智慧物流概述

（一）智慧物流的定义

GB/T 18354—2021《物流术语》对智慧物流（Smart Logistics）的定义是："以物联网技术为基础，综合运用大数据、云计算、区块链及相关信息技术，通过全面感知、识别、跟踪物流作业状态，实现实时应对、智能优化决策的物流服务系统。"

（二）智慧物流的起源

物流起源于 20 世纪 30 年代，原意为"实物分配"或"货物配送"，是供应链活动的一部分，是为了满足客户需要而对商品、服务消费及相关信息从产地到消费地的高效、低成本流动和储存进行的规划、实施与控制的过程。随着世界经济、信息技术的迅速发展和人们环保意识的提高，客户对于物流的要求越来越高，智慧物流的出现是必然的，其是物流发展的高级阶段，是多项现代信息技术的聚合，是在经历了粗放型物流、系统化物流、电子物流、智能物流 4 个阶段后出现的。粗放型物流属于现代物流的雏形，系统化物流是现代物流的发展阶段，电子物流是现代物流的成熟阶段，而现代物流的未来发展趋势是由智能物流向智慧物流发展。

1. 粗放型物流

从 20 世纪 50 年代至 70 年代，是粗放型物流发展时期，这源于第二次世界大战后经济迅速复苏，企业的重心放在物资生产上以满足市场旺盛的需求，而对流通领域中的物流关注度不高。企业普遍认为产量最大化会导致利润最大化，于是开足马力忙于生产而忽略市场真正的需求量，因此造成物资大量库存，由此产生"粗放型物流"。其特点就是大部分物流企业自成体系、各自为战，缺乏行业协作和大物流的意识，这种盲目扩张模式很快便无法维持下去，迫使企业寻找更适合的物流经营模式。

2. 系统化物流

粗放型物流给企业带来的风险是显而易见的，物流模式的变革势在必行。于是在 20 世纪 70 年代末到 80 年代初，随着世界经济出现国际化趋势，物流行业也逐渐从分散、粗放式的管理阶段进入系统管理模式。这一时期的企业对物流的理解从简单分散的运输、保管、库存管理等具体功能，上升到原料采购到产品销售整个过程的统一管理，并将物流作为一门综合性的学科来看待，企业开始在物流成本和效益方面做文章。

3. 电子物流

20 世纪 90 年代中后期以来，以互联网在经济活动中的应用为主要表现形式的电子商务取得了快速的发展。随着 20 世纪 70 年代诞生的条码和 80 年代的 EDI 技术应用于在线订货、库存管理、发送货管理、报关、支付等，企业开始重视电子物流的发展以便提高物流的效率和效益，努力降低物流运作的总体成本和时间。电子物流则是指利用电子化的手段，尤其是利用互联网技术来完成物流全过程的协调、控制和管理，实现从网络前端到最终客户端的所有中间过程服务。其最显著的特点是各种软件与物流服务的融合应用。电子物流的目的就是通过物流组织、交易、服务、管理方式的电子化，使物流商务活动能够方便、快捷地进行，并最大限度地追求物流的速度、安全、可靠和低费用。

4. 智能物流

当今世界是智能化的时代，智能物流开始出现雏形，包括智能仓储物流管理、智能冷链物流管理、智能集装箱和运输管理、智能危险品物流管理、智能电子商务物流等。基于以上背景，2008 年德国不来梅大学实验室将智能物流的基本特征总结为精准化、智能化和协同化。

智能物流体现出 4 个方面的特点：智能化、一体化、柔性化与社会化。物流作业过程中大量运筹与决策更加智能化；以物流管理为核心，实现物流过程中运输、存储、包装、装卸等环节的一体化和智能物流系统的层次化；智能物流的发展会更加突出"以顾客为中心"的理念，根据消费者需求变化来灵活调节生产工艺；智能物流的发展将会促进区域经济的发展和资源的优化配置，实现社会化。智能物流系统主要包括 4 个智能机理，即信息的智能获取技术、智能传递技术、智能处理技术和智能运用技术。

5. 智慧物流

智慧物流的概念由 IBM 提出。在国内，中国物流技术协会信息中心、华夏物联网、《物流技术与应用》编辑部于 2009 年 12 月联合提出此概念，指出智慧物流是利用集成智能化技术模仿人的智能，具有思维、感知、学习、推理判断和自行解决物流中某些问题的能力，实现物流各环节精细化、动态化、可视化管理，提高物流系统智能化分析决策和自动化操作执行能力，提升物流运作效率的现代化物流模式。智慧物流包含了运输、仓储、配送、包装、装卸及智能信息的获取、加工和处理等多项基本活动，为供方提供利润最大化，为需方提供最佳的服务，同时也应该消耗最少的自然和社会资源。

（三）智慧物流的特征

1. 智能化

智能化是物流发展的必然趋势，是智慧物流的典型特征。它贯穿于物流活动的全过程，随着大数据、云计算等信息技术的发展，物流的各个环节逐渐变得智能化。目前，智慧物流市场主要体现在无人机、智能自取快递柜及数据分析等层面，而无人分拣设备及人工智能仍处于研发阶段。物流业正朝着全面智能化的方向发展，未来智能化也将应用到物流的整个系统，实现物流供应链智能无人化。新物流时代下，物流路径将会优化，装载也将优化。此外，可以实现智能化的物流规划，通过各种优化算法及专业化公共服务，以及智能装备的实施联通，尽显智能化属性。

2. 协同一体化

智慧物流的协同一体化是指智慧物流活动的整体化和系统化，是以智慧物流管理为核心，加强各物流企业的数据共享及协同制度，不断提高快递物流与电子商务的一体化发展。实现物流一体化是将传统物流边界全部打通，将物流与金融、智能业等资源协作运营，提高物流运输、存储、包装、装卸等环节的时间及空间效率，以最低的成本向客户提供最满意的物流服务。

3. 社会化

随着物流设施的国际化、物流技术的全球化和物流服务的全面化，物流活动并不仅仅局限于一家企业、一个地区或一个国家。为实现货物的流动和交换，以促进区域经济的发展和世界资源优化配置，一个社会化的智慧物流体系正在逐渐形成。构建智慧物流体系对于降低商品流通成本将起到决定性的作用，并成为智能型社会发展的基础。

4. 数字化

依托数字技术和网络技术，智慧物流实现了物流的自动化、可视化、可控性、智能化和网络化，大大提高了资源利用率和生产率。在此基础上，发展智慧物流首先要加大物流数据的收集、整合、分析、利用，促进数字转型，提升智慧物流能级。同时要推动标准化的建设，通过对包装规格、物流单元的数字身份证与数字通行证等的标准化，实现规范的全智慧物流链建设。

二、智慧物流的功能与作用

（一）智慧物流的基本功能

1. 感知功能

运用各种先进技术和高科技设备，能够在第一时间获取运输、仓储、包装、装卸搬运、流通加工、配送、信息服务等各个环节的大量信息，完成数据的收集和传递，使各参与主体能够精准掌握货物、车辆和仓储等信息，及时体现感知功能。

2. 规整功能

待系统完成感知功能之后，首先按照既定要求对数据进行分类，然后经由网络将收集到的信息传至数据中心进行数据归档，以此构建强大的数据信息库。最后对数据进行信息分类，并通过数据和流程标准化来实现网络之间系统的整合，加速网络数据的系统融合，使数据之间具有关联性、动态性和开放性，实现智慧整合。

3. 智能分析功能

运用智慧物流系统中的智能模拟器进行模型运算。对物流过程中存在的问题进行原因分析，提出解决方案。理论联系实际，针对问题的解决情况进行持续验证，借此发现新问题，随时发现物流活动的不足和弱点。

4. 优化决策功能

依据特定需求及现实情况，对不同情况评价成本、时间、质量、服务、碳排放等标准，进行以概率为基础的风险性预估分析，提出合理有效的解决方案，保证决策的科学性，实现优化决策的功能。

5. 系统支持功能

智慧物流不是一个毫无关联、互不相关的物流系统，而是各个环节可以相互连接、数据共享的统一体。这样才能使资源配置达到最优化，才能为物流各个环节提供优秀的系统支持，各个环节才能进行合作、协调、配合。

6. 实时反馈功能

物流系统是一个实时更新的系统，反馈渗透在智慧物流的每个环节之中，数据的及时更新是完成系统修正与完善的基础，为物流相关作业者了解物流运行情况、及时解决系统问题提供强大的保障。

（二）智慧物流的主要作用

1. 降低物流综合成本，提高企业利润

智慧物流能大大降低制造业、物流业等各行业的成本，显著提高企业的利润。生产商、批发商、零售商三方通过智慧物流相互协作、信息共享，物流企业更能节省成本。其关键技术如货物标识及标识追踪、无线定位等新型信息技术应用，能有效实现物流的智能调度管理，整合物流核心业务流程，加强物流管理的合理化，降低物流消耗，从而降低物流成本，减少流通费用，增加利润；进一步改善备受诟病的物流成本居高不下的现状，从而能够提升物流业的规模、内涵和功能，促进物流行业的转型升级。

2. 加快物流产业发展，为物流业的信息技术奠定基础

智慧物流的建设可集仓储、运输、配送、信息服务等多功能于一体，打破行业限制，实现集约化高效经营，优化社会物流资源配置。同时可以将分散于多处的物流资源进行整合，发挥整体优势和规模优势，实现传统物流企业的现代化、专业化和互补性。此外，这些企业还可以共享基础设施、配套服务和信息，降低运营成本和费用支出，获得规模效益。智慧物流的实施对现实中局部的、零散的物流智能网络技术应用有了一种系统的提升，契合了现代物流的智能化、自动化、网络化、可视化、实时化的发展趋势，对物流业的影响将是全方位的。

3. 助力企业生产、采购和销售系统的智能融合

随着 RFID 技术与传感器网络的普及，物与物的互联互通将给企业的物流系统、生产系统、采购系统与销售系统的智能融合打下基础，而网络的融合必将产生智慧生产与智慧供应链的融合，企业物流完全智慧地融入企业经营之中，打破工序、流程界限，打造智慧企业。

4. 节约采购成本，提升购买信心

智慧物流可以通过降低物流成本来帮助消费者降低采购成本，同时可以为消费者提供货

物源头自助查询和跟踪等多种服务，尤其是对食品类货物的源头查询，保证食品类货物的安全性，能够让消费者买得放心、吃得放心，增加消费者的购买信心，促进消费，最终对整体市场产生良性影响。

5. 提高工作效率，提升政府部门的公信力

智慧物流可全方位、全程监管食品的生产、运输、销售，在大大减轻相关政府部门工作压力的同时，使监管更彻底、更透明。尤其在物资运输压力剧增、无接触配送需求爆发的背景下，无人机、无人车展现出灵活、便捷、安全、高效等优势，全力保障货物供应，帮助政府更好地服务人民，提升了政府部门的公信力。通过共享信息，减少重复车辆运送路线，提高车辆满载率，以降低运输途中的碳排放，满足社会发展对低碳、绿色、环保方面的要求。

6. 促进当地经济发展，提升综合竞争力

智慧物流的建设，将增强物流中心的集散能力及其服务辐射范围，全面打开当地企业对外服务通道，提升当地城市的整体服务功能和服务水平，增强市场竞争力、城市整体服务水平，从而有利于商流、人流、资金流向物流中心所属地集中，形成良性互动，对当地社会经济的发展有较大的促进作用。

三、智慧物流的应用现状与发展趋势

（一）智慧物流的应用现状

1. 智慧物流系统的核心技术

目前，随着各类技术的不断发展，大数据、云计算、物联网、人工智能等新兴技术及装备开始广泛融入物流行业及其应用中，保证智慧物流行业的快速发展。

（1）云计算技术　云计算技术是一种计算方式，该技术具有非常强的计算能力和处理能力。云计算技术在智慧物流系统中的应用主要体现在利用分布式储存和计算技术，将物流系统中各个流程包含的数据、机械、人力等进行连接整合，使其进行高效的协同合作，完成某一个或者多个特定的任务，并将期间产生的大量数据分布式储存和分析，根据分析数据进一步调整物流管理过程。

云计算技术改变了传统物流系统的基本运营模式，建立了一个基于云的完整的供应链系统，形成了一种"云物流"。"云物流"的建立形成了一种集合社会化、节约化、规范化等标准的物流运营、管理模式，进一步提升了物流产业的持续性和良性循环。

（2）物联网技术　物联网技术是以互联网为基础发展起来的新兴技术，在智慧物流行业中应用十分广泛，能够对物品进行智能识别定位、跟踪和管理。

在物流业不断发展的过程中，运输物资和运输路线的数量不断增加，为了适应这种变化，物联网技术不断在物流运输中融合，使相关工作开展更加简单方便。通过信息网络，处于物流状态的货物信息在网络中实现状态同步，并通过可靠实时的信息共享，同步企业、用户之间的物流信息，有效地实现了物流产业和其他产业的沟通和融合，逐步形成了一体化服务，满足用户的多元化需求。

（3）智能化装备相关技术　为了满足系统的信息化、高效化的要求和适应大数据技术对收集数据的需求，智能物流系统同样还需要一批相适应的智能化装备，如智能包装设备、智能存储设备、智能搬运设备、智能配送设备、智能分拣设备等。

如今较红火的与物流相关的无人装备，有顺丰、菜鸟研究的无人机和无人车，京东投入

研发的无人仓库等。无人化不仅仅是智能配送设备的发展趋势，也指引着智慧物流的发展方向。目前，这类技术在实际操作中已经展示了其开创性。无人车能够根据目的地自主规划和实时调整路径，在保证自身和货物安全的前提下，高效地完成运输工作，其在仓储、运输、分拣、配送方面都有着出色的表现。

(4) 系统集成技术　系统集成技术是实现云物流平台的技术保证之一，而云物流平台的建立可以保证物流企业只需使用一台计算机来管理全部的物流业务。

系统集成是将各种彼此分离的设备和功能通过物流集成网络、数据流集成系统、信息集成系统和物流业务流程集成技术集成到统一、互联的系统中，实现资源共享，达成高效、统一、便利的管理。系统集成技术的功能核心是给用户提供更加便利和个性化的物流服务，围绕物流流程的业务活动、任务和对象进行信息输入输出和服务种类划分。

2. 智慧物流的应用

(1) "互联网+" 物流发展迅速　近年来，随着移动互联网的快速发展，我国涌现出一批"互联网+"物流的网络平台，打破了传统企业边界，深化了企业分工协作，实现了存量资源的社会化转变和闲置资源的最大化利用。"互联网+"物流的快速发展可以有效降低物流成本、支撑政府决策等，如物流企业充分发挥网络货运平台的应急调度指挥能力，迅速响应，组织运力，支援物资运输，彰显了"互联网+"物流的社会价值。

(2) 物联网技术在物流领域的大力推广　随着移动互联网的快速发展，物流技术呈现快速增长态势。我国已经有超过百万辆载重货车安装北斗定位装置，还有大量托盘、集装箱、仓库等物流设施设备和货物接入互联网，以信息互联、设施互联带动物流互联，"物流在线化"成为可能，是智慧物流的前提条件。

(3) 大数据驱动智慧物流决策　物流在线化产生大量的业务数据，使物流大数据从理念变为现实，数据驱动的商业模式推动产业智能化变革，将大幅度提高生产效率。通过对物流大数据进行处理与分析，挖掘对企业运营管理有价值的信息，从而科学合理地进行管理决策，是物流企业的普遍需求。其典型场景包括数据共享、销售预测、网络规划、库存部署及行业洞察等。

(4) 物流云服务强化保障　依托大数据和云计算能力，通过物流云来高效地整合、管理和调度资源，并为各个参与方按需提供信息系统及算法应用服务，强化客户与企业的数据连接，高效地整合、管理和调度数据资源，推动物流行业向智慧化、生态化转变，是智慧物流的核心需求。物流云服务的应用为物流大数据提供了重要保障，"业务数据化"正成为智慧物流的重要基础。

(5) 协同共享助推模式创新　智慧物流的核心是"协同共享"，这是信息社会区别于传统社会，并将爆发出最大创新活力的理念源泉。协同共享理念通过分享使用权而不占有所有权，打破了传统企业边界，深化了企业分工协作，实现了存量资源的社会化转变和闲置资源的最大化利用。

近年来，"互联网+"物流服务成为贯彻协同共享理念的典型代表。利用互联网技术和互联网思维，推动互联网与物流业深度融合，重塑产业发展方式和分工体系，为物流企业转型提供了方向指引。其典型场景包括互联网+高效运输、互联网+智能仓储、互联网+便捷配送及互联网+智能终端等。

(6) 人工智能广泛应用　以人工智能为代表的物流技术服务是应用物流信息化、自动化和智能化技术实现物流作业高效率、低成本的物流企业较为迫切的现实需求。通过赋能物流各环节，人工智能实现智能配置物流资源、优化物流环节、减少资源浪费，将大幅提升物流运作效率。特别是在无人驾驶、无人仓储、无人配送和物流机器人等人工智能的前沿领域，一批领先企业已经开始开展试验应用，有望与国际电商和物流企业从同一起跑线起步。

（二）智慧物流的发展趋势

1. 大宗类商品物流有望成为智慧物流发展的关键方向

近年来，与电商、快递物流相比，虽然以大宗商品为代表的生产资料物流具有发展相对缓慢、行业关注度低、物流技术手段落后等问题，但大宗商品种类超千余种，是国民经济基石，关系着国计民生。因此提升大宗类商品物流的发展空间和潜力，使大宗类商品物流朝智慧化方向发展，是未来大宗类商品物流，同时也是智慧物流发展的必然趋势。

2. 建设以绿色低碳为基础的全链数字化智慧物流体系

随着我国物流的快速增长，智慧物流的发展方向正在从单点信息化向全链数字化方向转变。同时由于碳排放增长量与物流运行发展呈现较强的关联性，因此需要将可持续发展、绿色物流、低碳排放等理念贯穿于全链数字化的各环节中，在提高供应链要素利用率的同时，还需要持续关注碳排放对环境的影响。

3. 智慧物流仍需多方面进一步完善，发展高效物流新模式

目前，高智能、全覆盖、高柔性是未来智慧物流行业发展的方向，但我国智慧物流仍存在监管机制不完善、技术应用范围不广、专业人才缺乏等问题。为了使智慧物流更加成熟，需要对发展方向、人才培养等多方面提出相应的建议，促进智慧物流健康发展。

【本章小结】

本章介绍了物流的发展方向，包括绿色物流、第三方物流和现代智慧物流三类，分别阐述三类物流的概念、特征、种类、作用和发展趋势等内容。

技 能 训 练

一、单项选择题

1. 绿色物流的定义是在物流过程中（　　）物流对环境造成危害的同时，实现对物流环境的净化，使物流资源得到最充分利用。

A. 降低　　　　　　B. 抑制　　　　　　C. 提高　　　　　　D. 减少

2. 绿色包装是指对生态环境无污染，对人体健康无毒害，而且能（　　）或再生复用，可促进持续发展的包装。

A. 回收　　　　　　B. 修复　　　　　　C. 翻新　　　　　　D. 再利用

3. 第三方物流，简称（　　）。

A. 3PL　　　　　　B. TPL　　　　　　C. 3PL 或 SPL　　　D. 3PL 或 TPL

4. 按第三方物流企业的服务功能，可分为运输型、（　　）和综合服务型第三方物流企业。

A. 配送型　　　　　B. 仓储型　　　　　C. 回收型　　　　　D. 流通加工型

5. 与传统物流相比，第三方物流需要（　　）的投资，运行风险（　　）。

A. 较大、较小　　　B. 较大、较大　　　C. 较小、较小　　　D. 较小、较大

6. 逆向物流分为(　　)逆向物流和废弃逆向物流。
   A. 加工　　　　　　B. 再制造　　　　　C. 回收　　　　　　D. 维修
7. 智慧物流是以(　　)技术为基础，综合运用大数据、云计算、区块链及相关信息技术，通过全面感知、识别、跟踪物流作业状态，实现实时应对、智能优化决策的物流服务系统。
   A. 物联网　　　　　B. 互联网+　　　　C. 人工智能　　　　D. 物流网
8. 第三方物流是由(　　)承担的物流。
   A. 供方　　　　　　B. 需方　　　　　　C. 第三方　　　　　D. 任何一方
9. 第三方物流也称为(　　)。
   A. 合约物流　　　　B. 物流外包　　　　C. 精益物流　　　　D. 供应链
10. "智慧物流"的概念是在(　　)由中国物流技术协会信息中心、华夏物联网、《物流技术与应用》编辑部联合提出的。
    A. 2010年10月　　　B. 2013年10月　　　C. 2009年12月　　　D. 2012年2月

二、多项选择题

1. 智慧物流的特征为(　　)。
   A. 智能化　　　　　B. 协同一体化　　　C. 社会化
   D. 数字化　　　　　E. 复杂化
2. 绿色物流的内涵包括(　　)。
   A. 绿色运输　　　　B. 绿色仓储　　　　C. 第三方物流
   D. 绿色包装　　　　E. 废弃物物流
3. 逆向物流的流动包括(　　)的流动。
   A. 物流　　　　　　B. 资金流　　　　　C. 信息流　　　　　D. 商流
4. 逆向物流的特征有(　　)。
   A. 分散性　　　　　B. 不确定性　　　　C. 缓慢性
   D. 简单性　　　　　E. 唯一性
5. 按第三方物流企业的核心能力，可分为(　　)第三方物流企业。
   A. 资产型　　　　　B. 运输型　　　　　C. 中外合资型　　　D. 非资产性
6. 智慧物流系统的核心技术有(　　)。
   A. 云计算技术　　　　　　　　　　　　B. 物联网技术
   C. 智能化装备相关技术　　　　　　　　D. 系统集成技术

三、判断题

1. 第三方物流是社会分工和社会化大生产的必然结果。　　　　　　　　　　(　　)
2. 第三方物流服务水平越高，企业的效益越好。　　　　　　　　　　　　　(　　)
3. 物流一体化是物流产业化的发展趋势。　　　　　　　　　　　　　　　　(　　)
4. 从20世纪50年代至70年代，是电子物流的发展主要阶段。　　　　　　　　(　　)
5. 信息技术的发展是第三方物流出现和发展的必要条件。　　　　　　　　　(　　)
6. 第三方物流是通过合作形式来规范物流经营者与物流消费者之间的关系的。(　　)
7. 逆向物流又称为第三方反向物流。　　　　　　　　　　　　　　　　　　(　　)
8. 第三方物流提供功能完备的全方位、一体化物流服务。　　　　　　　　　(　　)

四、简答题

1. 简述绿色物流的定义。
2. 简述逆向物流的定义。
3. 简述第三方物流的定义。
4. 简述第三方物流的特征。
5. 简述智慧物流的作用。

五、综合分析题

【案例1】物流"绿增长"喜人

2022年11月12日零点,第14届天猫"双11"收官。天猫表示,2022年天猫"双11"稳中向好,交易规模与去年持平。

"双11"物流配送还未结束,菜鸟11日表示,预计"双11"期间绿色回收快递包装600万个,同比上涨50%。此外,这个"双11"菜鸟将把超2亿个包裹送货上门,创下历年之最。

不仅要送上门,还要"送得绿"。环保减碳已经成为全社会的共识。国家邮政局2022年也实施"9917"工程,即到2022年年底实现采购使用符合标准的包装材料比例和规范包装操作比例分别都达到90%,可循环快递箱达到1000万个,回收复用瓦楞纸箱7亿个。

2022年天猫"双11"公布的首个目标就是减碳目标,将通过努力让"双11"期间产生超20亿次绿色行为,绿色回收旧快递包装600万个。

实际上"双11"仅仅过了半程,菜鸟完成的回收箱数就已经逼近2021年"双11"全周期。菜鸟CEO在11月11日表示,对11月1日到11月20日"双11"全物流周期完成600万个绿色回收箱的目标表示乐观。

2022年"双11"已成为绿色参与度最高的一届"双11"。全国13万家菜鸟驿站开启绿色回收,"快递包装回收换蛋"全面铺开,让消费者方便回收、开心回收。除了回收箱多,绿色寄件也增多。"双11"期间,每天有10多万人使用旧快递包装寄件。

更多的商家正在参与物流减碳过程之中。菜鸟联合数千商家,15万种商品开展"双11"每个包裹"减碳50克行动",伊利、联合利华等品牌也参与其中,多方共同推进绿色供应链的发展。

思考:

1. 在"双11"活动中,采取何种方式减碳?
2. 如何推广绿色包装?
3. 发展绿色物流的意义是什么?

【案例2】业界首个自主移动机器人月台集货

九州通郑州项目总建筑面积10余万m^2,此次优化提升的物流中心场地分为一层和夹层,约7500m^2。如果仔细研究九州通这一应用自主移动机器人(AMR)的项目场景,便会发现其中的"端倪"。不同于当前市面上AMR更多应用在拆零、搬运等解决方案中,九州通应用AMR是结合企业自身业务特点进行定制的物流方案。但是,在囊括了医药ToB、ToC业务服务的10余万m^2一体化超级大仓中,九州通为何偏要选择AMR进行作业?

"因为它不懂疲惫,可以24h作业",管理人员直言道,"此外还在于AMR是柔性的,可以根据业务量大小快速增补。"在集货分拣装车场地,AMR不只做一个工种,而是替代了好几个岗位。例如，AMR 与输送线对接，解决终端的订单；与立体库对接，解决大型订单；夜色降临后，它则实现了"货到人"装车的解决方案，从而延长了整体作业时间。因此，九州通选择 AMR，与极智嘉根据业务规划、设备指标，以及充电、工况等共同探讨后决定，在近万平方米的场地投入近百台货到人拣选机器人 P800，"它几乎是 24h 作业，将最大化提高投资回报率"。

2020 年 10 月项目上线运行平稳，当天完成上万箱药品的集货出入库，运行近半年时间，日出库量均值和峰值、平均每日搬运均值和峰值均突破上万大关。项目的成功意味着在极智嘉的助力下，九州通实现了运用 AMR 进行"货到人"装车。九州通物流中心是"仓拣配"一体化仓库，此次通过系统和设备的完美匹配实现了系统自动排车。"在九州通物流中心，AMR 并非任意搬货"，管理人员解释说，"我们是通过机器人把订单按照装车顺序，先配的后装，后配的先装，放进容器内。"

思考：

1. 在仓储环节，AMR 的优势是什么？
2. 请根据本案例分析总结智慧物流的发展趋势。

参 考 文 献

[1] 叶玲莉. 现代物流基础 [M]. 武汉：武汉理工大学出版社，2011.
[2] 朱伟生. 物流成本管理 [M]. 3 版. 北京：机械工业出版社，2011.
[3] 宋文官. 物流基础 [M]. 4 版. 北京：高等教育出版社，2014.
[4] 吴砚峰. 物流信息技术 [M]. 4 版. 北京：高等教育出版社，2021.
[5] 高连周. 物流信息技术应用 [M]. 北京：清华大学出版社，2016.
[6] 魏学将，王猛，张庆英，等. 智慧物流概论 [M]. 北京：机械工业出版社，2020.
[7] 姜波，陈岩. 物流基础 [M]. 3 版. 北京：北京理工大学出版社，2018.
[8] 李海波，苏元章. 物流基础实务 [M]. 北京：北京理工大学出版社，2018.
[9] 蒋祖星. 物流设施与设备 [M]. 4 版. 北京：机械工业出版社，2016.
[10] 王凤鸣，钱芳. 物流法律法规 [M]. 北京：北京理工大学出版社，2018.